权威·前沿·原创

皮书系列为
"十二五""十三五"国家重点图书出版规划项目

京津冀教育蓝皮书

BLUE BOOK OF
EDUCATION IN BEIJING-TIANJIN-HEBEI

京津冀教育发展报告
（2018~2019）

REPORT ON THE EDUCATION DEVELOPMENT IN
BEIJING-TIANJIN-HEBEI REGION (2018-2019)

一核两翼

主　编／方中雄　桑锦龙
副主编／郭秀晶　高　兵　李　璐

社会科学文献出版社
SOCIAL SCIENCES ACADEMIC PRESS (CHINA)

图书在版编目(CIP)数据

京津冀教育发展报告.2018-2019:一核两翼/方中雄,桑锦龙主编.--北京:社会科学文献出版社,2019.7

(京津冀教育蓝皮书)

ISBN 978-7-5201-5061-3

Ⅰ.①京… Ⅱ.①方…②桑… Ⅲ.①地方教育-发展-研究报告-华北地区-2018-2019 Ⅳ.①G127.2

中国版本图书馆CIP数据核字(2019)第118441号

京津冀教育蓝皮书

京津冀教育发展报告(2018~2019)

——一核两翼

主　编／方中雄　桑锦龙
副主编／郭秀晶　高　兵　李　璐

出版人／谢寿光
责任编辑／张雯鑫　王楠楠

出　版／社会科学文献出版社·经济与管理分社(010)59367226
　　　　地址:北京市北三环中路甲29号院华龙大厦　邮编:100029
　　　　网址:www.ssap.com.cn
发　行／市场营销中心(010)59367081　59367083
印　装／天津千鹤文化传播有限公司
规　格／开　本:787mm×1092mm　1/16
　　　　印　张:19.25　字　数:287千字
版　次／2019年7月第1版　2019年7月第1次印刷
书　号／ISBN 978-7-5201-5061-3
定　价／128.00元

本书如有印装质量问题,请与读者服务中心(010-59367028)联系

▲ 版权所有 翻印必究

本辑研究报告是北京市教育科学"十三五"规划2016年度重大课题"京津冀协同发展战略下首都教育地位、作用和变革趋势的研究"（立项编号 BMAA16012）的研究成果

京津冀教育蓝皮书编委会

主　编　方中雄　桑锦龙

副主编　郭秀晶　高　兵　李　璐

编委会　方中雄　北京教育科学研究院院长
　　　　　　桑锦龙　北京教育科学研究院副院长
　　　　　　熊　红　北京教育科学研究院纪委书记
　　　　　　刘占军　北京教育科学研究院副院长
　　　　　　靳　昕　天津市教育科学研究院党委书记
　　　　　　马振行　河北省教育科学研究所所长

主要编撰者简介

方中雄 研究员，北京教育科学研究院院长，京津冀教育协同发展研究中心主任，北京师范大学中国教育政策研究院兼职教授，中国教育学会学术委员，北京学习科学学会理事长，主要从事教育政策和教育管理研究。主持和参与各级教育课题几十项，组织创办北京教育论坛；先后参与了影响首都教育发展的重大教育决策、调研和文本编制。

桑锦龙 研究员，现任北京教育科学研究院副院长，京津冀教育协同发展研究中心执行主任，主要从事教育发展战略规划、教育政策和教育社会学研究工作。先后参与了全国和北京市重大教育政策的研制。科研成果先后获得教育部第四届全国教育科学研究优秀成果奖三等奖、北京市第六届教育科学研究优秀成果二等奖、中国教育发展战略学会"教育发展战略优秀科研成果"一等奖等学术奖项。目前兼任北京市第十届兼职督学、北京市高等教育学会副会长、北京师范大学中国教育政策研究院兼职教授、首都师范大学京津冀教育协同发展研究院学术委员会委员等学术职务。

郭秀晶 博士，副研究员，北京教育科学研究院教育发展研究中心主任，中国教育发展战略学会教育政策研究专业委员会常务理事，北京教育学会教育改革与发展专业委员会理事长，北京市教育法治研究基地（北京教育科学研究院）主任。从事教育战略政策和法律研究十余年。近年来主持或参与全国和北京市规划重点课题、北京市社科基金重点课题、委托课题、政策咨询研究课题以及国际合作研究项目20余项，研究成果曾获北京市哲学社会科学优秀成果奖等多项奖项。出版多部著作，有多篇论文在国家核心期刊发表。

高　兵　副研究员，北京教科院教育发展研究中心副主任，京津冀教育协同发展研究中心执行副主任，主要从事教育政策和区域教育规划研究。曾作为核心成员参与了《北京市中长期教育改革和发展规划纲要（2010－2020年）》《首都教育现代化2035》等文件编制工作，其中《北京市"十三五"教育规划前期研究与编制》获得北京市第十二届优秀调查研究成果二等奖。先后主持北京市教育科学"十一五"规划青年专项课题（北京市优秀人才培养资助）、北京市教育科学"十二五"规划重点优先关注课题和北京市哲学社会科学基金"十三五"规划重点项目，出版学术专著《京津冀教育协同发展战略探究》。

李　璐　博士，北京教科院教育发展研究中心业务骨干，主要从事教育政策、区域教育规划和教育经济与管理研究。曾作为核心成员参与《北京市贯彻落实中办国办〈关于深化教育体制机制改革的意见〉的实施方案》等文件编制工作。2017年获中国高等教育学会第十三届"高等教育学"优秀博士学位论文，同年获北京市委组织部青年骨干人才资助。2018年被北京教科院授予"青年英才"荣誉称号。

摘　要

《京津冀协同发展规划纲要》提出优化提升首都功能，发挥"一核"作用，强化北京核心功能，打造世界级城市群。2017年，习近平总书记在中国共产党第十九次全国代表大会上的报告中指出，以疏解北京非首都功能为"牛鼻子"推动京津冀协同发展，高起点规划、高标准建设雄安新区。同年，中共中央、国务院批复的《北京城市总体规划（2016年–2035年）》明确了"北京是中华人民共和国的首都，是全国政治中心、文化中心、国际交往中心、科技创新中心"的基本定位；进一步指出，推动京津冀协同发展是实现首都可持续发展的必由之路，北京城市副中心与河北雄安新区共同构成北京新的"两翼"，应整体谋划、深化合作、取长补短、错位发展，努力形成北京城市副中心与河北雄安新区比翼齐飞的新格局，为北京未来的发展方向和对建设好、发展好首都进行了高端顶层设计。

从世界城市发展的历史来看，教育在城市发展的地位至关重要。发达国家的世界级城市以其高度发达的教育科技体系，而成为世界学术中心、科技创新中心、人才聚集中心，引领世界教育、文化和科技的发展。教育既是世界级城市的特征，又是世界级城市形成和发展的基本条件和路径。2018年9月10日，党中央在北京隆重召开了新时代第一次全国教育大会，习近平总书记发表了重要讲话，对当前和今后一个时期的教育改革发展做出了战略部署，为加快推进教育现代化、建设教育强国、办好人民满意的教育提供了根本遵循和行动指南。在推进京津冀协同发展战略的关键时期，在面向2035推进全国教育现代化的启动期，谋划好北京"一核"的教育发展战略，打造与北京城市副中心和雄安新区建设发展相匹配的教育高地，对于助力非首

都功能和人口有序疏解，实现职住平衡具有先导性作用，对于辐射带动京津冀的教育与经济社会发展意义重大，也极为迫切。

为此，北京教育科学研究院策划出版了《京津冀教育发展报告》第三辑，并选择以"一核两翼"为报告的主题，旨在研究京津冀教育协同发展过程中北京市、北京城市副中心与雄安新区的教育发展定位与资源布局问题。该研究报告秉持学术性、原创性、前沿性和主题性相结合的原则，以"设计主题、组织研究、形成专题研究报告"为模式，组织京津冀三地的专业研究人员围绕主题框架内的热点、重点、难点问题开展研究，以期较为深入全面地反映区域教育改革发展的实际情况，分析战略落实中的经验与问题，从而更好发挥教育科学研究为中央部门决策服务、为京津冀区域教育协同发展服务、为三省市教育发展和改革服务的功能。

本辑蓝皮书在内容上分为"总报告""分报告""专题篇""地区篇""借鉴篇"五大部分，共计12篇研究报告。"总报告"站在全局高度，分析了"一核"与"两翼"的教育发展定位，对北京城市副中心的教育现实问题与目标差距、雄安新区的教育现实问题与潜在风险、"一核两翼"教育改革与发展策略等方面进行了提纲挈领的系统分析，介绍了京津冀教育的现状。"分报告"从"两翼"出发，对北京城市副中心和雄安新区的教育发展情况、重点热点问题进行了描述和分析。"专题篇"从区域视角出发，探讨京津冀区域教育协同发展的实践情况，尝试构建京津冀区域义务教育均衡发展的评价标准；分析了京津冀中小学教育合作办学的现状与问题并提供了相应的政策建议。"地区篇"站在地方层面，聚焦于北京、天津和河北在推动京津冀教育协同发展方面的基础和策略，对三个地区各级各类教育协同发展的现状、问题、体制机制、实践策略等方面进行了探索与展望。"借鉴篇"总结了日本东京都市圈的教育协同发展实践，为京津冀教育协同发展提供国际参考经验。

报告力图理论联系实际，多角度、多层次反映京津冀教育协同发展的内涵、形势、进展与问题，提出推动和完善京津冀教育协同发展的改革建议，以期为参与京津冀教育协同发展的教育决策部门、教育管理者、教育科研工作者等相关主体提供有益参考。借此一并向为本报告的编辑出版出谋划策的诸位专家学者及为专题报告的研究撰写做出不懈努力的各位作者表示衷心感谢。

编者

2019 年 2 月

目 录

Ⅰ 总报告

B.1 京津冀协同背景下的"一核两翼"与教育
发展报告 ………………………… 高 兵 李 璐 / 001
B.2 2018年京津冀教育发展现状概览 ……………… 曹浩文 / 034

Ⅱ 分报告

B.3 北京市通州区教育资源配置现状与义务教育
阶段学位预测 ………………………………… 赵佳音 / 057
B.4 北京城市副中心职业教育需求分析 ………… 于继超 等 / 073
B.5 雄安新区基础教育发展现状与政策建议
………………………………… 吴颖惠 王宇航 等 / 092

Ⅲ 专题篇

B.6 京津冀义务教育均衡发展评价指标体系研究 ………… 雷 虹 / 121
B.7 京津冀基础教育合作进展与政策趋势研究 ………… 尹玉玲 / 143

Ⅳ 地区篇

B.8 京津冀协同背景下北京市民办中小学教育发展状况……吕贵珍 / 159

B.9 京津冀协同背景下首都高等教育的地位、
作用与变革趋势………………………… 王 铭 杨振军 / 181

B.10 京津冀协同背景下天津职业教育地位、作用
与发展趋势 ……………………………………… 杨 延 / 197

B.11 京津冀协同背景下河北省基础教育精准扶贫
现状与对策 ……………… 河北省教育科学研究所课题组 / 223

Ⅴ 借鉴篇

B.12 日本东京圈与地方圈教育协同发展政策研究 ………… 李冬梅 / 245

B.13 后记 ………………………………………………………… / 269

Abstract ……………………………………………………………… / 271
Contents ……………………………………………………………… / 275

总 报 告
General Report

B.1 京津冀协同背景下的"一核两翼"与教育发展报告

高兵 李璐[*]

摘 要： 基本公共教育服务的系统化配置对于特定功能定位的北京城市副中心和雄安新区建设发挥着举足轻重的作用。北京、北京市通州区与雄安新区人均地区生产总值、三产结构、城乡居民人均可支配收入情况，以及人口数量、分布结构等差异较大。首都教育聚焦教育资源科学配置、教育系统意识形态、教育的凝聚性和融合性、高质量的教育公平和可持续发展教育；北京城市副中心需以"两个服务"为基本发展理念，以"示范带动"为特色发展理念；雄安新区需以"雄安质量"为

---

[*] 高兵，北京教育科学研究院教育发展研究中心副主任，副研究员，主要从事教育政策和区域教育规划研究；李璐，北京教育科学研究院教育发展研究中心助理研究员，博士，主要从事区域教育和教育经济与管理研究。

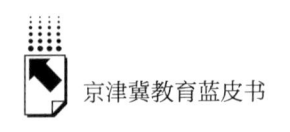

核心发展理念,探索教育发展的"雄安模式"。报告研究梳理了"两翼"地区教育现存问题与目标的差距和潜在风险,提出"一核两翼"地区教育改革与发展的基本原则和推进策略。北京城市副中心要适应人口结构和组团分布,优先解决副中心基本学位需求,加强"内升外引",扩大优质教育资源覆盖面,创新解决多样教育需求,构筑区域教育支撑平台。要分步分段规划雄安新区教育,构建教育改革领导组织统筹资源,利用改革红利和后发优势激发创新活力,以北京作为先期标准大幅度提升教育投入,优化教师队伍结构,大力提升教师素质。

关键词: 京津冀协同　教育改革　教育发展

全面落实《京津冀协同发展规划纲要》,必须牢牢把握首都城市战略定位,坚持"世界眼光、国际标准、中国特色、高点定位"谋划北京城市副中心与雄安新区,推进建设以首都为核心的世界级城市群。习近平总书记于2014年和2017年两次视察北京,强调"要集中力量打造城市副中心""站在当前这个时间节点建设北京城市副中心,要有21世纪的眼光。规划、建设、管理都要坚持高起点、高标准、高水平"。2017年4月,河北雄安新区横空出世,作为北京非首都功能疏解的集中承载地,重点承接北京非首都功能和人口转移。雄安新区成为继深圳经济特区和上海浦东新区之后的又一具有全国意义的新区。国际经验表明,以教育、医疗服务为代表的公共服务水平作为城市舒适性的一项关键指标,对人才吸引力具有显著影响。基本公共服务的配套建设是高标准打造优质城市的必要条件,特别是基本公共教育服务的系统化配置对于特定功能定位的北京城市副中心和雄安新区建设发挥着举足轻重的作用。

一 "一核两翼"地区经济和人口发展概况

地区经济发展水平和人口情况是影响教育发展和决定教育需求的重要

因素。

根据《河北雄安新区规划纲要》,雄安新区包括河北省雄县、容城、安新三县及任丘市鄚州镇、苟各庄镇、七间房乡和高阳县龙化乡,总面积1770平方公里。其中,雄县、容城和安新三县的总面积为1556平方公里[①],占雄安新区面积的87.9%,超过规划面积的4/5,为雄安新区的主体区域。北京城市副中心规划范围为原通州新城规划建设区,总面积约155平方公里,与外围拓展区覆盖通州全区约906平方公里。鉴于资料的可获得性,本部分主要依据2017年北京统计局和《河北经济年鉴(2017)》的官方网站资料,对北京市整体、通州区和雄安新区三县的经济和人口统计数据进行比较分析。

(一)人均地区生产总值:北京市和通州区远高于雄安三县

如图1所示,通州区和北京市的人均地区生产总值分别为47255元和118198元,分别是雄安三县的2.5倍和6.1倍。2016年雄安新区三县人均地区生产总值为19225元,明显低于通州区和北京市整体水平。

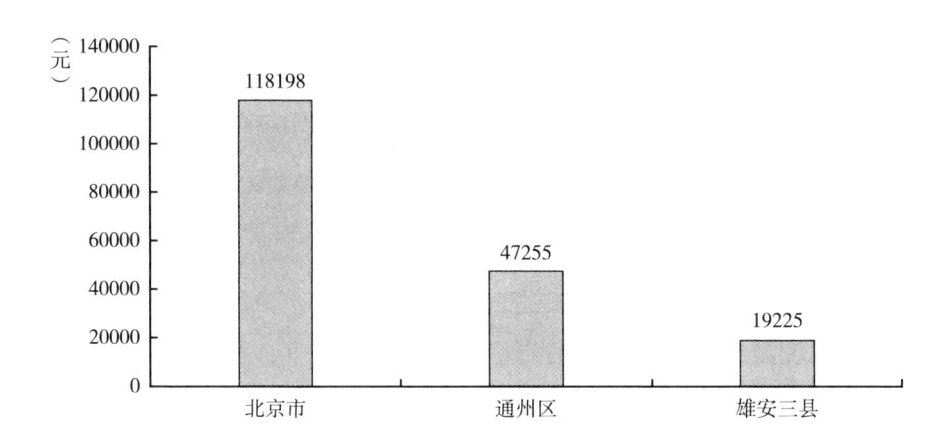

图1 2016年北京市、通州区、雄安三县人均地区生产总值

---

① 数据来源于《河北经济年鉴(2017)》。

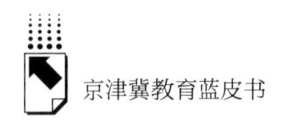

（二）产业结构：北京接近国际大都市水平，通州区以二产和三产为主，雄安新区以第二产业为主

根据图2所示，北京表现出"三二一"的产业格局，第三产业比重高达80.2%，第一产业比重仅为0.5%，与国际大都市发展水平接近（2016年，纽约的第三产业比例高达90%）。通州区第三产业和第二产业比重相近，第三产业（52.6%）略高于第二产业（45%），第三产业比重超过50%，第一产业仅占2.4%。而雄安新区的第二产业比重高达60.1%，第一产业占比13.9%，第三产业比重明显落后于北京市和通州区，仅为26%，第一产业仍占一定比重。雄安新区当前的产业结构仍然以第二产业为主，与新区规划中对未来产业布局"高端高新产业引领"的远景描述之间存在一定的差距。

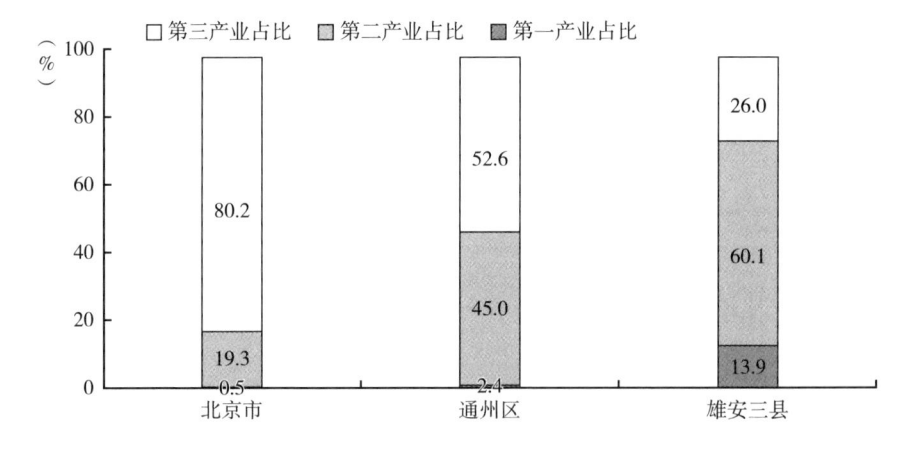

图2 2016年"一核两翼"地区产业结构比较

（三）城乡居民人均可支配收入：北京城镇最高，通州区农村最高，雄安城乡均为最低

雄安新区与北京市和通州区三地城乡居民人均可支配收入情况存在较大差异（见图3）。北京城镇居民可支配收入为三地最高，通州区农村居民可

支配收入略高于北京平均水平，雄安新区三县城镇和农村居民人均可支配收入为三地最低。以2016年城镇居民人均可支配收入为例，北京为57275元，通州区为40845元，雄安三县的平均水平仅为25290元，北京是雄安三县的2.3倍。农村居民人均可支配收入虽然差别相对较小，但北京农村居民可支配收入（22310元）仍然是雄安新区三县平均水平（13909元）的1.6倍，通州区（23538元）是雄安三县的1.7倍。值得注意的是，从三地人均可支配收入的城乡差异程度来看，北京的城乡差异最大，城镇居民人均可支配收入是农村居民的2.6倍；雄安三县次之，城镇居民为农村居民的1.8倍；通州区城乡差异在三地中最低，城镇居民是农村居民的1.7倍，与雄安新区情况近似。由此可见，北京作为国内超大城市，其经济发展水平的城乡差距较为明显。未来，雄安新区和通州区在快速发展进程中，需注意兼顾城乡均衡，尽量缩小城乡经济社会发展差距及由此带来的教育投入和发展差距。

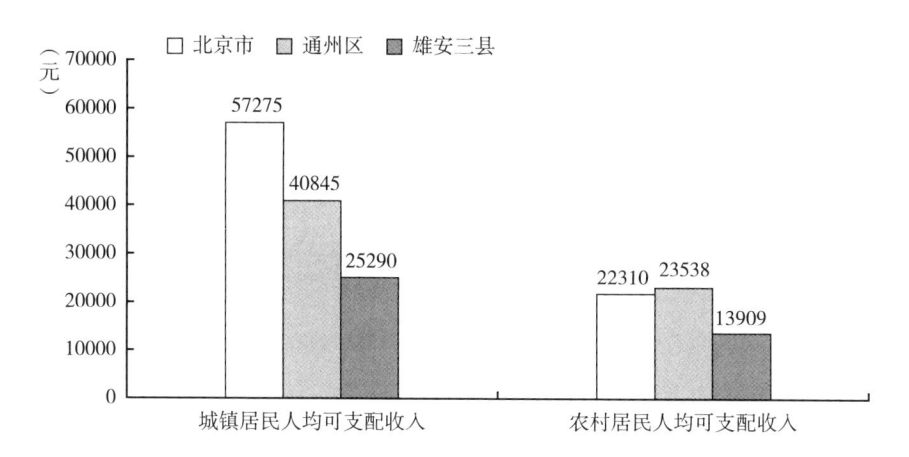

图3 2016年"一核两翼"地区城乡居民人均可支配收入

注：雄安三县的城乡居民人均可支配收入是雄县、安新县和容城县三县数据的平均值。

（四）人口数量和分布结构：北京市和通州区城镇化率较高，雄安新区城镇化率较低

在人口数量方面，北京人口数量庞大，2016年常住人口总数达到

2172.9万人，通州区与雄安三县人口规模近似，分别为142.8万人和113.6万人，北京是雄安三县的19倍。

从人口的城乡分布结构来看，北京市和通州区农村人口比重很低，分别为13.5%和34.9%。雄安新区的农村人口比重很高，为88.8%，占据雄安新区总人口的4/5以上（见图4）。全国城镇人口比例的平均水平为57.4%，雄安新区的城镇化率明显低于全国水平。《河北雄安新区规划纲要》明确提出，要将雄安新区建设成高水平社会主义现代化城市，京津冀世界级城市群的重要一极。雄安新区现有开发程度相对较低，与北京市和通州区的发展水平差距较大，但资源环境承载力较大，发展空间充裕。

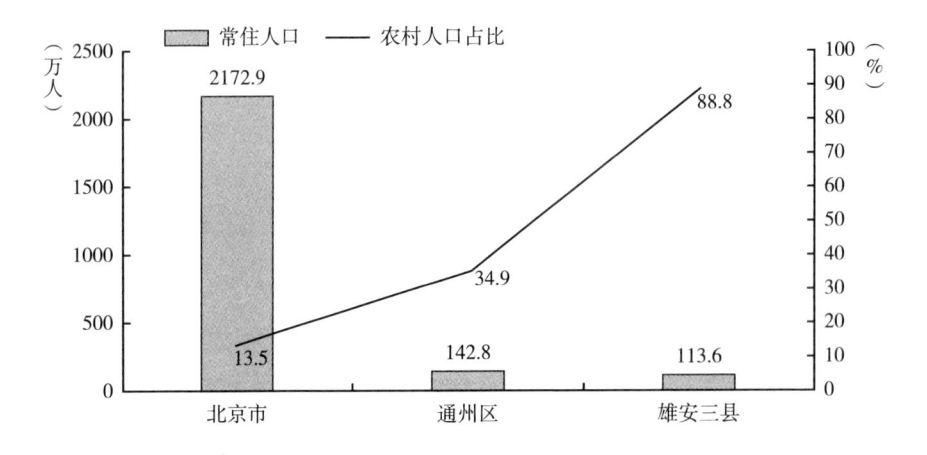

图4 2016年"一核两翼"地区常住人口数量和城乡人口分布结构比较*

注：雄安三县人口总数的数据是采用2016年年末总人口数，数据来源于《河北经济年鉴（2017）》。

综上，北京市、通州区与雄安新区三县的人均地区生产总值、三产结构、城乡居民人均可支配收入情况，以及人口数量、分布结构等差异较大。总体而言，雄安新区三县经济发展水平和产业结构均相对落后，城乡居民人均收入水平较低，农村人口比重较高，城镇化率明显落后于北京。雄安新区的经济社会发展现状与新区规划纲要中提出的成为新的区域增长极和高水平社会主义现代化城市的远期建设目标有巨大差距。

二 "一核"的教育特征与"两翼"的教育定位

(一)一核:首都教育发展的阶段特征

随着全国教育大会和北京市教育大会的顺利召开,面向2035的首都教育现代化战略布局基本形成,北京教育全面深化教育领域综合改革,推进教育治理体系和治理能力现代化,在改革的关键环节、重点领域和主攻方向上更加清晰,呈现出教育发展的新态势。

1. 适应经济建设需求,聚焦教育资源科学配置

当前,首都经济面临着三次产业结构的深度调整,构建"高精尖"的经济结构体系,因此,人才智力和教育的资源优势还需进一步挖掘,教育资源需发挥基础配置作用。教育资源要契合经济发展"高精尖"的需求。所谓"高",就是人均受教育程度高,城市文明程度和人的文明素质高。所谓"精",就是教育发展的硬件水平和软件实力(师资水平、教育治理能力)都能够达到世界发达城市水平,教育的国际影响力强。所谓"尖",就是教育的社会贡献力强、产学研一体化水平先进,是创新型、多极化人才和高端创新中心的聚集地,是智库和国际交往活动的聚集之都。教育资源的配置要有利于发挥人口引流作用,提升首都资源承载力。

2. 适应政治建设需要,聚焦教育系统意识形态

适应首都政治建设需要,教育要培养德智体美全面发展的社会主义建设者和接班人,储备具有较高政治素养的专门人才,为党政外交活动提供全面的人才支持与服务。通过思想道德教育,塑造首都发展良好的舆论环境,促进民主政治建设。以培育和践行社会主义核心价值观为首要任务,不断丰富德育内容,加快构建大中小幼一体化、学校家庭社会协同合力的开放性德育工作格局,充分发挥学校教育的主渠道、主阵地作用,积极创新德育方式。

3. 适应文化建设需要,聚焦教育的凝聚性和融合性

教育的凝聚性就是赋予中华传统文化以新的时代内涵,将文化经典印在

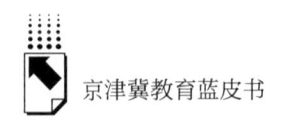

学生的脑子里，成为中华民族的文化基因。教育的融合性就是坚持对外开放，构建面向世界的首都教育开放体系，加强同世界各国的教育交流，培养具有国际视野的创新型人才，充分发挥教育在"一带一路"建设中的重要作用。首都教育的新态势将突出北京特色和学校特点，让学校成为唱响主旋律、传播正能量、弘扬优良传统的主阵地。

4. 适应社会建设需要，聚焦高质量的教育公平

教育公平是社会公平的基础。北京教育现阶段是在教育公平供给的基础上实现有效供给，是与经济社会发展相适应，最大限度地满足、适应与引导各种教育需求的教育供给，同时不断提高教育的便利化程度。可以说，教育的均衡发展阶段，就是探索如何支撑教育发展的各种要素达到基本的底线要求，为此我们落实了中小学办学条件达标、专任教师学历合格率逐年提升等项目，并此基础上追求更高层次的发展，就是探索如何支撑教育发展的各种要素多元、差异、个性的发展，从而符合不同区域、不同组织自身发展定位，满足人民全方位、多层次、个性化的需求。

5. 适应生态文明建设需要，聚焦可持续发展教育

当前首都城市发展和人口增长带来的环境资源承载压力越来越大，可持续发展成为生态文明时代教育创新的新课题。不论是党的十九大报告提出的"从2035年到本世纪中叶，把我国建成富强民主文明和谐美丽的社会主义现代化强国"，还是联合国教科文组织《教育2030行动框架》提出的"到2030年，确保所有学习者获得必要的知识和技能以促进可持续发展"，北京教育都要聚焦可持续发展教育，为全国乃至世界贡献北京智慧。

（二）两翼：城市副中心与雄安新区教育发展定位

1. 北京城市副中心的教育发展定位

《北京城市总体规划（2016年－2035年）》中提出"坚持用最先进的理念和国际一流的水准规划建设管理北京城市副中心""实现北京城市副中心与廊坊北三县地区统筹发展"，立足于北京城市副中心建设的"三个示范"是城市副中心教育规划建设的基本要求。因此，深入探讨和研究北京城市副

中心发展新定位对教育提出的"更高要求、特殊要求",科学精准地规划城市副中心教育未来发展战略,是一项富有战略意义的重要课题。

(1) 以"两个服务"为基本发展理念

北京城市副中心要始终围绕"两个服务"的价值取向构建教育发展的基本理念。坚持为人民服务,以人民群众的教育获得感、幸福感、安全感为努力目标,优化北京城市副中心教育资源配置,逐步解决老百姓关心的"是否有学上""能否上好学""能否因材施教""能否自由全面发展"的问题。坚持为社会主义现代化建设服务,教育资源配置要契合人口层次结构、契合经济产业结构,努力发挥教育在政治、文化、生态、环境等方面的社会效益。

(2) 以"示范带动"为特色发展理念

北京城市副中心未来将建设成为国际一流和谐宜居之都的示范区、新型城镇化示范区和京津冀区域协同发展示范区。立足"三个示范",城市副中心的各项教育指标要起到示范带动作用,即高标准配置教育资源,师资水平、校际均衡程度、学生体质健康水平、平均受教育年限等都达到国际一流;建立完善的公共教育服务体系,各级各类学校的设计体现首都教育的传承与创新,学校等重要公共设施的布局充分满足市民职住需求,实现15分钟生活圈;充分发挥城市副中心优质教育资源的辐射带动作用,推动三地基础教育资源共建共享,缩小区域教育差距。

2. 雄安新区教育发展定位

(1) 以"雄安质量"为核心发展理念

《河北雄安新区规划纲要》中明确提出"以疏解北京非首都功能为'牛鼻子'推动京津冀协同发展,高起点规划、高标准建设雄安新区",创造"雄安质量",打造推动高质量发展的全国样板。教育作为人民最关切的公共服务之一,是雄安新区规划和建设的基础保障,为雄安新区创新发展提供源头支撑,是增强新区承载力、聚集力和吸引力的核心要素。在雄安新区规划纲要"优先发展现代化教育"中,各级各类教育发展的标准设定体现出"世界眼光、国际标准、中国特色、高点定位"的特点。必须以高起点高标准、新理念新思想谋划雄安新区的教育战略规划,助力雄安新区建设成为高水平社会主义现代化城市。

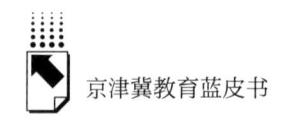

(2) 探索教育发展的"雄安模式"

雄安新区教育发展的核心目标要围绕创造教育发展的"雄安质量"来思考，着眼建设"雄安特色、国内领先、世界一流"的现代化教育和智慧教育。教育的"雄安质量"应该坚持以人民为中心，坚持"世界眼光、国际标准、中国特色、高点定位"，坚持"公平""优质""开放""创新""绿色""协调"和"共享"的发展理念，密切结合雄安新区的功能定位和规划布局，确定科学合理的教育规模和结构，统筹引进利用、合理均衡配置教育资源，实现各级各类教育的全方位覆盖和高质量发展，通过创新育人方式、办学模式、管理体制和保障机制，提升教育发展的效率和效益，以教育目标、内容、过程、手段、治理的现代化，实现人的现代化和教育体系的现代化，形成教育发展与改革的"雄安模式"和质量标准框架，成为新时代教育高质量发展的全国样板，为雄安新区建成绿色生态宜居新城区、创新驱动发展引领区、协调发展示范区和开放发展先行区提供基础保障、智力支撑和持久动力。

三 北京城市副中心的教育现实问题与目标差距

（一）现有教育规模与近期目标差距

近期，北京城市副中心建设以助力疏解非首都功能为主要目标，因此，教育资源配置要充分满足北京城市副中心人口调控和承接的需求。

1. 人口结构的基本特征

通州区整体处于人口红利期。截至2016年底，通州区常住人口142.8万人，其中外来人口约57万人，人口抚养比为18.5%。与北京全市、城六区各项指标比较后发现，通州区虽然外来人口较多，但是劳动年龄人口占总人口比重较大，人口抚养比不高，尚处于人口红利阶段（见表1），为北京城市副中心发展创造了有利的人口条件，将有利于整个区域呈现高储蓄、高投资和高增长的局面，教育作为公共服务资源，在建设人力资源强区特别是支撑城市副中心建设方面承担重任。

表1 2016年北京市分区域人口结构基本情况

区域	常住人口（万人）	常住外来人口（万人）	常住外来人口占比(%)	人口抚养比(%)	老龄人口占比(%)
通州区	142.8	57.0	39.3	18.5	8.7
城六区	1247.5	461.4	37.0	19.9	11.6
北京市	2172.9	807.5	37.2	29.2	10.6

资料来源：《2017北京区域统计年鉴》。

通州区义务教育阶段学龄人口非京籍占比高于全市平均水平。人口的户籍情况对义务教育阶段适龄儿童影响较大，通过比较常住外来人口与义务教育阶段非京籍在校生的规模发现，通州区常住人口、义务教育阶段在校生中非京籍占比均高于全市水平，义务教育阶段各区县非京籍在校生占比，通州区排第4位，约3.9万人。通过比较常住外来人口与义务教育阶段非京籍在校生的匹配度发现，通州区非京籍在校生数比例超过全区常住外来人口比例近10个百分点（见图5、表2）。

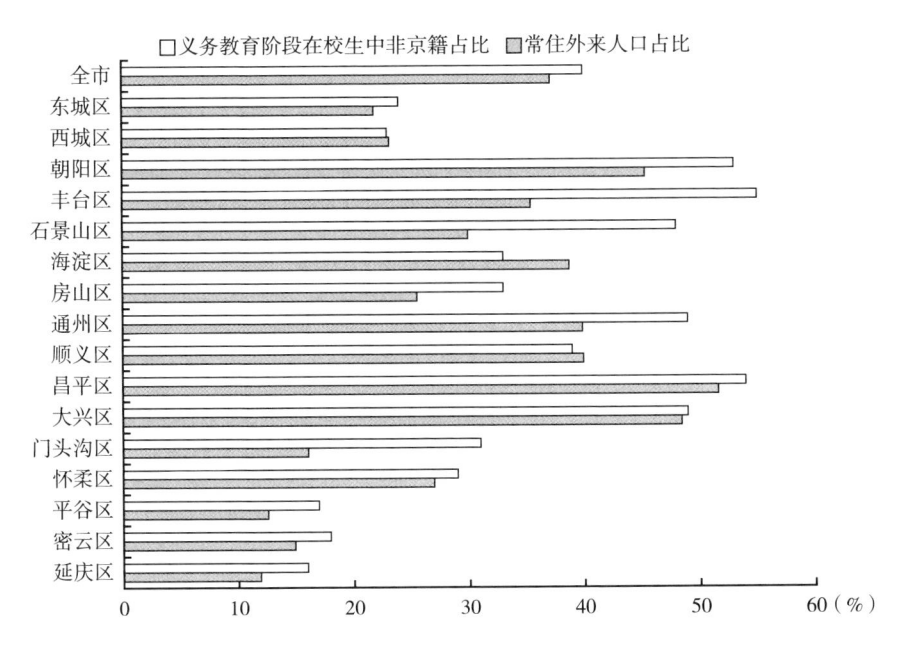

图5 2016年常住人口、义务教育阶段在校生中非京籍占比情况

表2 2016年分区义务教育在校生数情况

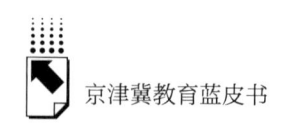

地区	义务教育阶段在校生数(万人)	非京籍(万人)	非京籍占比(%)
全市	113.4	44.9	40
东城区	7.5	1.8	24
西城区	9.4	2.1	23
朝阳区	17.0	9.1	53
丰台区	8.9	4.9	55
石景山区	3.2	1.6	48
海淀区	21.3	7.1	33
房山区	6.5	2.2	33
通州区	7.9	3.9	49
顺义区	5.8	2.3	39
昌平区	7.0	3.7	54
大兴区	7.6	3.8	49
门头沟区	1.6	0.5	31
怀柔区	2.3	0.7	29
平谷区	2.3	0.4	17
密云区	3.1	0.6	18
延庆区	1.8	0.3	16

2. 现有教育规模与人口需求

按照《北京城市总体规划（2016年–2035年）》要求，到2020年，北京城市副中心人口规模调控目标为100万人。未来，北京城市副中心将成为人口密度仅次于北京城六区的第二大高密度人口区。通过对义务教育阶段学位需求预测发现，到2020年，通州区幼儿园学位需求是3.34万人，小学学位需求是6.46万人，初中学位需求是3.11万人，按照2016年已有学位计算，通州区初中阶段学位缺口较大，大约需要再补充1.46万个学位。按照北京城市副中心常住人口与通州区常住人口占比推算，到2020年北京城市副中心幼儿园学位需求是1.86万人，小学学位需求是3.59万人，初中学位需求是1.73万人。通过对2016~2017学年各阶段专任生师比进行预测，到2020年，通州区幼儿园专任教师需求是0.31万人，小学专任教师需求是0.38万人，初中专任教师需求是0.26万人，北京城市副中心幼儿园专任教师需求是0.17万人，小学专任教师需求是0.21万人，初中专任教师需求是0.14万人。

《北京城市副中心控制性详细规划（街区层面）(2016年-2035年)》指出，到2035年北京城市副中心承接中心城区40万~50万常住人口疏解。实现居民从家步行5分钟可达各种便民生活服务设施，步行15分钟可达家园中心，享有一站式社区生活服务，一刻钟社区服务圈覆盖率达到100%。根据《北京市居住公共服务设施配置指标》和《北京市居住公共服务设施配置指标实施意见》（京政发〔2015〕7号文）①，北京城市副中心到2035年至少要为承接的中心城区人口新增配置28~35所12个班的幼儿园，接收1万~1.2万的学龄儿童；至少配置17~22所24个班的小学，接收1.6万~2.0万名小学生；至少配置7~9所30个班的初中，接收0.8万~1.1万名初中生②（见表3）。

表3　2020年北京城市副中心、城六区人口调控与学位需求对比

区域	常住人口（万人）	人口密度（人/平方公里）	幼儿园学位/专任教师需求与缺口（万人）	小学学位/专任教师需求与缺口（万人）	初中学位/专任教师需求与缺口（万人）
城市副中心	100	6451	1.86(1~1.2)**/0.17(0.09~0.11)	3.59(1.6~2.0)/0.21(0.10~0.12)	1.73(0.8~1.1)/0.14(0.07~0.09)
通州区	180	1986	3.34(0.30)/0.31(0.05)	6.46(0.1)/0.38(0.01)	3.11(1.46)/0.26(0.12)
城六区*	1084	7849	30.96(6.93)/2.86(0.79)	52.71(1.07)/3.15(0.24)	29.4(14.41)/2.24(1.10)
北京市	2300	1401	52.43(10.73)/4.83(1.22)	89.43(2.59)/5.33(0.15)	49.46(19.48)/3.79(1.49)

注：*《"十三五"时期京津冀国民经济和社会发展规划》，到2020年北京市常住人口总量控制在2300万人以内，城六区常住人口比2014年下降15个百分点，减至1084.855万人。

**表中括号内为缺口数，负数表示盈余。

---

① 文件指出，每服务1.44万人口至少需要配置1所12个班的幼儿园，每服务2.29万人口至少需要配置1所24个班的小学，每服务5.71万人口至少需要配置1所30个班的初中，每服务8.1万人口至少需要配置1所36个班的高中。

② 数据测算依据：2013年教育部发布的《幼儿园工作规程（修订稿）》中规定："幼儿园每班幼儿人数一般为：小班（3周岁至4周岁）25人，中班（4周岁至5周岁）30人，大班（5周岁至6周岁）35人，混合班30人。寄宿制幼儿园每班幼儿人数酌减。"根据北京市中小学办学标准，小学、初中班额应少于40人，高中班额少于45人。

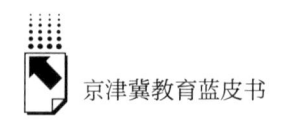

可以预见,在通州区整体学位供给紧张的背景下,北京城市副中心由于承担承接中心城区人口的重要任务,学位和师资供应压力巨大,满足人口对教育数量的基本需求非常迫切。

(二)现有教育质量、结构与中长期目标差距

中长期,北京城市副中心要建成世界一流智慧教育体系,形成在全国具有示范引领作用的教育公共服务等新范式,提供高质量、个性、便利、灵活、开放的教育服务。

1. 教育质量基本情况

北京市教育督导与质量评价研究中心相关研究[①]显示,通州区教育发展水平指数最低。

从师资水平来看,通州区整体教师学历、职称劣势明显。全市公办幼儿园专任教师中,专科以上占93%,本科及以上占48%。而通州区幼儿园专任教师中本科及以上比率仅为26.4%,在各区中最低;全市公办园中获得"小学高级"职称的教师比例在19%,小学获"小学高级"职称的教师为54.5%,初中获"中学高级"职称的教师为23.7%,普通高中获"中学高级"职称的教师为39.2%,其中,通州区各级学校教师获得高级职称的教师比例都在各区中最低,分别为5.4%、38.5%、17.8%和28.8%。

从人才培养质量来看,通州区学生在体质健康优良率、中考成绩方面都不具有明显优势。一方面,从学生体质健康情况看,全市中小学生体质健康测试总体成绩较好,不及格率较低,只有房山区和通州区超过了4%。而从体质健康优良率来看,全市小学生体质健康优良率为62%,初中生体质健康优良率为52.1%,高中生体质健康优良率为48.6%。而通州区小学生体质健康优良率不足50%,为各区中最低;初中学生体质健康优良率接近50%,高中学生体质健康优良率接近40%,都低于全市平均水平。另一方

---

① 该研究依据现有数据构成了评价指标体系,教育发展水平指数由12个方面、81个数据计算指标构成。通过分析发现,2016年通州区教育发展水平指数及12个方面超过市平均值的数量最少,排名最后。

面，就中考成绩分数段分布而言：570分以上考生占该区考生总数的比例在海淀区和东城区分别达到1.26%和1.04%，其次为通州区和丰台区，分别为0.93%和0.90%。400分以下考生占该区考生总数的比例，通州区与海淀区比例接近，为10.64%（见图6）。

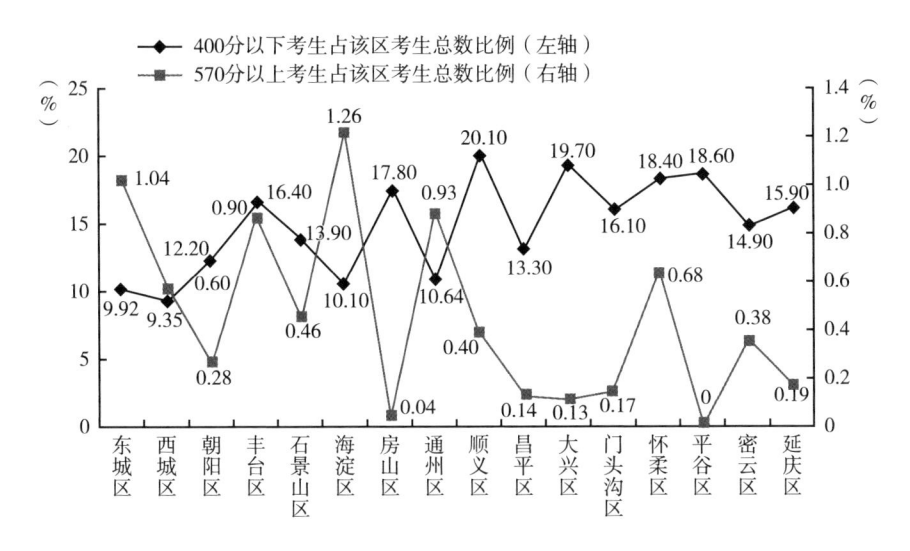

图6　2016年北京市中考成绩分数段分布比较

从优质教学资源来看，通州区还未能聚集优质资源。受历史原因影响，首都中心城区聚集了大量的优质教育资源，而东城区、西城区和海淀区（简称"东西海"三区）的优质教育资源更为密集。以市级示范幼儿园为例，北京市共有市级示范幼儿园147所，城六区占据110所，占比高达74.8%，而"东西海"三区就有67所，占比为45.6%。市级示范性普通高中、金帆艺术团承办学校、金鹏科技团承办学校等指标也表现出同样的特征（见表4）。

从教育投入来看，通州区生均教育经费较低。各区基础教育经费投入差异显著，表现为核心功能区和部分远郊区生均教育经费投入高，城市功能拓展区投入总量大，但生均教育经费投入不具优势，城市发展新区生均教育经费较低，特别是通州区，基础教育生均教育经费在各区中较低（见图7）。

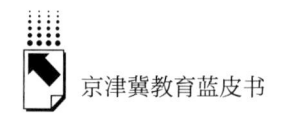

表4 优质学校在全市的聚集情况

单位：所

	全市总数	城六区数量及占比	"东西海"三区数量及占比	通州区数量及占比
市级示范幼儿园	147	110(74.8%)	67(45.6%)	4(2.7%)
市级示范性普通高中	74	52(70.3%)	38(51.4%)	3(4.1%)
金帆艺术团承办学校	89	81(91.0%)	66(74.2%)	1(1.1%)
金鹏科技团承办学校	56	48(85.7%)	37(66.1%)	1(1.8%)

资料来源：历年《北京教育年鉴》、北京市教委官网。

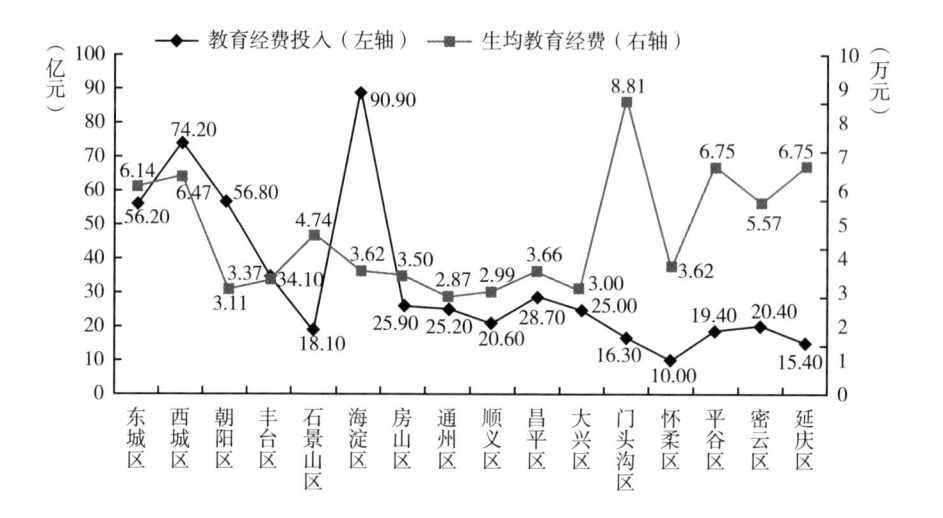

图7 2015年北京市各区基础教育生均经费投入情况

2. 教育结构基本情况

从空间结构来看，北京城市副中心原有学校主要集中在副中心的西北部。幼儿园、小学和初中阶段的优质资源与规划建设设计的人口分布不适应。目前来看：通州区高中阶段因需求较少，在空间上表现为学校布局基本合理；初中阶段除九年一贯制学校外，在北苑街道、潞城镇、张家湾镇还没有学校；小学阶段学校主要集中在副中心的西北部，以永顺镇的小学数量最多，约占副中心小学总量的30%；学前阶段，永顺镇、梨园镇、玉桥街道三地幼儿园数量占副中心幼儿园总量的50%以上。这与城市副中心12个组团发展的人口分布规划不相适应。

从经费支出结构来看,通州区公共财政教育支出占公共财政支出比例显著偏低。《北京市"十三五"教育改革和发展规划(2016-2020年)》明确要求,到2020年该指标要达到17%,而2016年通州区的公共财政教育支出占公共财政支出比例在全市各区中最低,仅为8.8%,远低于2016年全市平均水平,与2020年规划目标值存在较大差距(见图8)。

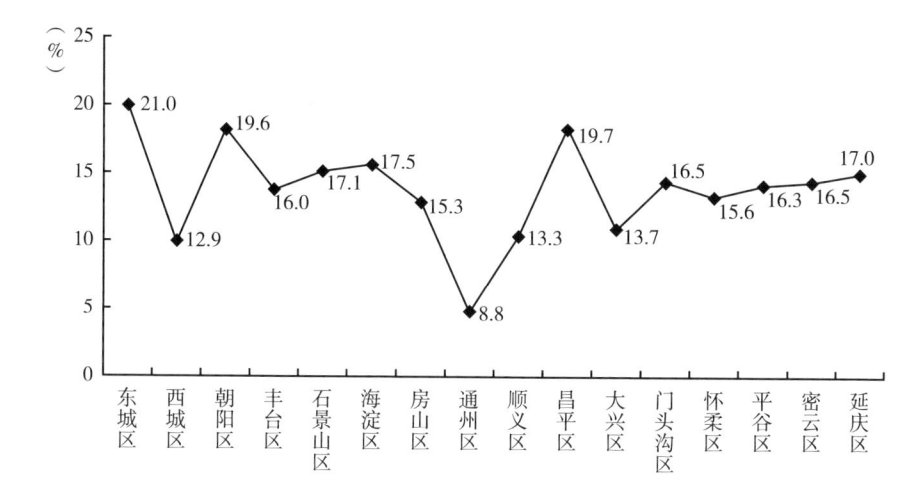

图8 2016年各区公共财政教育经费增长情况

东城区 21.0
西城区 12.9
朝阳区 19.6
丰台区 16.0
石景山区 17.1
海淀区 17.5
房山区 15.3
通州区 8.8
顺义区 13.3
昌平区 19.7
大兴区 13.7
门头沟区 16.5
怀柔区 15.6
平谷区 16.3
密云区 16.5
延庆区 17.0

从学校类型结构来看,除了正规教育各级各类学校建设,通州区成人教育的建设尚需加大力度。北京市共有9个区被评为全国社区教育示范区,这些区在社区教育组织机构建设、内涵建设(包括课程教材建设、实验项目、队伍建设、信息化建设等)、体制机制创新、特色品牌项目、示范引领作用等方面表现突出,而通州区还没有被评为全国社区教育示范区。同时,北京市还评选出34个市级市民终身学习示范基地。其中,通州区为3个。这些基地在拓宽服务内容,创新服务形式,突出特色,发挥引领示范作用,共享学习成果,满足市民不同需求的终身学习服务上初见成效(见表5)。

表5　各区社区教育和市民终身学习工作情况

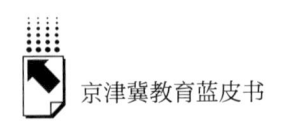

	是否为全国社区教育示范区	市级市民终身学习示范基地(个)
全市	—	34
东城区	第二批	3
西城区	第一批、第四批	5
朝阳区	第一批	3
丰台区	否	1
石景山区	第四批	1
海淀区	第一批	3
房山区	第二批	3
通州区	否	3
顺义区	第二批	3
昌平区	否	1
大兴区	第三批	1
门头沟区	否	1
怀柔区	否	2
平谷区	否	1
密云区	否	2
延庆区	第三批	1

注：2010年，北京市原西城区与宣武区合并，所以新西城区于2016年再次申报全国社区教育示范区。

资料来源：北京市教委官网、教育部官网。

曹浩文：《各区实施北京市"十三五"时期教育规划情况监测》，载高兵、雷虹主编《北京市"十三五"时期教育规划实施监测研究》，知识产权出版社，2018，第137页。

总的来看，在"三个示范区"战略目标和"三最一突出"（最先进的理念、最高的标准、最好的质量，突出绿色、低碳、可持续发展思路）的内涵和标准建设下，北京城市副中心教育资源数量不足、质量不高、结构不合理，与北京市其他各区相比尚有较大差距。城市副中心教育发展起点低，与城市规划目标要求有一定差距，配合城市建设发展的能力亟须提升。

四 雄安新区的教育现实问题与潜在风险

雄安新区教育发展主要存在两方面的问题：一是现实问题，即在雄安新区成立之前，三县教育发展多年积累下来的原发性问题；二是潜在风险问题,即在雄安新区建设过程中已经或可能出现的继发性问题。实现雄安新区教育发展的高质量要求,需以充分了解雄安新区教育发展现存问题为前提,选定教育短期及中长期发展追赶的目标,兼顾问题导向和目标导向,明确教育发展现状与参照系之间的差距,进而研判雄安新区教育发展和改革中的着力点和风险点。

(一)现实问题

1. 办学相对规模较大,教育资源分布不均衡

主要表现为义务教育阶段办学相对规模较大,学校布局结构不合理,学校规模不协调,教育资源配置不均衡,无法满足新区人民日益增长的对更好更公平教育的需求。

(1) 义务教育办学相对规模较大

如表6所示,2016年,雄安新区小学和初中的相对办学规模(每十万人口在校生数量)略高于全国平均规模,远高于北京和天津,小学办学相对规模是京津地区2倍以上,初中办学相对规模是京津两地的2倍左右。

表6　2016年部分地区每十万人口各级学校平均在校生数

单位:人

学段	全国	北京	天津	河北	雄安新区
幼儿园	3211	1921	1724	3153	3124
小学	7211	4000	4080	8358	9259
初中	3150	1236	1657	3281	3195
高中	2887	1321	1851	2657	1142

资料来源:《北京教育一本通(2017)》《河北经济年鉴(2017)》和雄安三县教育统计资料。

(2) 义务教育阶段学校城乡分布不均衡,村小比例较高,镇中规模较大。

统计结果显示,雄安新区义务教育阶段有60.9%的学校分布在农村地区。其中小学有63.7%分布在农村,53.7%的初中布局在城镇地区,呈现不同的布局结构。这与学生数分布结构相关,乡村小学在校生数占比较高,为52.4%，城镇初中在校生数的比例为68.9%，高于农村初中在校生数。然而，从学校与在校生数的城乡比例来看，农村小学的学校数占比高于在校生数占比，城镇初中学校数占比低于在校生数占比，可以侧面反映出农村小学的学校规模相对较小，城镇初中学校规模相对较大的问题（见表7）。

表7 雄安新区义务教育学校数

单位：所

	合计	城镇	农村	其中民办
小学	215	78(36.3%)	137(63.7%)	8(3.7%)
初中	41	22(53.7%)	19(46.3%)	5(12.2%)
总计	256	100(39.1%)	156(60.9%)	13(5.1%)

（3）城乡学校班额差异大，镇区学校大班额，乡村学校空心化[①]

如表8显示，雄安新区义务教育阶段城乡学校班额差异巨大，城镇地区大班额班级占城镇总班级的76.3%，城镇初中大班额问题严重，大班额班级占比92.7%。与之相反，农村学校则呈现出空心化、小微化的现象，教育资源浪费严重。义务教育阶段小班额班级占总体的58%，超过半数。农村初中和小学的班额问题存在差异，农村初中仍然是大班额问题，而小学则是空心化问题，农村小学小班额班级占比61.7%。随着新生入学人数逐年增加，城镇学校压力将持续增大。

表8 2017年雄安新区义务教育城乡班额情况

单位：个

	城镇		农村	
	小班额	大班额	小班额	大班额
小学	214(29.6%)	508(70.4%)	462(61.7%)	287(38.3%)
初中	19(7.3%)	241(92.7%)	24(27.0%)	65(73.0%)
总计	233(23.7%)	749(76.3%)	486(58.0%)	352(42.0%)

资料来源：2017年雄安新区三县教育统计数据。

① 班额界定：小学班额30人以下为小班额，45人以上为大班额；初中班额35人以下为小班额，55人以上为大班额。

2. 师资配备不足，结构失衡，质量不高，待遇偏低

当前，雄安新区师资队伍的数量、质量、结构、激励机制均不能适应现代教育发展需要。

（1）中小学师资配备不足，生师比较高

新区教师数量配备不足，中小学生师比远高于北京。表9显示，雄安新区小学生师比高于初中，城镇地区生师比高于农村地区，总体均高于北京，反映出雄安新区小学和城镇地区的教师资源短缺问题较为明显。具体而言，雄安新区小学生师比为19，远高于北京的13.6；雄安新区城镇小学的生师比高于农村地区，反映出城镇地区小学教师资源紧张的问题更为突出。从小学师班比的情况来看，雄安新区小学的师班比为1.93，低于北京水平。雄安新区初中的生师比为10.8，北京地区为7.7，反映出新区初中也存在师资紧张的情况，城镇初中的问题更为明显。

表9　2017年雄安新区义务教育阶段生师比与师班比情况

	城镇		农村		总计		北京	
	生师比	师班比	生师比	师班比	生师比	师班比	生师比	师班比
小学	21.2	2.09	17.20	1.81	19.0	1.93	13.60	2.31
初中	13.0	7.45	9.99	4.25	10.8	6.39	7.70	5.80

资料来源：《北京教育一本通（2017）》和基于2017年雄安新区三县教育统计数据的测算结果。

另外，根据前期的调研发现，雄安新区部分学校存在教师"包班"现象，采用人事代理的代课教师普遍存在。现有在册教职工中，不在一线从事教学工作的人员将近25%，问题非常严重。

（2）教师队伍结构失衡，男性和青年教师比例较低，专业教师不足

根据北京市海淀教科院对雄安新区基础教育现状的调查研究，雄安新区教师队伍的结构性问题明显，教师队伍老龄化问题凸显，男性教师和青年教师偏少，音体美和信息技术教师短缺。基础教育阶段教师以女性为主，中学男性教师占比为35.7%，小学男性教师占比为17.4%，幼儿园的女性教师比例高达91.6%，师资队伍性别结构失衡。从年龄分布来看，中

小学和幼儿园教师中39岁以下教师的比例为43.8%，不到一半，39.6%的教师为40~49岁，16.7%的教师在49岁以上，青年教师比例相对较低。值得注意的是，作为中坚力量的50岁以下教师中，各县职教中心师资班毕业的教师比例较高，存在文化基础较为薄弱，发展后劲不足的问题。此外，在调研访谈过程中，三县学校普遍反映学校音体美和信息技术的专业教师严重短缺。

（3）教师初始学历普遍较低，学非所教现象突出，可持续发展能力较弱

虽然雄安新区中小学和幼儿园教师学历达标率比较高，专科和本科学历教师是教师队伍的主体，占比为87.7%，但学历层次明显低于北京水平。根据2017年海淀教科院对雄安新区基础教育情况的研究，雄安新区小学本科以上学历教师所占比例为31.1%，北京为91.9%，后者是前者的近3倍；雄安新区中学本科以上学历教师占比为73.3%，北京为99.1%，雄安新区初中教师学历水平依然低于北京接近100%的本科以上率。同时，前期调研发现，雄安新区教师初始学历为大专以上学历的教师比例仅为10%左右，目前的高达标率主要是通过教师后期进修达到的，在学校的实际教学过程中普遍存在"教非所学"现象，教师教育理念落后，教研能力偏弱，后续进修培训机会偏少，专业发展机制欠缺，绩效工资制度和激励机制不完善，职业倦怠较为普遍。教师待遇的低下是造成教师资源尤其是优质教师资源大量流失的重要原因。

3. 办学条件达标率低，硬件资源浪费严重

前期调研发现，雄安新区小学、初中和普通高中办学条件达标率，处于河北省落后水平，远远低于北京，尤其是容城和安新的小学阶段[①]。在硬件设施上，乡村小学生均学校占地面积普遍较高，资源利用率低，网络多媒体教室较少，小学普通教室中多媒体教室占比仅为32.2%，初中比例为45.4%；有62所学校没有操场面积，仅有5所学校有室内运动馆；222所学校有校园网，仍未实现全覆盖。在教学设备上，即使有的学校配置了先进

---

① 北京市和河北省分别采取不同办学条件标准。

的教学设施，如计算机房、多媒体设施，但是接受过培训教师少，城镇小学接受培训的教师比例仅为19.6%，城镇初中接受培训的教师比例为22.6%，不足三成，多媒体设备的利用率不高。

4. 教育经费投入不足，与北京市和通州区差异巨大

按照公布的2016年各地教育经费统计比较，雄安新区各级各类学校生均经费，与北京相比差距悬殊（见表10）。2016年北京市生均教育经费的主要指标在新区三县平均水平的5.6～11.8倍，通州区的生均教育经费指标数值是新区三县平均值的3.8～8.9倍。而且，有限的教育经费投入是以人员经费为主，只能保障教职工的基本工资收入，公用经费严重短缺。

表10 2016年北京及雄安三县中小学预算内生均事业费和生均公用经费情况

单位：元

	生均事业费		生均公用经费	
	小学	初中	小学	初中
北京市	25793.55	45516.37	10308.69	16707.86
通州区	17591.20	33166.70	6792.23	12702.48
雄安新区平均水平	4626.50	6740.00	968.27	1419.47
雄县	3662.50	5064.00	1071.80	1530.40
容城县	5716.00	8593.00	880.00	1275.00
安新县	4501.00	6563.00	953.00	1453.00

资料来源：《北京教育一本通（2017）》和2016年雄安新区三县教育统计数据。

5. 教育内涵式发展不充分，教育教学质量堪忧，体系有待完善

雄安新区素质教育发展尚未取得根本突破，人才培养类型结构、学科专业结构和知识能力结构远远不能满足新区创新经济和智慧城市发展的需要。前期调研走访发现，雄安新区中小学国家必修课程没有开足开齐，科学、体育课、综合实践活动课程开设不足。常规的校本教研、科研制度不健全，备课制度、学科教研制度等缺乏有效引导和约束。片面追求升学冲动与促进学生全面发展的矛盾依然存在。终身教育体系尚不健全，职业教育、高等教育

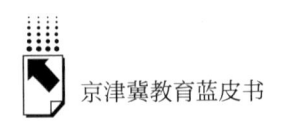

和社区学院亟须布局建设。

6. 教育治理能力和体系建设亟须加强，体制机制创新活力不足

雄安新区教育治理能力和治理体系现代化任务十分艰巨，全社会推动教育发展的合力仍需增强。校园安全保障措施不到位，校长和中层干部的专业化水平和管理能力有待提升，校史文化的提炼、学校发展的规划、校风校训的设计、师生文化的建设等欠缺统筹安排。校际、区域、部门之间交流合作不足。亟须探索如何更有效地整合利用区域内外、系统内外、课堂内外、线上线下等多领域教育资源，通过在线服务、个性化服务、全时段服务，跨学段、跨学校、跨部门、跨系统、跨地域的资源共享与合作等创新体制机制来解决教育热点和难点问题。

（二）潜在风险

1. 近期及中长期教育发展和改革规划思路和方案有待明晰

新区尚未出台近五年及面向 2035 教育现代化的中长期教育发展和改革规划，这直接关系到雄安新区教育发展和改革能否实现创造"雄安质量"的预期目标这一重大问题。因此，必须以高起点高标准、新理念新思想谋划雄安新区的教育战略规划，需要重点考虑好规划"上下左右"的关系。一是雄安新区教育规划与《河北雄安新区规划纲要》的关系，结合雄安新区规划建设的发展定位和建设目标，以及其中对"优先发展现代化教育"的相关论述来明确教育规划的整体基调。二是雄安新区教育规划与三县教育发展和改革规划的关系，与河北省教育规划的关系。三是雄安新区教育三年质量提升计划与教育中长期发展规划的关系。前者偏重问题导向，后者偏重目标导向。四是雄安新区教育规划与北京、天津教育规划的关系。要在京津冀协同发展和"一核两翼"共同发展的背景下思考规划问题。

2. 帮扶对接的保障机制亟待完善

目前，北京部分学校与雄安学校建立的帮扶对接关系，然而，这些学校的帮扶对接工作进展较为缓慢，实际效果尚不如预期。究其原因，一方面援助校本身往往也是资源紧张的学校，难以调配更多的干部教师支援雄安教育，政府还没有出台明确的资金、人员等资源配套措施，外派教师积极性受到影响。另一方面，雄安基础条件有限，组织校长、教师外出考察培训，需要大量的经费投入，三县难以支撑。

3. 校际之间的融合交流壁垒较高

北京、雄安两地在教育文化、师资力量、生源质量、培养环境等方面差距很大。即使是双方都能够保障足够的人员和经费投入到帮扶对接，短期内也会在很多层面互不适应，难以融合。首先，两地班额差距悬殊，北京教师的先进教育理念和方法如何在雄安土壤上落地存在本土化的操作性困难。其次，雄安学校及其周边的社会群体的陈旧教育观念与习惯根深蒂固，还有本身的办学条件和环境和自身素质的制约，雄安新区教师在接受先进办学和管理理念方面，往往显得力不从心，消化不良。

4. 生源回流进一步加剧现实冲突

由于雄安新区教育基础过于薄弱，初高中学生大量流失已经是多年来的常态。然而，自从雄安新区成立以来，受对子女未来发展和教育政策调整预期的影响，家长纷纷将以前到外地上学的子女转回当地就学。与此同时，国家"二孩"政策也造成一定程度的人口出生率上升，必将打破既有的教育常态，加大雄安新区原有优质学校学位供给和资源配置的压力。

5. 教育发展中公平问题更加凸显

由先进地区对雄安新区教育资源的支持，例如帮扶校、新建校等可能会加剧原本的教育发展不平衡不充分问题。被帮扶的学校，大部分是当地的优质学校，且数量不多，这可能会进一步拉大与当地薄弱校的差距。未来将在核心城区和移民安置区新建高起点、高质量的学校，这些学校，无疑会与附近原有学校，特别是现在县城人口聚集区的学校形成很大差距。新建校，尤其是核心城区新建的三所学校重点为新移民子女提供优质教育。但若原住居民子女就学的学校仍处于较低水平的话，可能会带来新的教育公平尤其是优质教育资源配置公平问题。

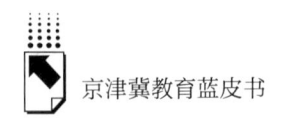

五 "一核两翼"教育改革与发展策略

(一)基本原则

1. 政治考量,预防风险

作为首都,北京有特殊的政治责任,更有得天独厚的资源优势。因此做好"四个服务"就要切实把这种资源优势转化为发展优势,坚持以服务促发展,牢固树立政治意识、首都意识、大局意识、服务意识和责任意识,努力创造一流的工作成绩、工作水平和工作经验,努力使首都科学发展、社会稳定的各项工作走在全国前列。在做好服务中实现首都的新发展,向着建设国际一流的和谐宜居之都迈出坚实步伐。因此,借助深化改革契机,设计城市副中心教育政策制度,既离不开实践能力,也要有理论先导;既要全面,也要全力;既不能畏首畏尾,又不能盲目随意。政策制定要具有合法性,能够被人民群众认可和执行;要体现公正性,确保人民的受教育权在政治和经济等层面上平等;要体现责任感,对出台的政策负担基本的公共责任;要体现稳定性,政策出台要确保公民生活有序、公共政策连贯,为首都更加美好的明天谱写好北京城市副中心教育事业的奋进之笔。

2. 以人为本,满足需求

为公民的幸福生活创造外部条件,努力让公民有更大的幸福感,是政府义不容辞的责任。从教育来说,建设服务型政府,必须有公共财政机制的保证。政府应当随着经济发展和财政收入的增加不断加大对基础教育的预算投入,努力扩大公共服务范围,改善服务质量。对城市副中心来说,一是加大教育投入力度,重点在学校教学设施改善、教师待遇提高等方面加大投入;二是建设高质量的师资队伍,充实中青年骨干师资力量;三是进一步深化教育体制改革,做好管办评分离;四是加快教育信息化建设,实现优质教育资源共享,使不同区域的学生享受到同等优质的教学资源;五是均衡优质教育资源,合理布局优质学校。

对于雄安新区，应协调好外来新移民与原住居民教育供需关系，做好教育资源供给预测。新区教育资源既要为新移民做好资源供给服务，又要为原住居民提供适合的教育，在学校数量、规模、班额、教师编制、教学形态等方面都要超前谋划。不仅提供学历教育，也提供非学历教育，让现代化教育理念贯穿终身教育，让人人皆学、时时能学、处处可学成为新区的教育常态，全面提高新区人口综合素质，配合新区建成完全自律的城市，为智慧城区建设提供有力支撑。

3. 因时制宜，因地制宜

北京城市副中心和河北雄安新区的教育协同发展体现出典型的自上而下的政府主导特质，一起成为首都教育发展的"两翼"，这种发展模式具有一定的独特性，呈现出"政府搭台、学校唱戏、多维整合"的协同创新治理特点。"政府搭台"就是政府提供各种保障条件，推动和激励新区教育发展；"学校唱戏"就是确定新区的教育教学承载对象，一般是各级各类学校，是开展体制机制创新、探索基层经验的主体；"多维整合"就是探索全国优质教育资源、首都优质教育资源与雄安新区教育资源在人力、物力和财力上的整合方式，探索各级各类教育资源之间的纵向整合和政产学研用教育资源的横向整合方式，探索社区、邻里、街坊三级生活圈与教育空间布局的有机整合。同时，要创新育人方式、办学模式、管理体制和保障机制，通过综合改革提升教育发展的效率和效益。加强与素质教育密切相关的资源配置与布局，满足创新人才培养需求。提升新区教育的社会贡献力，增强教育与新区经济社会发展需求的契合度。以教育目标、内容、过程、手段、治理的现代化，逐步实现人的现代化和教育体系的现代化。整合多方资源，充分发挥优质教育资源的引领带动效应，形成可复制、可推广的经验，让共建援建成果惠及更广泛的区域。

4. 统筹兼顾，有序实施

统筹兼顾，主动适应经济发展新常态，合理调配教育资源布局。寻找教育之外的突破口，强化全区规划引领，强化组织领导，加强教育部门与非教育部门的协调服务，深入协调解决问题。有序推进，因势利导营造教育发展

良好环境，政策制定避免短视化、短期化，政策制定按问题紧迫程度区分，要有近期、中期和长远规划；按政策制定层级和主体区分，要分别向上要政策、向外要政策、自身出政策。教育资源形成并发挥作用需要一定的建设周期，所以应优先建设新增人口所在镇、街道学校，而后根据人口结构对学校进行调整、转换。在优化配置教育资源过程中逐步提升教育质量。

以城市副中心和河北雄安新区总体规划和区域控制性详细规划确定的居住人口规模为基础，预测各级各类教育需求规模，统筹规划各级各类教育发展空间；以学龄人口增长预测和居住社区建设计划为基础，制定教育分阶段建设计划，确保教育事业优先发展，教育资源合理配置。着眼于教育发展与提升，加强与京、津两地的协同，积极引进优质资源，加强教育与其他部门的协作，探索建立教育联动发展的长效机制，形成政府主导、部门协同、科研支撑、社会参与的工作格局。

（二）北京城市副中心的教育推进策略

1. 适应人口结构和组团分布，优先解决副中心基本学位需求

根据城市副中心人口聚集情况，结合城市空间规划，在新增人口聚集区新增教育资源，强化学校布点的合理和便利性。围绕城市副中心规划的12个组团、36个家园周边区域，点对点布局优质教育资源，满足一刻钟生活圈的基本公共服务要求。特别是对城市副中心东部和南部增加中小学和幼儿园规划建设。

盘活教育存量资源，进一步挖潜和盘活能利用的教育用地或教育资源。针对人口聚集程度高、教学资源紧张的街道和人口增长较快、教育资源薄弱的城乡结合部地区统筹规划。将闲置的教育资源利用起来，特别是要加强对与现有学校资源临近的已出租的校舍的利用。鼓励学校大胆利用社会资源，引入优质社会资源到学校中。允许不同办学主体的合法存在，积极探索以公办中小学为主、社会力量办学为辅的多渠道运作办法，规范办学行为；保障受教育者接受教育的自由选择权利。

进一步完善就近入学政策，及时精准掌握各片区学龄人口及分布情况，

设定划片标准，合理划分入学片区，保障各街道、镇教育资源都能得到有效利用。完善"多校划片"政策，一要保持相对稳定，避免政策的变化带给学校学位供给的不确定，二要摸清和预估当年片区内优质学校和薄弱学校的生源数量，统筹规划学校招生，使每所学校的学位供给与资源承载相匹配。不断完善中小学生学籍信息管理系统，优化对学龄儿童的教育服务工作。构建可视化学籍信息系统，当出现片区或学校入学名额过度聚集的情况，及时发布引导性政策，根据生源变化情况，引导学生分流。

2. 加强"内升外引"，扩大优质教育资源覆盖面

分期分批改造薄弱学校，保证各校生源底线和基本的办学规模，使薄弱校能够获得稳定发展的机会。建立和完善薄弱学校与本区优质学校之间教育资源共享、教育教学交流与合作及校际协同的机制，促使通州区百年名校打造出一系列精品学校。采用九年一贯制形式实现资源整合，给予一贯制学校校长更多的办学自主权、设施设备和经费支持。整合校内校外资源，贯通培养目标和培养通道，以学段直升的方式实现集团、学区内横向合作和纵向有效衔接。

加强市级统筹力度，发挥全市优质教育资源的辐射带动作用。支持全市优质学校以联盟、集团、名校办分校、高校办附属学校等多种方式带动通州区教育发展。使每一所合作学校明确自身定位，并通过合作平台找到促进自身发展的优质资源。支持在京中央部属院校、北京市属院校、教科院等高校、科研机构发挥各自优势在副中心办附中、附小，与通州区共同建设若干所中小学，惠及更多中小学生，有效促进优质教育资源的实质性扩大。

3. 创新解决多样教育需求，构筑区域发展的教育支撑平台

积极探索新型教育服务供给方式，推进数字资源互联平台建设。优质资源共享是"互联网+"时代发展的大趋势，整合教育资源，实现优质教育资源区域间、校际间的共享发展，是教育改革发展的趋势。构建"互联网+"区域教育优质资源共建共享平台，鼓励学校和教师自主研发优质教育资源，提高其教育信息资源共建共享的积极性，提高教育服务的精准化程

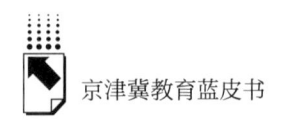

度。保障平台发挥应有的作用，探索课内外融合、家校社会多方融合的协同育人模式，同步共享优质教育教学资源。

着手社区教育资源建设，打造校内外教育的融合平台。实现社区学院功能转换，建立"大教育"的网络体系，使社区学院成为社区建设和校外教育的生力军。社区教育具有整合各类教育资源的先天优势——教育向社会开放、社会向教育开放，旨在提高社区全体成员的整体素质和生活质量。城市副中心所有活动部门，包括公共管理、学校、大学、工商、卫生、通信媒体和公民社会组织，都是建设学习型城市的利益相关者，社区教育资源来自社会各个方面，包括学校、图书馆、文化场馆、民间组织和团体等。学校可以社区学校为载体，充分利用社区教育资源，满足学校发展各类社团的需求，推进学校、社区、家庭等多种教育资源整合，为学生发展创造良好条件。

建立教师动态调整机制和全区统筹资源平台。积极试验推进中小学教师"区管校聘"改革，针对现有师资短缺问题，建立"教师补给库"，积极引进高学历、高级职称和教学经验丰富的优秀教师，完善聘任教师的优惠配套政策，在户籍、薪酬、住房、评优评先等方面给予优待。盘活离退休教职工资源，采用人事代理、劳动用工、劳务派遣等方式，以课外机构各学科名师为主要对象建立"临时聘用教师机动库"，用以及时补充部分学校老、孕、病、休教师的空缺。充分利用北京师范大学、首都师范大学、北京教育科学研究院、北京教育学院等单位的教育学科优势和培训资源，推进名师、名校长的培训培养。

构建与城市副中心社会发展相匹配高校研发平台。充分利用在京高校、科研院所的智力资源对北京城市副中心建设提供科研服务，为宋庄文化创业产业聚集区提供智力支持，为打造海绵城市、综合管廊、智慧城市等提供新技术、新理念，实现城市与高校的良性互动。利用政策红利吸引更多知名高校落户城市副中心，吸引高精尖人才聚集城市副中心，发挥高校资源的科技创新引领作用，支持廊坊北三县地区产业转型升级，发展高新产业，实现北京城市副中心与廊坊北三县地区统筹发展。

（三）河北雄安新区的教育推进策略

雄安新区教育发展的总体水平在河北省内尚且处于中下，与北京、上海等国内发达城市差距更大。若采用常规的教育发展和改革模式，是无法在短期内实现发展现状与目标定位差距的弥合、教育发展的大跨度提升。因此，要达到雄安新区教育的"雄安质量"标准，则需非常规的、跨越式发展思路、谋划和研究，不仅要创新教育发展规划的理念与思想，还要创新教育发展的模式与机制。

1. 需要分步分段规划雄安新区教育

雄安新区教育可根据不同时间阶段和学段进行分类规划、分步实施。按照时间阶段进行划分：第一阶段的教育提升行动计划以北京为主提供教育帮扶，协助雄安新区大幅提升教育质量；第二阶段则可整合全国优质教育资源对雄安新区教育发展进行支持；第三阶段则是通过前期的发展积累和深度体制机制创新，培植雄安新区教育发展的内生动力，形成新区教育自发生长和可持续发展的良好格局。按照各级各类教育也可以进行专项设计。比如高等教育需思考与产业聚集关系和新建校的规划建设，尤其是建设世界一流雄安大学需提前谋划、整合资源；职业教育则需针对雄安新区的原住民进行职业转岗培训，帮助原住居民更好、更快地适应、融入新区发展需求和步调；基础教育则侧重优质教育资源的统筹引进和帮扶提升，实现新区基础教育公平有质量的发展。

2. 构建教育改革领导组织统筹资源

京津冀区域经济和社会发展水平差异较大，原本就存在三地四方的复杂关系，梳理好新区与河北省、北京市、京津冀区域的关系，加强管理权力整合十分必要，可避免各自规划、各自推动、信息不共享而导致的人力浪费、政策交叉或矛盾，提高规划的科学性与规划落实的效率。要充分理顺中央、京津冀区域、北京市与河北省在雄安新区教育管理的权责分配和管理体制机制，明确财政经费保障机制，为雄安新区教育发展和改革保驾护航。各级政府和教育行政部门要树立大局意识、整体意识、平等意识、配合意识，充分发挥河北省的主体责任，充分尊重与发挥京津冀三地各方优势，形成合力。明确中央和京津冀三地各级政府及其教育行政部门的职、权、责、利，成立统一的综合性的教育改革领导组织，统一管理协调新区各县教育。该机构近期的工作重点是整合内外部各种教育资源，特别是京津冀各种优质教育资源与新区教育的对接帮扶。条件成熟时，对新区内部教育管理体制进行教育行政机构和学区制改革。

3. 利用改革红利和后发优势激发创新活力

习总书记指出，雄安新区受各方利益牵涉较少，要发扬改革创新精神，建立体制机制改革新高地。从深圳经济特区到上海浦东新区再到河北雄安新区，除了中央和各级政府部门的政策支持和红利，还依赖于基层的改革创新。要鼓励雄安新区的教育部门和主体大胆探索，创新体制机制，探索独特的教育发展与改革的"雄安模式"。雄安新区具有人口密度低、开发程度低、发展空间充裕的后发优势，因此在教育发展和改革方面没有历史遗留问题带来的掣肘，更可能实现弯道超车，在雄安新区可以探索建立教育改革的试点区或先行区。借助北京和天津等地的力量协同攻关、深度合作，探索中国教育发展和改革的新经验和新模式。作为一个独立区域，可以对雄安新区现有的基础教育、中等职业教育未来的发展方向、目标定位做出一个近期的整体规划，着力解决人们普遍关注的热点问题，也可以考虑将其作为高考招生制度改革的试点区，以此引领基础教育改革，优化教育生态。

4. 以北京作为先期标准大幅度提升教育投入

经费投入的短期目标是缩小雄安新区与北京地区教育经费投入的差距，远期的目标是赶超北京的教育经费投入，并达到适合雄安新区教育发展需要的经费标准。雄安新区政府要不折不扣地落实政策性投入，守住基本底线。要落实教育法对教育投入"三个增长"的要求，要保证各种政策性教育资金，足额征收，足额按时拨付。同时，中央政府和京津冀三地政府协调各方力量，通过政府先期注资、企业捐资、金融机构借贷、社会力量投资等多种渠道，大幅度提高教育投入，争取到2022年新区教育经费各项主要指标与北京当年水平基本持平。

5. 优化教师队伍结构，大力提升教师素质

对标北京重新核定教师编制，并考虑到适度超前做好教师储备的需要，通过引进全国优秀师资，招收高质量本科生和研究生，或定向培养等方式，有计划的大量补充新教师。通过转岗、买断等形式，对不具备较大提升空间的教师，做出妥善安置，力求平稳分流。遴选京津冀教育较为发达的县区和优质学校，实施一对一精准帮扶。优质学校派遣干部和优秀教师住校一年或以上，双向置换，精准帮扶，中小学全覆盖，然后再向农村教学点和学前教育领域辐射。将雄安新区作为一个特殊区域，争取现有的各种计划项目为新区设立专项，以培养高水平教师和校长，提升基层教师的教科研水平等。

B.2
2018年京津冀教育发展现状概览

曹浩文*

摘　要：　对京津冀教育发展现状进行监测，有助于找准京津冀教育协同发展的契合点和重难点所在，有助于判断三地教育是否朝着"公共服务水平趋于均衡"的目标迈进，并为政策的持续推进提供科学依据。基于2017年京津冀三地教育事业发展数据和教育经费投入数据的分析表明：三地基础教育在校生数约占全国的7%，研究生在校生数约占全国的1/5，北京在研究生培养方面具有突出优势；河北义务教育阶段在校生总数大，而且乡村学生占比高，京津乡村学生占比低；河北与京津专任教师中本科及以上学历者所占比例差距较大，学前教育和小学的差距尤为突出；河北基础教育各阶段生师比都高于京津，其中学前教育差距尤为明显，河北学前教育生师比高于教育部标准；河北的小学、初中和普通高中平均班额不仅大于京津，也大于全国平均水平，初中消除大班额任务繁重；天津中等职业学校"双师型"教师比例和获得"双证书"的毕业生占比都是最高的，河北"双师型"教师少但毕业生获得"双证书"的比例高，北京正好相反；北京央属高校、本科高校多，河北和天津的本科高校和专科高校各占一半；北京研究生在校生数占比逐年上升，成人本专科和普通专科在校生数占比逐年下降，河北的高等教育在校生层次结

---

* 曹浩文，北京教育科学研究院教育发展研究中心助理研究员，博士，主要研究领域为教育经济、教育政策。

构变化很小。就教育经费投入而言：河北一般公共预算教育经费连续三年大幅增长，政府教育投入努力程度高；虽然河北各级各类教育生均一般公共预算教育事业费和生均一般公共预算公用经费稳定增长，但是由于北京"起点高、涨幅大"，河北与北京的差距不仅没有缩小，反而扩大。综合2015~2017年的监测结果发现：第一，京津冀三地教育事业发展水平及教育经费投入情况存在很大差距的基本形势没有改变。很多指标的差距不仅没有缩小，反而扩大了，差距的绝对值仍然较大。第二，监测发现的一些具体问题仍有待进一步改进，需要引起教育决策部门和科研部门的重视。针对这些现状、差距与问题，本报告提出了对策建议。

关键词： 京津冀教育　教育协同发展　区域教育　京津冀协同发展

对京津冀教育发展现状进行监测具有重要意义。首先，全面了解京津冀教育发展现状，有助于判断京津冀三地教育发展的各自优势与劣势所在，找准京津冀教育协同发展的着力点。其次，监测京津冀教育发展现状，了解三地教育公共服务的发展水平，有助于判断《京津冀协同发展规划纲要》（以下简称《规划纲要》）制定的京津冀协同发展目标是否按照预期推进，及时发现政策推进过程中遇到的困难和问题，制定改进措施。本皮书已经连续两年对京津冀教育发展现状进行监测，本文正是在前两次监测的基础上，第三次对京津冀教育发展现状进行监测。

在监测时，本文选取2017年的最新数据，力图反映京津冀教育发展的最新进展。必要时，本文也将结合前两次监测的结果，反映2015~2017年京津冀教育发展的动态趋势。2015年是《规划纲要》颁布的年份，2015~2017年的动态趋势正好反映《规划纲要》颁布以来京津冀教育发展的进展。

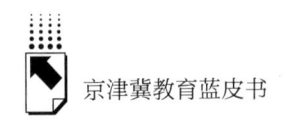

本文的结构安排如下：首先，对京津冀三地经济和人口发展现状进行分析；其次，对京津冀三地教育事业发展现状进行分析；再次，对京津冀三地教育经费投入情况进行分析；最后，对全文进行总结，并提出对策建议。如无特殊说明，本文的数据均来源于《2017中国统计年鉴》[①]、教育部官方网站上的历年教育统计数据和《全国教育经费执行情况统计公告》。

一 京津冀三地经济和人口发展情况

教育的发展，总是离不开一定的经济和人口发展背景。因此，在分析京津冀三地教育发展情况之前，有必要对京津冀三地的经济和人口发展情况进行分析。本文选取人均地区生产总值、产业结构、人均收支情况、人口数量、结构和分布等指标，来反映京津冀三地的经济和人口发展情况。这些指标都是影响教育发展的重要变量。

（一）人均地区生产总值：京津遥遥领先于河北，而且差距逐年扩大，北京涨幅最大

人均地区生产总值是指一个地区在核算期内（通常为一年）实现的生产总值与所属范围内的常住人口的比值，它是最重要的宏观经济指标之一。如图1所示，就绝对值而言，2015年天津的人均地区生产总值略高于北京，2016年北京的人均地区生产总值开始超过天津，2017年北京的人均地区生产总值超过天津10051元。京津的人均地区生产总值一直都遥遥领先于河北。以2017年为例，北京的人均地区生产总值达到128994元，而河北仅为45387元，北京约为河北的2.8倍。2015~2017年，河北与京津的人均地区生产总值差距呈现逐年扩大的趋势。

就增长率而言，从图1可以看到，京津冀三地中，北京的人均地区生产总值增长速度最快。2015~2017年，北京的人均地区生产总值增长了

---

① 中华人民共和国国家统计局：《2017中国统计年鉴》，中国统计出版社，2017。

21.1%。相反,天津和河北的人均地区生产总值增长速度较慢,2016、2017年分别增长了10.2%和12.7%。通常意义上,起点较低的事物增长速度快,而起点较高的事物增长速度慢,但京津冀人均地区生产总值的增长速度与此相反。

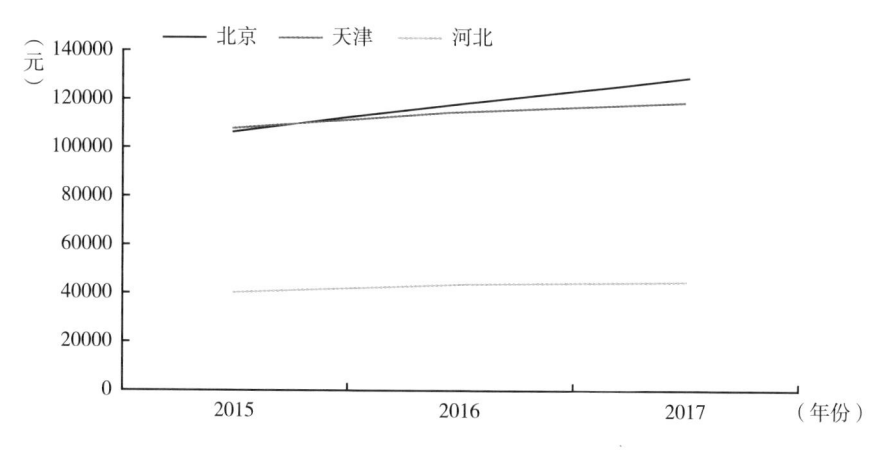

图1 2015~2017年京津冀三地人均地区生产总值比较

(二)产业结构:北京已进入后工业化阶段,天津处于工业化阶段后期,河北处于工业化阶段中期

产业结构对基础教育的地域分布、高等教育和职业教育的学科专业结构等产生影响。如图2所示,京津冀三地产业结构存在较大差异。北京已经实现"三二一"的产业格局,第三产业比重高达80.6%,第一产业比重仅为0.4%。北京的产业结构已经达到发达国家的产业结构水平[1]。天津的产业结构由第二产业和第三产业齐头并进逐步转变为第三产业比重最大,2017年第三产业比重达到58.2%,第二产业比重为40.9%,第一产业仅占0.9%。而河北的第一产业占比仍高达9.2%,第三产业比重明显落后于

---

[1] 李俊强、刘昊凝:《京津冀产业结构升级一体化的可能性分析》,《国家行政学院学报》2016年第2期,第112页。

京津，仅为44.2%。综合判断，北京已进入后工业化阶段，天津处于工业化阶段后期，而河北尚处于工业化阶段中期①。有研究认为，京津与河北在第一产业内部有一定的合作，但主要围绕京津城市居民的菜篮子、米袋子而动。京津的第三产业多是为当地服务，没有形成跨区域的产业链条。而京津的第二产业整体层次并不高，还不能对河北产生强大的拉动作用②。

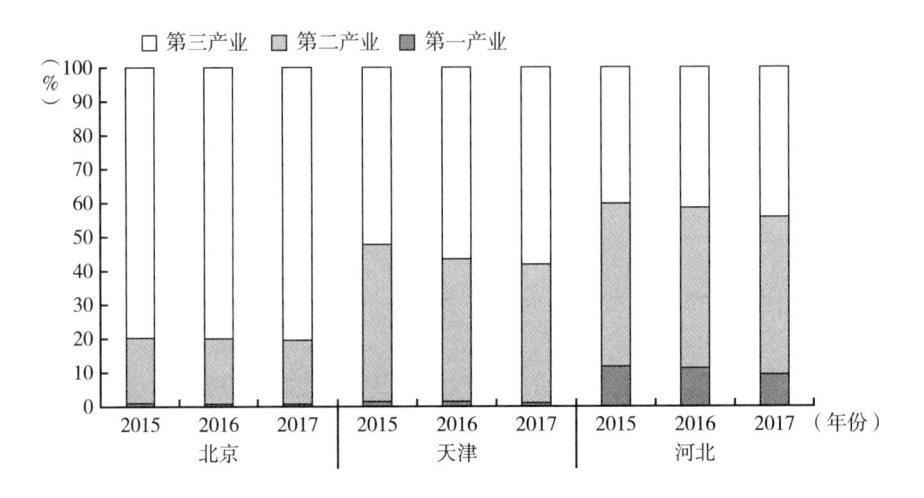

图2　2015~2017年京津冀三地产业结构比较

（三）人均收支情况：北京最高，天津其次，北京是河北的2倍多

人均收支水平影响家庭的教育投入。如图3所示，京津冀三地人均收支情况存在较大差异。不论是人均可支配收入、人均消费支出，还是人均教育文化娱乐消费支出，北京都是最高，天津其次，河北与京津的差距很大。以人均可支配收入为例，2017年北京为57229.8元，天津为37022.3元，河北

---

① 北京市统计局　国家统计局北京调查总队：《京津冀协同发展稳步推进产业、交通、生态一体化初见成效》，2015年7月9日，http://tjj.beijing.gov.cn/zt/jjjjdzl/sdjd_4304/201603/t20160323_342381.html。
② 胡少维、郝彦菲：《京津冀经济发展及未来展望》，2017年11月13日，http://www.sic.gov.cn/News/460/8606.htm。

仅为 21484.1 元，北京是河北的约 2.7 倍。同样，北京的人均消费支出和人均教育文化娱乐消费支出也分别为河北的约 2.4 倍和 2.5 倍。

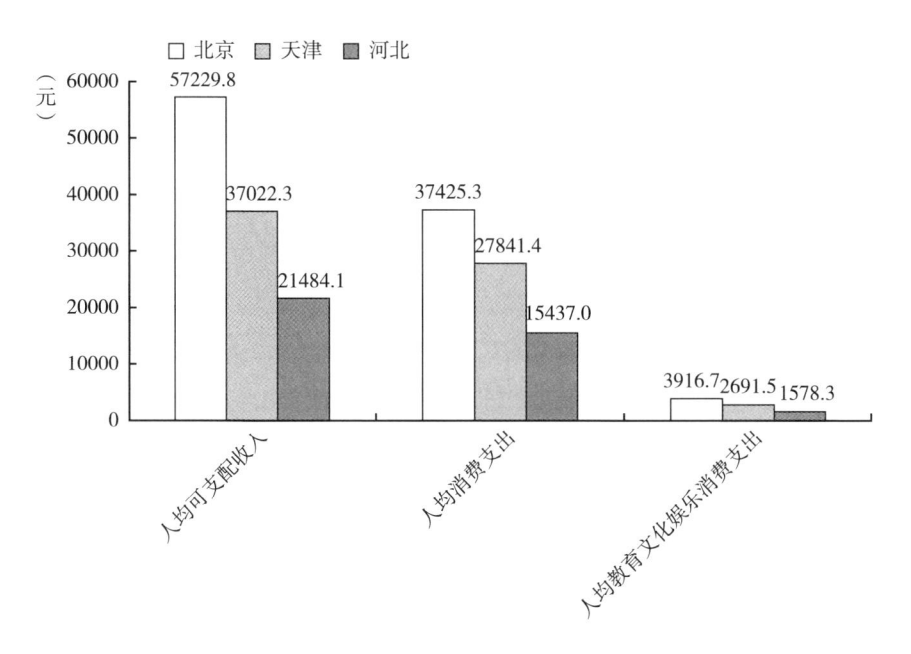

图 3　2017 年京津冀三地人均收支情况比较

（四）人口数量、结构和分布：河北人口数量庞大，总抚养比高，且农村人口占比高，京津人口总抚养比低，城镇人口占比高

人口的数量、结构和分布等是影响教育发展的重要变量。就人口总量而言，河北人口数量庞大，2017 年人口总数达到 7520 万人，北京和天津的人口数量明显少于河北，河北分别是天津和北京的约 4.8 倍和 3.5 倍。

就人口的年龄结构而言，河北的人口总抚养比[①]最高，2017 年达到

---

① 人口抚养比指总体人口中非劳动年龄人口数与劳动年龄人口数的比例，它说明每 100 名劳动年龄人口大致要负担多少名非劳动年龄人口。总抚养比越低，人口红利越高。当总抚养比≤50%时称为人口红利期。

42.4，北京和天津的人口总抚养比明显低于河北，分别为30.6和29.2。2017年全国人口总抚养比为39.2，河北的人口总抚养比高于全国平均水平。大量青壮年劳动力流入，降低了京津的人口总抚养比。相反，大量剩余劳动力流出导致河北总抚养比偏高。《北京蓝皮书：北京社会治理发展报告（2015~2016）》显示，在京河北籍人口总量大、占比高且呈持续上升趋势，河北省长期以来都是北京市常住人口增加的主要来源地[1]。可见，河北为北京输出了大量青壮年劳动力，为北京的经济社会发展做出重要贡献。

就人口的城乡分布而言，京津城镇人口比重很高，分别达到86.5%和82.9%。除了上海城镇人口比重为87.7%以外，北京和天津是2017年全国城镇人口比重最高的地区。而河北的城镇人口比重仅为55.0%（见表1），不仅低于京津，也低于全国平均水平（58.5%）。《中华人民共和国国民经济和社会发展第十三个五年规划纲要》明确提出，要建设京津冀、长三角、珠三角世界级城市群。河北城镇化率偏低，没有形成与京津相匹配的次级中心城市，将影响京津冀世界级城市群的发展进程。

表1 2017年京津冀三地人口数量、结构和分布情况比较

地区	人口数量(万人)	总抚养比	城镇人口比重(%)
北京	2171	30.6	86.5
天津	1557	29.2	82.9
河北	7520	42.4	55.0

综上所述，京津冀三地的人均地区生产总值、三产结构、人均收支情况及人口数量、结构和分布等都存在较大差异。整体而言，京津的经济发展水平、产业结构、人均收支水平、人口结构和城镇化水平都明显优于河北，河北经济发展相对落后、产业结构较为落后、人均收支水平低、人口数量庞大且总抚养比高、农村人口占比高。这些因素导致京津冀区域与长三角区域和

---

[1] 殷星辰：《北京蓝皮书：北京社会治理发展报告（2015~2016）》，社会科学文献出版社，2016。

珠三角区域存在显著不同，后者的区域内部差异相对较小，而前者的区域内部差异相对较大。这给京津冀教育协同发展，进而实现三地"公务服务水平趋于均衡"的目标增添了难度。

二 京津冀三地教育事业发展现状

本文首先介绍京津冀三地教育事业发展的总体规模，然后分别介绍各级各类教育的发展情况。

（一）教育总体规模：三地基础教育在校生数约占全国的7%，研究生在校生数约占全国的1/5，北京在研究生培养方面具有突出优势

表2呈现了京津冀三地各级各类教育在校生数情况。就京津冀三地各级各类教育在校生数占全国相应层级（或类别）教育在校生总数所占比例而言，基础教育各阶段在校生数所占比例均在7%左右。普通本专科在校生数所占比例略高，约为8.6%。研究生在校生数所占比例最高，占到全国研究生在校生总数的约19.9%（约1/5）。可见，京津冀区域是全国研究生培养的重要区域。

就各级各类教育在校生数在三地的内部构成来看，基础教育各阶段都表现出河北所占比例最高（均占80%左右），河北、北京、天津大致呈现8∶1∶1的局面。普通本专科在校生数河北约占53.4%，北京约占24.9%，天津约占21.7%，即河北、北京、天津大致呈现2∶1∶1的局面。研究生在校生数的内部构成最为特别，北京约占76.3%，天津约占13.7%，河北约占10.0%。可以说，研究生在校生数在三地的分布呈现出与基础教育几乎颠倒的情形，北京所占比重最大，北京、天津、河北大致呈现8∶1∶1的局面。可见，北京的高等教育吸引了来自全国各地的大量生源，尤其是北京的研究生培养在京津冀区域乃至全国都占有重要位置。这与北京建设"全国科技创新中心"的城市战略定位一致。

表2 2017年京津冀三地各级各类教育在校生数

单位：万人，%

地区	学前教育	小学	初中	中职	普通高中	普通本专科	研究生
北京	44.6(14.5)	87.6(11.1)	26.6(8.5)	7.5(8.5)	16.4(10.1)	59.3(24.9)	40.0(76.3)
天津	26.2(8.5)	64.8(8.2)	26.2(8.4)	9.8(11.2)	16.4(10.1)	51.5(21.7)	7.2(13.7)
河北	237.5(77.1)	637.2(80.7)	260.1(83.1)	70.6(80.3)	129.1(79.8)	126.9(53.4)	5.2(10.0)
合计	308.3	789.6	312.9	87.9	161.9	237.7	52.4
占全国比例	6.7	7.8	7.0	7.0	6.8	8.6	19.9

注：括号内数据为当地各级各类教育在校生数占京津冀相应层级或类别教育在校生总数的比重。

（二）义务教育阶段在校生总数及其城乡分布：河北总数大，而且乡村学生占比高，京津乡村学生占比低

京津冀三地人口总量存在很大差别，反映在教育领域，河北义务教育阶段在校生总数达到897.3万人，而北京和天津分别为114.2万人和91.0万人，河北是天津的约9.9倍（见图4）。

更重要的是，三地义务教育阶段在校生数的城乡分布存在很大差别[①]。京津的乡村学生占比低（分别为7.0%和14.3%），而河北的乡村学生占比达到31.1%，即约有1/3的河北义务教育阶段在校生分布在乡村。河北乡村地区义务教育阶段在校生数比京津两地义务教育阶段在校生总数之和还要大得多。乡村一直是我国公共教育服务的短板和薄弱环节。未来，需要让数量如此庞大的乡村义务教育追赶京津大都市的义务教育发展水平，任务相当艰巨。

---

① 由于学前教育和普通高中的在校生数城乡分布情况数据不可得，所以此处只汇报义务教育阶段在校生数的城乡分布。

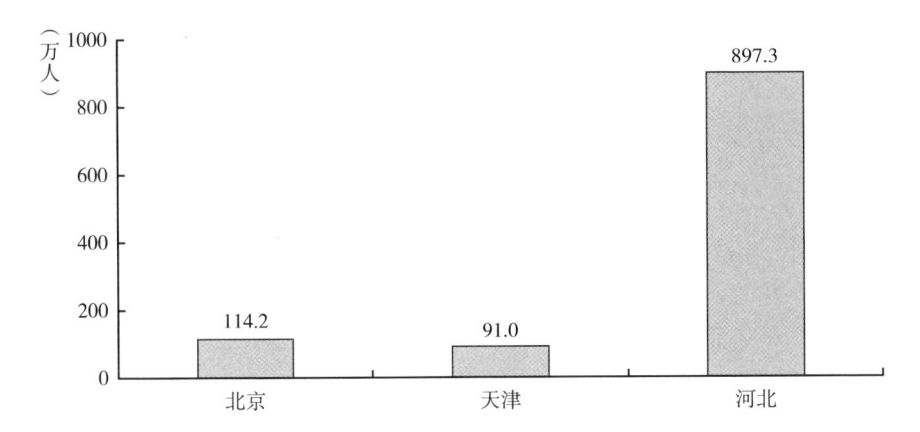

图 4 2017 年京津冀三地义务教育阶段在校生数及其城乡分布比较

（三）基础教育阶段专任教师的学历水平：河北与京津专任教师中本科及以上学历者所占比例差距较大，学前教育和小学的差距尤为突出

如表 3 所示，除了学前教育阶段专任教师中本科及以上学历者所占比例天津最高以外，其他各阶段都是北京最高。尤其是，北京的初中几乎所有专任教师都拥有本科及以上学历，北京的小学约 91.9% 的专任教师拥有本科及以上学历。这表明，北京的义务教育学校拥有一支高学历的专任教师队伍。

表 3 2017 年京津冀三地基础教育专任教师学历水平比较

单位：%

地区	本科及以上学历者所占比例			研究生学历者所占比例
	学前教育	小学	初中	普通高中
北京	43.5	91.9	99.1	28.3
天津	53.1	79.4	96.4	16.7
河北	18.9	51.5	86.3	8.3
最高值—最低值	34.2	40.4	12.8	20.0

河北与京津基础教育阶段专任教师的学历水平差距很大。河北学前教育、小学和初中专任教师中本科及以上学历者所占比例分别与京津最高比例

相差34.2、40.4、12.8个百分点，普通高中专任教师中研究生学历者所占比例相差20.0个百分点。其中，学前教育和小学的差距尤为突出，这表明河北学前教育和小学阶段吸引高学历教师存在难度。河北普通高中专任教师中研究生学历者所占比例也很低，仅为8.3%。

本文进一步将2016年和2017年京津冀三地基础教育专任教师学历水平进行比较发现，义务教育阶段河北与京津的专任教师学历水平差距缩小了，小学和初中的差距分别缩小了2.2和1.4个百分点。但是，学前教育和普通高中阶段河北与京津的差距不仅没有缩小，反而扩大了，二者的差距分别扩大了2.1和1.1个百分点。义务教育阶段之所以差距缩小，可能与北京义务教育阶段专任教师学历水平特别高，产生"天花板效应"有关。河北作为追赶者，较容易缩小与北京的差距。而学前教育和普通高中阶段，北京并不存在类似的"天花板效应"，所以并没有出现差距缩小的局面。未来，还需进一步提升河北基础教育阶段专任教师的学历水平，以缩小河北与京津基础教育发展水平之间的差距。

（四）基础教育生师比：河北基础教育各阶段生师比都高于京津，其中学前教育差距尤为明显，河北学前教育生师比高于教育部标准

如表4所示，基础教育各阶段生师比都是河北最高，天津其次，北京最低。这表明，相对河北和天津而言，北京的基础教育教师数量较为充足。河北基础教育各阶段生师比都高于全国平均水平，在一定程度上说明河北基础教育教师数量不足。

表4 2017年京津冀三地基础教育各阶段生师比比较

地区	学前教育	小学	初中	普通高中
北京	9.0	13.6	7.7	7.6
天津	12.5	15.1	9.8	9.9
河北	17.1	17.4	13.9	13.7
最高值—最低值	8.1	3.8	6.1	6.0
全国平均水平	14.2	17.0	12.5	13.4

河北与北京学前教育、小学、初中和普通高中的生师比存在较大差距，分别相差8.1、3.8、6.1和6.0。其中，学前教育的生师比差距最大。2013年教育部印发的《幼儿园教职工配备标准（暂行）》规定，全日制幼儿园保教人员与幼儿比为1:7～1:9，半日制幼儿园保教人员与幼儿比为1:11～1:13。保教人员包括专任教师和保育员。表4中的学前教育生师比使用的是在园幼儿数与保教人员数的比例。可见，河北的学前教育生师比远高于教育部标准，天津的学前教育生师比接近教育部标准中关于半日制幼儿园生师比的最高值，北京的学前教育生师比接近教育部标准中关于全日制幼儿园生师比的最高值。这表明，河北的学前教育师资严重短缺，天津的学前教育师资也存在不足，北京的学前教育师资也需要补充。未来，随着"全面二孩"政策实施带来学前教育适龄人口数增加，学前教育师资队伍短缺问题将更加严重。

由于教育部对中小学阶段的生师比没有明确要求①，所以本文将京津冀三地中小学阶段的生师比与全国平均水平进行比较。从表4可见，河北小学、初中和普通高中生师比都高于全国平均水平，北京和天津小学、初中和普通高中生师比都低于全国平均水平。

（五）基础教育平均班额：河北的小学、初中和普通高中平均班额不仅大于京津，也大于全国平均水平，初中消除大班额任务繁重

班额，又称班级规模，它是指一个班级内，由同一名教师指导的学生数。平均班额是某地区某阶段教育在校生总数与相应班级数之比，它只能反映某地区宏观层次的班级规模大小，而不能反映具体某个学校某个班级的规模大小。通常而言，班级规模越小，老师有更多的精力照顾到每位学生，每位学生获得的教师关注越多。合适的班级规模是确保教育教学质量的有效前

---

① 《中央编办　教育部　财政部关于统一城乡中小学教职工编制标准的通知》（中央编办发〔2014〕72号），将县镇、农村中小学教职工编制标准统一到城市标准，即高中教职工与学生比为1:12.5、初中为1:13.5、小学为1:19。但此标准规定的是教职工与学生比，本研究认为生师比（即学生数与专任教师数）的比例更有意义。

提。《国务院关于统筹推进县域内城乡义务教育一体化改革发展的若干意见》（国发〔2016〕40号）明确提出："省级人民政府要结合本地实际制订消除大班额专项规划，明确工作任务和时间表、路线图，到2018年基本消除66人以上超大班额，到2020年基本消除56人以上大班额。"

如表5所示，除了学前教育以外，其他各阶段教育平均班额都是河北最高，北京最低，河北不仅高于京津，还高于全国平均水平。2017年河北小学、初中和普通高中平均班额分别为39.0人、52.2人和56.4人，比北京分别高出5.8人、23.6人和24.6人，初中和普通高中的平均班额差距尤其大。河北初中阶段全省共有49806个班级，平均班级规模为52.2人，要在2020年基本消除56人以上大班额，任务相当艰巨。

表5　2017年京津冀三地基础教育各阶段平均班额比较

单位：人

地区	学前教育	小学	初中	普通高中
北京	28.2	33.2	28.6	31.8
天津	24.7	36.4	37.7	41.8
河北	26.2	39.0	52.2	56.4
最高值—最低值	3.4	5.8	23.6	24.6
全国平均水平	28.5	37.6	46.8	52.0

值得注意的是，京津冀三地中，北京学前教育的平均班额最大，为28.2人，高于天津和河北，仅略低于全国平均水平。这一现象需要结合三地基础教育的生师比来看（见表4），北京学前教育虽然平均班额最高，但是生师比最低。这表明北京的学前教育虽然平均班级规模大，但是每个班级配置的师资更为齐全。按照教育部颁发的《幼儿园教职工配备标准（暂行）》规定，全日制幼儿园每班配备2名专任教师和1名保育员，或配备3名专任教师；半日制幼儿园每班配备2名专任教师，有条件的可配备1名保育员。本文计算了京津冀三地学前教育的师班比，分别为3.1、2.0和1.5，可见北京学前教育师资配备略高于标准，河北学前教育师资配备低于标准。

（六）中等职业学校"双师型"教师比例及获得"双证书"的毕业生占比：天津两个比例都最高，河北"双师型"教师少但毕业生获得"双证书"的比例高，北京与之相反

"双师型"教师比例是指中等职业教育和高等教育中"双师型"专任教师数占专任教师总数的百分比。如表6所示，2017年天津中等职业学校专任教师中"双师型"教师所占比例最高，达到38.3%，北京其次，为30.3%，河北最低，为20.6%，天津高出河北17.7个百分点。

表6　2017年京津冀三地中等职业学校"双师型"教师及获得"双证书"的毕业生情况比较

单位：万人，%

地区	"双师型"教师比例	毕业生数	获得"双证书"的毕业生所占比例
北京	30.3	2.9	62.3
天津	38.3	2.9	80.9
河北	20.6	22.0	72.8
最高值—最低值	17.7	19.1	18.7

注："双师型"教师比例数据来源于《2017年全国教育事业发展简明统计分析》。

中等职业学校毕业生获得"双证书"的比例可以反映学校的育人质量和学生的就业能力。如表6所示，天津中等职业学校毕业生获得"双证书"的比例最高，达到80.9%。河北中等职业学校毕业生数最多，达到22万人，"双证书"获取率也较高，为72.8%。北京中等职业学校毕业生数少，获取"双证书"的比例低，仅为62.3%。天津、河北分别比北京高出18.6和10.5个百分点。

将"双师型"教师比例与毕业生获得"双证书"的比例相结合来看可以发现，天津中等职业学校的"双师型"教师比例和毕业生获得"双证书"比例都是最高；河北"双师型"教师比例明显偏低，但毕业生获得"双证书"的比例较高；北京"双师型"教师比例较高，但毕业生获得"双证书"的比例偏低。这一结论与前两年的监测结果都一致，并未发生改变。至于北

京中等职业学校毕业生获得"双证书"的比例偏低的原因,还需要再深入研究。通过对比可以发现,天津的职业教育在京津冀区域乃至全国都具有突出优势。

（七）普通高校数及高等教育在校生层次结构：北京央属高校、本科高校多，河北和天津的本科高校和专科高校各占一半；北京研究生在校生数占比逐年上升，成人本专科和普通专科在校生数占比逐年下降，河北的高等教育在校生层次结构变化很小

如表7所示，河北拥有的普通高校数量最多，达到121所，北京次之，为92所，天津最少，为57所。河北普通高校数量是天津的2倍多。就不同的举办者而言，北京的央属高校数量最多，达到38所，占到全国央属高校总数的31.9%。河北和天津的央属高校较少，分别为4所和3所（它们是河北的中央司法警官学院、中国人民武装警察部队学院、华北科技学院、防灾科技学院和天津的天津大学、南开大学、中国民航大学）。就不同层次而言，北京以本科高校为主，本科高校占到普通高校总数的72.8%；天津的本科高校占比略高于专科高校，前者占比52.6%；河北的本科高校与专科高校数量接近。

表7　2017年京津冀三地普通高校数比较

单位：所，%

地区	普通高校	央属高校	本科高校	专科高校	本科高校所占比重
北京	92	38	67	25	72.8
天津	57	3	30	27	52.6
河北	121	4	61	60	50.4

就高等教育在校生的层次分布而言，如图5所示①，虽然三地高等教育在校生的主体都是普通本科生，但是具体层次构成存在较大差异。北京的研

---

① 注意图5与表2的区别。图5描绘的是京津冀三地各自内部高等教育在校生数的层次分布，而表2描绘的是高等教育在校生数在京津冀三地之间的分布。

究生在校生数占比很高，2017年达到34.8%（超过1/3）。这与北京建设"全国科技创新中心"的城市战略定位一致。同时，北京的成人本专科和普通专科在校生数占比逐年下降，成人本专科在校生数占比从2015年的18.7%下降到2017年的13.8%，普通专科在校生数占比从2015年的8.7%下降到2017年的6.7%。随着《北京市新增产业的禁止和限制目录（2015年版）》对北京市成人高等教育的发展做出一定限制，未来北京的成人本专科在校生数占比可能继续降低。天津的成人本专科和普通专科在校生数占比也逐年下降，只是下降的幅度不如北京大。河北的成人本专科在校生数占比在2017年出现小幅上升，达到24.0%，占到全省高等教育在校生总数的约1/4。河北的普通专科在校生数占比也较高，达到30.7%，成人本专科和普通专科在校生数合计占到全省高等教育在校生总数的54.7%（超过一半）。同时，河北的研究生在校生数占比很低，仅为3.0%。通过图5还可以发现，相对北京和天津而言，河北的高等教育在校生层次结构更为稳定，变化幅度较小。

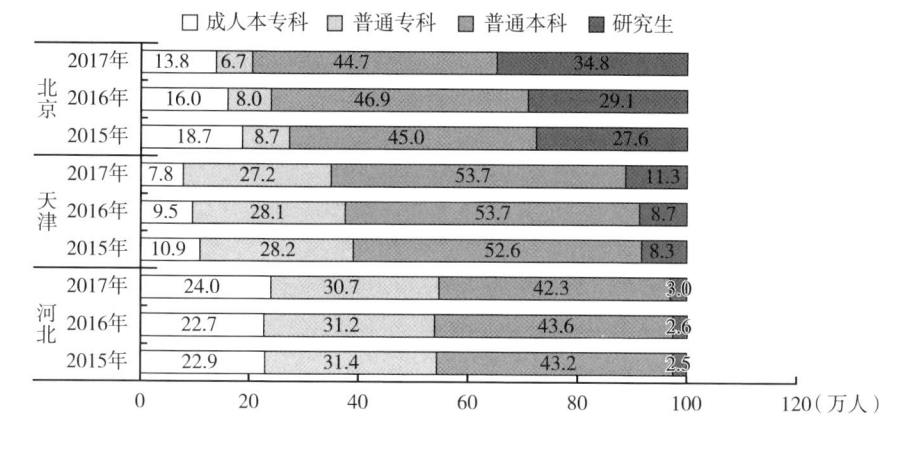

图5 2015~2017年京津冀三地高等教育在校生数层次分布比较

三 京津冀三地教育经费投入现状

本文主要通过一般公共预算教育经费情况、生均一般公共预算教育事业

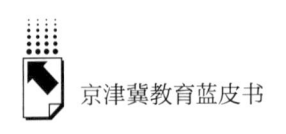

费、生均一般公共预算公用经费三个指标反映京津冀三地教育经费投入情况。

(一)一般公共预算教育经费情况:河北连续三年大幅增长,投入努力程度较高

如表8所示,就一般公共预算教育经费总量而言,河北最高,为1246.6亿元。但是,北京一个直辖市的一般公共预算教育经费占到河北全省一般公共预算教育经费的76.7%。

表8 2017年京津冀三地一般公共预算教育经费增长情况

地区	一般公共预算教育经费(亿元)	一般公共预算教育经费占一般公共预算支出比例(%)	一般公共预算教育经费本年比上年增长(%)	财政经常性收入本年比上年增长(%)	一般公共预算教育经费与财政经常性收入增长幅度比较(百分点)
北京	955.7	14.0	8.3	9.2	-0.8
天津	434.6	13.3	2.1	2.5	-0.4
河北	1246.6	18.8	11.8	10.6	1.2

就一般公共预算教育经费占一般公共预算支出比例而言,河北最高,达到18.8%,北京和天津分别为14.0%和13.3%。2017年全国一般公共预算教育经费占一般公共预算支出比例为14.7%。可见,河北高于全国平均水平,北京和天津都低于全国平均水平。河北公共财政投入教育的努力程度较高。

就一般公共预算教育经费的涨幅而言,河北一般公共预算教育经费比上年的增长幅度最大,涨幅为11.8%。相比之下,北京和天津的一般公共预算教育经费比上年分别增长8.3%和2.1%。这进一步表明河北公共财政对教育的投入力度较大。尤其是,2015年和2016年河北公共财政教育支出的涨幅分别为18.0%和11.4%,在连续两年大幅增长的基础上,2017年继续加大投入力度,非常难得。

2017年河北财政经常性收入涨幅较大,达到10.6%,为三地中最高。即使如此,河北一般公共预算教育经费的增长幅度仍高于财政经常性收入的增长幅度,高出1.2个百分点。北京的财政经常性收入继续保持"起点高、

涨幅大"的特点，北京和天津的一般公共预算教育经费的增长幅度都慢于财政经常性收入的增长幅度。可见，北京和天津的一般公共预算教育经费都没有达到"三个增长"的要求之一，即"各级人民政府教育财政拨款的增长应当高于财政经常性收入的增长"。

（二）生均一般公共预算教育事业费：河北以较大力度追赶，但北京的增长幅度更大，二者差距进一步扩大

如表9和表10所示，就绝对值而言，京津的各级各类教育生均一般公共预算教育事业费显著高于河北。2017年北京的普通小学、普通初中、普通高中、中等职业学校和普通高等学校生均一般公共预算教育事业费分别是河北的约3.8倍、5.0倍、5.1倍、3.8倍和3.7倍。而且，2016~2017年，河北与北京的各级各类教育生均一般公共预算教育事业费差距不仅没有缩小，反而都扩大了（如表9和表10的最后一行所示）。

表9　京津冀三地中小学生均一般公共预算教育事业费比较

单位：元，%

地区	普通小学			普通初中			普通高中		
	2016年	2017年	增长率	2016年	2017年	增长率	2016年	2017年	增长率
北京	25793.6	30016.8	16.4	45516.4	57636.1	26.6	50802.6	61409.1	20.9
天津	18284.4	18683.8	2.2	29961.9	30949.8	3.3	31425.0	34527.9	9.9
河北	7300.2	7914.2	8.4	10532.6	11441.4	8.6	10859.0	12098.7	11.4
最高值—最低值	18493.4	22102.6	14.2	34983.8	46194.7	23.3	39943.6	49310.3	11.0

表10　京津冀三地中等职业教育和普通高等教育生均一般
公共预算教育事业费比较

单位：元，%

地区	中等职业学校			普通高等学校		
	2016年	2017年	增长率	2016年	2017年	增长率
北京	38661.5	53256.0	37.7	55687.7	63805.4	14.6
天津	26651.7	22927.2	-14.0	19581.5	23422.2	19.6
河北	13524.0	14111.7	4.4	16151.5	17134.7	6.1
最高值—最低值	25137.5	39144.4	51.7	39536.2	46670.7	13.5

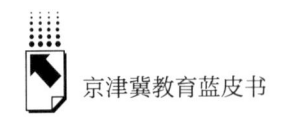

就增长率而言，除了天津的中等职业教育生均一般公共预算教育事业费下降以外，三地其他各级各类教育生均一般公共预算教育事业费都增长了。不过，北京各级各类教育生均一般公共预算教育事业费继续保持"起点高、涨幅大"的态势，2017年普通小学、普通初中、普通高中、中等职业学校和普通高等学校分别增长了16.4%、26.6%、20.9%、37.7%和14.6%。河北虽然也保持不低的速度增长，但是由于起点低，同时涨幅低于北京，结果难以追赶北京。未来，缩小河北与京津教育公共服务水平之间的差距，努力缩小生均一般公共预算教育事业费的差距是不可回避的问题。然而，在河北与京津经济发展水平、财政收入水平差距很大的背景下，如何缩小生均一般公共预算教育事业费的差距是一道难题。

（三）生均一般公共预算公用经费：北京继续保持"起点高、涨幅大"的态势，天津出现负增长，河北小幅增长，追赶难度大

如表11和表12所示，就绝对值而言，北京的各级各类教育生均一般公共预算公用经费显著高于天津和河北。2017年北京的普通小学、普通初中、普通高中、中等职业学校和普通高等学校生均一般公共预算公用经费分别是河北的约5.6倍、7.6倍、8.3倍、6.3倍和4.1倍。不止河北，天津各级各类教育生均一般公共预算公用经费与北京的差距也很大。而且，2016~2017年，河北与北京的各级各类教育生均一般公共预算公用经费差距不仅没有缩小，反而都扩大了（如表11和表12的最后一行所示）。

就增长率而言，北京各级各类教育生均一般公共预算公用经费都呈现稳健增长。这与北京财政收入的稳健及公共财政对教育的支持有密切关系。相反，天津除了普通高中和普通高等学校的生均一般公共预算公用经费增长以外，其他各级各类教育生均一般公共预算公用经费都出现负增长。而且，这并不是2017年特有的现象。2016年天津各级各类教育生均一般公共预算公用经费也是负增长。河北除了普通高等学校以外，其他各级各类教育生均一般公共预算公用经费都增长了，只不过增长的幅度显著低于北京。可见，北京各级各类教育生均一般公共预算公用经费继续保持"起点高、涨幅大"

的态势,河北追赶起来非常困难。这导致2017年河北与北京的各级各类教育生均一般公共预算公用经费差距仍然非常大。

表11 京津冀三地中小学生均一般公共预算公用经费比较

单位：元，%

地区	普通小学 2016年	普通小学 2017年	增长率	普通初中 2016年	普通初中 2017年	增长率	普通高中 2016年	普通高中 2017年	增长率
北京	10308.7	10855.1	5.3	16707.9	21282.5	27.4	18425.1	21677.2	17.7
天津	4244.3	3649.5	-14.0	5790.5	5014.6	-13.4	7977.1	8078.1	1.3
河北	1862.0	1922.1	3.2	2695.5	2796.8	3.8	2428.0	2596.7	7.0
最高值—最低值	8446.7	8932.9	19.3	14012.4	18485.7	40.8	15997.1	19080.5	16.4

表12 京津冀三地中等职业教育和普通高等教育生均一般公共预算公用经费比较

单位：元，%

地区	中等职业学校 2016年	中等职业学校 2017年	增长率	普通高等学校 2016年	普通高等学校 2017年	增长率
北京	15587.3	25370.6	62.8	29346.3	32126.9	9.5
天津	7212.4	4494.9	-37.7	9690.6	13382.2	38.1
河北	3943.5	4004.4	1.5	8067.9	7834.2	-2.9
最高值—最低值	11643.8	21366.2	100.4	21278.4	24292.6	41.0

进一步将生均一般公共预算教育事业费与生均一般公共预算公用经费结合起来看可以发现,生均一般公共预算公用经费的地区差距更大(2017年北京的普通小学、普通初中、普通高中、中等职业学校和普通高等学校生均一般公共预算教育事业费分别是河北的约3.8倍、5.0倍、5.1倍、3.8倍和3.7倍,而生均一般公共预算公用经费分别是河北的约5.6倍、7.6倍、8.3倍、6.3倍和4.1倍)。而且,2017年河北生均一般公共预算教育事业费的增长幅度明显高于生均一般公共预算公用经费的增长幅度。由此可以推断,生均一般公共预算教育事业费的增长主要来源于人员经费的增长(教育事业费分为人员经费和公用经费),公用经费的增长速度落后于人员经费的增长速度。未来缩小河北生均一般公共预算教育事业费与京津的差距,需要提高河北的生均一般公共预算公用经费。

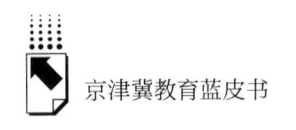

四 结论与对策建议

(一)结论

本研究运用最新的统计数据,结合前两次监测的结果,对京津冀三地经济和人口发展现状、教育事业发展现状及教育经费投入现状进行了细致描述和比较分析,力图呈现京津冀三地教育发展的最新概况,揭示京津冀三地教育发展的具体差异,并厘清教育协同发展的重点和难点所在。

通过研究发现:就教育总体规模而言,三地基础教育在校生数约占全国的7%,研究生在校生数约占全国的1/5,北京在研究生培养方面具有突出优势;就义务教育阶段在校生总数及其城乡分布而言,河北总数大,而且乡村学生占比高,京津乡村学生占比低;就基础教育阶段专任教师的学历水平而言,河北与京津专任教师中本科及以上学历者所占比例差距较大,学前教育和小学的差距尤为突出;就基础教育生师比而言,河北基础教育各阶段生师比都高于京津,其中学前教育差距尤为明显,河北学前教育生师比高于教育部标准;就基础教育平均班额而言,河北的小学、初中和普通高中平均班额不仅大于京津,也大于全国平均水平,初中消除大班额任务繁重;就中等职业学校"双师型"教师比例及获得"双证书"的毕业生占比而言,天津两个比例都最高,河北"双师型"教师少但毕业生获得"双证书"的比例高,北京与之相反;就普通高校数及高等教育在校生层次结构而言,北京央属高校、本科高校多,河北和天津的本科高校和专科高校各占一半;北京研究生在校生数占比逐年上升,成人本专科和普通专科在校生数占比逐年下降,河北的高等教育在校生层次结构变化很小。就教育经费投入而言:河北一般公共预算教育经费连续三年大幅增长,政府教育投入努力程度较高;虽然河北各级各类教育生均一般公共预算教育事业费和生均一般公共预算教育公用经费稳定增长,但是由于北京"起点高、涨幅大",河北与北京的差距不仅没有缩小,反而扩大。

综合三年的监测结果可以发现,《规划纲要》实施以来,三地教育行政部门高度重视京津冀教育协同发展,开展了许多教育协同发展实践,取得了一些重要进展。但是,监测也发现一些问题。第一,京津冀三地教育事业发展水平及教育经费投入情况存在很大差距的基本形势没有改变。很多指标的差距不仅没有缩小,反而扩大了,差距的绝对值仍然较大。这与京津冀三地"公务服务水平趋于均衡"的发展目标不尽一致。截至本文写作之时,距离《规划纲要》明确的"到2020年实现区域内发展差距趋于缩小"的目标节点只剩下两年,在这两年中实现《规划纲要》目标的任务依然艰巨。第二,监测发现的一些具体问题仍有待进一步改进。例如,河北和天津学前教育生师比较高的问题,北京中等职业学校"双师型"教师比例高但获得"双证书"的毕业生占比低的问题,河北高等教育如何既兼顾地方发展需要同时又服务京津冀协同大局的问题,北京教育经费投入"起点高、涨幅大",河北追赶困难的问题等。这些问题在连续三年的监测中都显现出来,需要引起教育决策者的重视及教育科研部门的高度关注。

京津冀教育协同发展推进过程中之所以遇到上述困难,究其原因:第一,京津冀三地政治地位、经济发展水平和财政收入水平悬殊。以人均地区生产总值为例,2017年北京的人均地区生产总值达到128994元,而河北仅为45387元,北京约为河北的2.8倍。在京津冀协同发展的财政保障机制尚未建立的前提下,仅凭三地当前各自为政的财政体制,难以实现基本公共教育服务均等化的目标。第二,京津冀教育协同发展的一系列体制机制尚未建立,使得教育协同发展难以在实质和纵深层面突破。正如有的学者所指出,京津冀教育协同发展存在"重发展,轻改革"的问题。①

(二)对策建议

基于以上研究结论,本文提出如下对策建议。

第一,中央和三地政府应当进一步深刻认识京津冀教育协同发展的意

---

① 桑锦龙:《推进京津冀教育协同发展的战略谋划和系统实施》,《前线》2018年第1期。

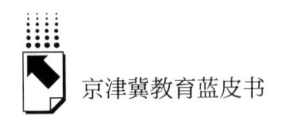

义。教育协同发展在整个京津冀协同发展中具有基础性和先导性地位。准确认识这一定位,对凝聚京津冀教育协同发展的合力,更好地推进教育协同发展工作具有重要意义。当前,实现《规划纲要》的目标,任务相当艰巨。中央和三地政府必须认识到京津冀教育协同发展的紧迫性和重要性,着力推进教育协同发展进程。

第二,建立三地教育行政部门联席会议制度。首先,定期召开三地教育行政部门主任、厅长联席会议,定期会商三地教育协同发展的顶层设计,协调解决三地教育协同发展面临的热点、难点问题。其次,定期召开三地教育行政部门责任处室之间的联席会议制度,协调解决分管领域的协同发展问题。通过联席会议制度,加强三地教育行政部门之间的高效沟通与协商,深化三地教育在各个领域的交流与合作,提升教育协同发展水平。

第三,创新京津冀教育协同发展的财政保障机制。河北与京津在教育投入上的差距十分明显,而且这种差距在现有教育财政投入体制下难以弥合。只有建立起教育协同发展的财政保障机制,才能使落后地区提升教育公共服务水平的任务不至于成为"无米之炊",才能保证教育协同发展目标的按期推进。根据"谁受益、谁负担"的原则,中央和京津都应承担起资助河北提升教育公共服务水平的责任。中央和京津按照一定的分担比例,合作设立教育协同发展专项资金,重点扶持非首都功能承接地、环京津贫困带等一部分地区先行先试,提高教育公共服务水平,然后再逐步将资助面扩大。

第四,将推进教育协同发展的力度和成效纳入相关部门的绩效考核体系。对照京津冀协同发展的近期、中期和远期目标,制定教育协同发展的近期、中期和远期目标。组织第三方评价机构,研制监测和评价指标体系,对京津冀教育协同发展的进展进行监测和评价。依据监测和评价结果对相关部门进行绩效考核,要求三地教育行政部门主动公开推进教育协同发展的工作举措和成效。三地教育行政部门主要负责人要将推进教育协同发展"进头脑、进思想",重视区域教育协同发展效果的评估。

分 报 告
Sub-reports

B.3
北京市通州区教育资源配置现状与义务教育阶段学位预测

赵佳音[*]

摘 要： 本研究首先梳理了北京市通州区人口、经济、教育基本情况。研究发现，通州区常住人口仍处于增加阶段，且增长主要来源为常住户籍人口。经济、教育发展水平与北京市平均水平相比，还有较大差距。其次，分析了"北京城市副中心"及"全面二孩"相关政策对人口分布的影响。最后，使用队列构成法，对2017~2028年，通州区义务教育阶段的学龄人口进行了预测。其中，义务教育阶段学龄人口在2025年达到峰值，缺口约为1.89万人，初中阶段的学位紧

---

[*] 赵佳音，北京教育科学研究院助理研究员，博士后。研究方向：学龄人口预测、教育财政、教育经济。

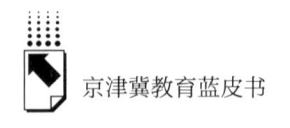

张问题更应得到关注。

关键词： 学龄人口预测　北京城市副中心　"全面二孩"政策

2017年9月，中共中央、国务院正式批复《北京城市总体规划（2016年-2035年）》（以下简称《总体规划》）。《总体规划》中提出，北京要构建"一核一主一副、两轴多点一区"的城市空间结构，打破原来北京"单中心集聚""同心圆"式格局[1]。从根本上解决市区人口过多、过于集中，所产生的大城市病问题。《总体规划》中的"一副"即是指北京城市副中心。从北京城市副中心规划范围来看，分为总控155平方公里和外围控制区（通州全境）约906平方公里[2]。同时，由于其地理位置及受京津冀协同发展政策的影响，其公共服务辐射范围在未来会有所延伸。与其联系较紧密的为河北的廊坊市及天津的武清区。考虑到长远发展需求和辐射范围的延伸，本研究主要对通州区的教育资源配置现状、学位及教育资源需求进行研究，希望从基本公共教育服务方面，对北京城市副中心教育发展建设进行有益的探索，以保障北京行政事业单位的迁移，更好地解决职住分离问题，顺利推进"非首都功能"疏解。

一　北京市通州区现状分析

通州区位于北京正东，位于京杭大运河北端，与河北省廊坊市的三河市（燕郊镇）、大厂县、香河县相邻，与北京市的朝阳区、大兴区、顺义区接壤，与天津市的武清区交界。2015年，通州区被定位为北京行政副中心，2017年9月29日，通州区提升为北京城市副中心。

---

[1] 王峥：《北京城市副中心》，北京科学技术出版社，2017。
[2] 高敏：《城市进化论——从城市副中心到副中心城市》，中国发展出版社，2018。

（一）通州区人口现状分析

从人口变动趋势情况来看，2014年在全市常住人口增长势头迅速减缓的情况下，通州区常住人口迎来了新一轮的增长。2005~2016年，12年间通州区常住人口从86.7万人增长到142.8万人，增幅达到64.7%，而同期全市常住人口增长率为41.28%。通州区的人口增幅要高于全市平均水平，增幅较大的两个时间段分别为：2010~2011年和2015~2016年，增幅分别达到了5.57%和3.63%。但两次增长的原因有所不同，2010~2011年的增幅主要由外来常住人口引发，户籍人口增长率只有1.5%，外来人口在一年中的增长率高达9.66%；而2015~2016年的增长主要由户籍人口引发，户籍人口增长率为4.04%，外来人口增长率只有1.97%（见表1）。

表1　2005~2016年北京市及通州区人口、经济及教育数据概览

项目	地区	2005年	2010年	2011年	2012年	2013年	2014年	2015年	2016年
常住人口（万人）	全市	1538	1961.9	2018.6	2069.3	2114.8	2151.6	2170.5	2172.9
	通州	86.7	118.4	125.0	129.1	132.6	135.6	137.8	142.8
户籍人口（万人）	全市	1180.7	1257.8	1277.9	1297.5	1316.3	1333.4	1345.2	1362.9
	通州	62.9	66.3	67.3	68.3	69.3	70.5	71.8	74.7
外来人口（万人）	全市	357.3	704.7	742.2	773.8	802.7	818.7	822.6	807.5
	通州	19.7	43.5	47.7	50.7	53.6	55.5	55.9	57.0
GDP（亿元）	全市	7141.4	14441.6	16627.9	18350.1	20330.1	21944.1	23685.7	25669.1
	通州	146.6	352.1	409.7	461.3	516.2	560.9	614.5	674.8
公共预算收入（亿元）	全市	919.2	2353.9	3006.3	3314.9	3661.1	4027.2	4723.9	5081.3
	通州	11.5	31.7	40.4	46.0	52.9	60.9	70.8	76.5
公共预算支出（亿元）	全市	1058.3	2717.3	3245.2	3685.3	4173.7	4524.7	5737.7	6406.8
	通州	25.2	74.2	81.3	99.3	125.5	131.8	198.3	338.4
城镇居民人均可支配收入（元）	全市	17653	29073	32903	36469	40321	43910	52859	57275
	通州	15603	24427	27713	30476	33662	37095	37608	40844.7
城镇居民人均消费支出（元）	全市	13244	19934	21984	24046	26275	28009	36642	38255.5
	通州	11077	16046	17779	18972	20604	23694	26944	29237.7

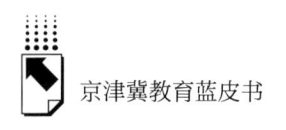

续表

项目	地区	2005年	2010年	2011年	2012年	2013年	2014年	2015年	2016年
幼儿园幼儿数(人)	全市	202301	276994	311417	331524	348681	364954	394121	416982
	通州	8951	13514	14692	16505	20894	25455	28817	30371
小学在校生数(万人)	全市	49.4	65.3	68.0	71.9	78.9	82.1	85.0	86.8
	通州	2.9	4.8	5.1	5.4	5.9	6.1	6.2	6.4
普通中学在校生数(万人)	全市	60.0	50.8	49.7	49.9	49.8	48.4	45.3	43.1
	通州	4.1	3.1	2.9	2.9	2.8	2.7	2.6	2.5

从人口年龄结构来看，通州区人口老龄化问题将逐步显现。根据2010年第六次人口普查数据显示，通州区15~64岁人口占常住人口比重为83.3%，65岁及以上人口占常住人口比重为7.7%[1]。2015年通州区常住人口15~64岁的比重下降至82.0%，65岁以上人口所占百分比上升至8.3%。2017年，通州区常住人口15~64岁人口占常住人口比重进一步下降至81.7%，65岁及以上人口占比进一步上升至8.8%[2]。

（二）通州区经济现状分析

通州区经济增速强劲，但经济发展水平与北京市平均水平相比仍有一定差距。2016年通州区GDP达到674.8亿元，相较于2005年，12年间全区GDP增长了360.2%。而北京市在这一时期的增长率为259.4%，比通州区低了100.8个百分点。但是从公共预算收入、公共预算支出，城镇居民可支配收入、城镇居民消费支出这四个指标来看，通州区的发展水平还亟待提高（见表1）。2016年通州区公共预算收为76.5亿元，比2015年增长了8.1%；但公共支出达到338.4亿元，较2015年增长了70.7%。通州区公共预算支出为公共预算收入的4.4倍，这意味着，通州区的财政供给能力无法满足北京城市副中心建设的需求。从城镇居民人均生活情况来看，2016年全市城镇居民年人均收入水平已经达到57275元，而通州区为40844.7元，

---

[1] 《通州区2010年第六次全国人口普查主要数据公报》。
[2] 《北京市通州区统计年鉴》(2016、2018)。

仅为全市的71.3%。城镇居民年人均消费水平为38255.5元，通州区为29237.7元，仅为全市的76.4%。

（三）通州区基础教育现状分析

除普通中学在校生数外，通州区基础教育阶段在校生（在园数）处于持续增长期，学位供给压力较大。2005~2016年，幼儿在园数从8951人增长至30371人，增长率为239.3%，而北京市在同一时期增长率为106.1%。12年间小学在校生从2.9万人增长至6.4万人，增长率为120.7%，全市平均水平为75.6%。普通中学在校生从4.1万人减少至2.5万人，下降了39%，全市平均水平下降了28.1%。

生师比与全市平均水平差异不大，小学阶段与初中阶段都高于全市平均水平（见表2）。

表2 2016年北京市和通州区义务教育阶段教师情况分析

单位：万人

地区	小学阶段			初中阶段		
	教职工	专任教师	专任生师比	教职工	专任教师	专任生师比
北京市	5.97	5.18	16.77	2.48	2.19	12.22
通州区	0.35	0.28	16.04	0.14	0.12	12.63

资料来源：北京市教委网站，根据2016~2017学年度北京教育事业发展统计概况整理。

教育经费方面，通州区教育经费增长幅度高于全市平均水平，但教育经费投入与生均教育经费都亟待提高。2016年，通州区公共财政教育经费政在公共财政的比重（8.8%）要低于全市平均水平（13.8%）5个百分点，但增速要高于全市平均水平。小学阶段，生均教育事业费为17591.2元，仅为全市平均水平的68.2%，生均教育公用经费为6792.2元，仅为全市平均水平的65.9%；初中阶段，生均教育事业费为33166.7元，仅为全市平均水平的72.9%，生均教育公用经费为12702.48元，仅为全市平均水平的76%（见表3、表4）。

表3 2016年北京市和通州区教育财政经费增长情况

地区	公共财政教育经费（亿元）	公共财政教育经费占公共财政支出比例（%）	公共财政教育经费本年比上年增长年长（%）	财政经常性收入本年比上年增长（%）	公共财政教育经费与财政经常性收入增长幅度比较（百分点）
北京市	882.29	13.77	4.11	12.70	-9.59
通州区	29.67	8.77	10.9	9.98	0.92

资料来源：北京市教委网站，《2016年北京市教育经费执行情况统计表》整理所得。

表4 2016年北京市和通州区生均教育经费情况

单位：元

地区	小学阶段		初中阶段	
	生均教育事业费	生均教育公用经费	生均教育事业费	生均教育公用经费
北京市	25793.55	10308.69	45516.37	16707.86
通州区	17591.20	6792.23	33166.70	12702.48

资料来源：北京市教委网站，《2016年北京市教育经费执行情况统计表》整理所得。

二 北京市通州区学龄人口预测影响因素分析

人口预测通常需要考虑的问题有："生""死"和"迁移"。由于学龄人口预测年龄段死亡率较低，所以需要更加关注出生和迁移这两个因素。对于通州区的学龄人口预测问题，现阶段主要影响因素为："全面二孩"政策和北京城市副中心规划政策。"全面二孩"政策通过影响生育率，从而影响学龄人口数。北京城市副中心规划政策会影响人口基数，甚至影响人口年龄结构，从而影响学龄人口的变化。

（一）"全面二孩"政策

生育率的在短期内的迅速变化，会影响一个地区的出生人口，进而影响一个地区的学位需求情况。2016年3月24日《北京市人口与计划生育条例修正案》①（以下简称《修正案》），标志着中央提出的"全面实施一对夫妇可以生育两个孩子的政策"在北京正式落地。随着生育政策由"单独二孩"调整至"全面二孩"，生育势能将逐步释放，我市的生育水平预计会有所回升。《修正案》还对人口信息共享、生育政策原则和奖励保障方面做出了修改与调整。《修正案》对"二孩"进行了更详尽的补充："提倡一对夫妻生育两个子女。生育两个以内子女的，按照国家有关规定实行生育登记服务制度。"对于"再婚夫妻婚前仅生育一个子女，婚后已生育一个子女的"，"再婚夫妻婚前生育两个以上子女，婚后未共同生育子女的"，以及"夫妻共同生育两个子女，其中一个经指定医疗机构鉴定为非遗传性病残，不能成长为正常劳动力的"，可以再生育一个子女。

《修正案》对生育的奖励与社会保障也做出了调整："机关、企业事业单位、社会团体和其他组织的女职工，按规定生育的，除享受国家规定的产假外，享受生育奖励假三十天，其配偶享受陪产假十五天"；"女职工及其配偶休假期间，机关、企业事业单位、社会团体和其他组织不得降低其工资、予以辞退、与其解除劳动或者聘用合同"；"女职工经所在机关、企业事业单位、社会团体和其他组织同意，可以再增加假期一至三个月"。

《修正案》废除了推行20多年的"独生子女政策"，开始实行"全面二孩"政策，政府希望以此缓解人口增长放缓，人口老龄化、人口红利下降等一系列问题。根据北京市卫计委预测，"全面二孩"政策落地实施后，北京市会在未来3~5年出现出生堆积现象，2021年后生育率回归常态。2016年，北京市因"全面二孩"政策所增加的新生人口会达到4万~5万人。但是2014年2月，北京市开始实施"单独二孩"政策，截至2015年12月31日北京市"单独二孩"申请数达6.1万例，而其中只有约2万人生育。学术界对"全面二孩"政策实施效果有较大分歧。中国人民大学人口所的翟耀武教授认为，政策实施后，符合政策条件的目标人群规模较大（约1.52亿人），且妇女生育二孩的意愿仍然处于较高水平（约为9700万人），我国

---

① 北京市第十四届人民代表大会常务委员会第二十六次会议通过。

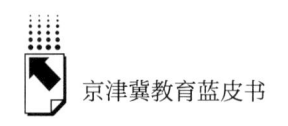

年度出生人口将在政策变动后急剧增加，出生人口峰值达到4995万人。而北京大学人口所的乔晓春认为，我国潜在生育人群中实际生育的人会在1700万至3100万人，年度出生人口峰值在2200万至2700万人，总和生育率峰值会在2.17~2.68。"全面二孩"政策的实施无法根本改变我国人口生育率长期处于较低水平的状况。

本文更倾向于北京市的生育率会在一定程度受"全面二孩"政策影响，但影响水平不会超过近十年总和生育率平均值的30%。而且由于北京总和生育率长期处于深度低的水平，一旦堆积生育效应结束，北京市的总和生育率会迅速回落。

（二）北京城市副中心规划政策

首都大致可以分为两类，一类为单一功能型首都，如美国华盛顿、澳大利亚堪培拉；另外一类为多层次功能型首都如我国北京、日本东京、英国伦敦、法国巴黎。单一功能型首都只是国家的政治中心，如美国的华盛顿是美国国会、联邦政府机关与各国驻美国大使馆的所在地，聚集了世界银行、国际货币基金组织、美洲国家组织等重要国际组织总部。此类城市人口规模较小，其功能围绕政治中心展开，一般城市功能满足政治功能即可。

而多层次功能型首都，都市圈层较多，人口规模较大，对资源环境承载力要求较高。如东京在功能空间布局上可以划分为东京都、东京都区部、东京核心区三个层次。核心区包括千代田区、中央区、港区，称作"都心3区"[1]，2017年，日本首都圈涵盖人口的总人口为3631万人，人口密度则有4684人/km²。从东京的经验来看，人口疏解与北京城市副中心的形成，是一个逐步进行的过程。从1956年效仿伦敦制定《首都圈整备法》，到1999年《第五次首都圈基本计划》出台，经过了40多年，东京才逐步解决"一极集中"的问题，并奠定了东京都市圈副中心城市的发展基础。北京的城

---

[1] 高敏：《城市进化论——从城市副中心到副中心城市》，中国发展出版社，2018。

市发展路径、人口规模与东京有较大的相似度,因此,北京城市副中心的形成,也极有可能是一个逐步发展的过程。

根据《新总规》,通州区在今后发展的主要动力是通过有序推动市级党政机关和市属行政事业单位搬迁,带动中心城区的人口疏解,至2035年承接中心城区40万~50万常住人口[①]。通州区先后经历了5次较大的城市规划,经历了北京卫星城、新城、行政副中心和城市副中心几个功能定位。从《新总规》的表述,可以看出"北京城市副中心"形成的机制,也是其形成的原动力是北京行政事业单位的迁移,由此来推动完善北京城市副中心的基础设施并提供更好的公共服务。

(三)其他因素对通州区人口迁移的影响

通州区内交通、房屋租售价格的变化。周边区县的房租价格。另外,通州区位于北京市内,会受北京城市定位、政治、经济、社会变迁的影响。从国际层面,当城市更加国际化时,也意味着国际环境的变迁会对城市内人口的迁移行为产生更大的影响,比如,汇率、签证、居住政策及国际其他城市的发展水平都会对北京人口造成一定的影响。从国内层面,其他一线及二三线城市吸引人才政策的出台,也会对北京人口向外迁移造成一定的影响。艾普大数据对"逃离北上广深"的人群进行了分析,通过对从北上广深迁移的主要目的地进行了分析,发现大多数人并未留在京津冀,更多地流向了重庆、杭州、成都、厦门和苏州等地[②]。

三 通州区义务教育阶段学位预测分析

教育是公共服务的重要组成部分,在京津冀协同发展过程中,由于基础教育的自身特点,进行各区县的学位预测是十分必要的。尤其对于《新

---

① 本刊首席时政观察员:《城市副中心 VS 副中心 城市从"单中心"突进转向"多中心"发展》,《领导决策信息》2018年第5期,第10~11页。
② 高敏:《城市进化论——从城市副中心到副中心城市》,中国发展出版社,2018。

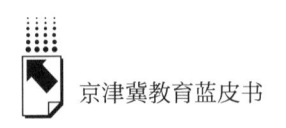

总规》中,"一核两翼"中,属于"两翼"之一的通州区。北京城市副中心建设会对通州区的人口学特征造成较大的影响,对通州区进行学位预测也是不可或缺的。本文的预测主要使用第六次全国人口普查通州区的相关数据,并考虑前文所述"全面二孩"及北京城市副中心建设两个政策因素的影响,使用队列构成法,对通州区 2017~2028 年学位需求和缺口情况进行预测。

(一)预测方法与数据来源

学龄人口预测是人口预测的一部分,但是从预测数据和对方法的要求方面又有其特殊之处。人口预测的方法一般分为四类[①]:第一类,将人口增长趋势与某种数学分布相联系建立模型,如早期的马尔萨斯指数模型,这类方法可用于对人口变动的基本趋势判断,而学龄人口预测需要对特定的年龄段人口年龄结构进行预测,所以在做学龄人口预测时不采用这种方法。第二类,将未来人口数看作一个随时间变化的队列,建立离散时间模型,如凯菲茨矩阵模型、莱斯利矩阵模型、宋健人口发展方程等,这类模型对数据要求较高,并考虑生育、死亡、迁移三个主要因素,通过这类方法预测获得的数据在形态和结构上,比较符合学龄人口预测要求。第三类,根据已知数据进行线性回归,这类模型有惠特尔自回归模型(ARMA)、多元回归模型等,但由于人口自身的特性,预测效果往往并不理想。第四类,通过非线性模拟来预测人口数量,如人工智能网络模型、灰色模型等。这类方法适用于数据不完全,影响因素无法确定的情况下,有些模型预测的结果并不稳定,但有比较好的发展前景。

本文使用队列构成法(亦称队列要素法),将人口划分为具有不同生育、死亡和迁移风险的历险人群,然后用离散时间模型进行预测。其数学公式表达形式为:

[①] 赵佳音:《人口变动背景下北京市及各区县义务教育学龄人口与教育资源需求预测》,《教育科学研究》2016 年第 6 期,第 37~43 + 57 页。

$$P(t+1) = A * P(t) + G(t)$$

其中，P(t+1) 为预测 t+1 年度人口数，P(t) 为 t 年的实际人口数，A 为存活率，G(t) 为 t 年净迁移人口数。

其中对 A 为存活率以及 G(t) 参数的相关假设分别考虑"全面二孩"与北京城市副中心两个政策。"全面二孩"政策所产生的新生儿进行预测，根据中国人口与发展研究中心 2013 年对全国 29 个省市约 6.3 万人生育意愿的调查，以及北京大学人口所乔晓春对有生育二孩意愿人群占全部育龄人群比例的估算。本文假设 2017 年后通州全区总和生育率增长 25%。

数据来源，本文使用了 2010 年第六次全国人口普查通州区分年龄的数据作为人口生命表。使用 2010 年通州区分年龄生育率作为生育结构数据来源；存活情况使用 2010 年全国 0 岁人口的存活率。并使用北京市教委公布的各区分年级教育事业统计数据作验证。

（二）学龄人口预测需求假设

人口预测部分假设：生育率，假定 2016~2021 年"全面二孩"政策实施结果显著，而后逐步回落，每年新生儿的增幅达到 25%。通州区育龄妇女分年龄生育结构保持与北京市 2010 年相同，出生男女比例为 52:48。死亡率，假定未来 15 年医疗水平有所提升，新生儿死亡率下降至 2‰ 水平。人口迁移，假定北京城市副中心政策逐步执行，每年由迁移引起的人口增长不超过 5 万人，其年龄分布与北京市总体状况相同。学龄人口预测假设：义务教育阶段学龄人口年龄为 6~14 岁，其中小学 6~11 岁，初中部分为 12~14 岁；义务教育阶段初中升学率为 100%。

（三）通州区义务教育阶段学位需求及缺口预测

通州区义务教育阶段（6~14 岁），在本文预测的年份（2017~2026 年），学龄人口总体变化趋势为逐步上升（2025 年达到峰值）而后稍有回落，总体规模在 8.07 万至 9.70 万人。小学教育阶段变化趋势为先上升（2024 年达到峰值）而后开始回落，总体规模在 6.36 万至 7.05 万人。初中教育阶段，处于学位需求的快速上升期，峰值年份（2021年）较2017年增幅达到74.85%，总体规模在1.71万至2.99万人（见表5）。

表5　2017~2028年通州区义务教育阶段学位需求情况

单位：万人

年份	2017	2018	2019	2020	2021	2022	2023	2024	2025	2026
小学教育阶段	6.36	6.53	6.49	6.46	6.35	6.78	6.95	7.05	7.01	6.69
初中教育阶段	1.71	2.04	2.42	2.71	2.99	2.71	2.65	2.54	2.78	2.81
义务教育阶段	8.07	8.57	8.91	9.17	9.34	9.49	9.6	9.59	9.79	9.5

通州区义务教育阶段，在保持2016年学位供给水平不变的情况下，预测年份始终存在学位缺口，2025年缺口峰值达到1.89万人，其中初中教育阶段为1.15万人，小学教育阶段为0.61万人，缺口主要在初中教育阶段。小学教育阶段缺口峰值年份为2024年，初中教育阶段缺口峰值年份为2021年。由于北京市的中高考升学制度，很多非户籍学生在参加中考前回到原籍上学，所以通州区初中阶段实际缺口应该低于预测值（见表6）。

表6　2017~2028年通州区学位缺口情况

单位：万人

年份	2017	2018	2019	2020	2021	2022	2023	2024	2025	2026
小学教育阶段	0.04	-0.13	-0.09	-0.06	0.05	-0.38	-0.55	-0.65	-0.61	-0.29
初中教育阶段	-0.08	-0.41	-0.79	-1.08	-1.36	-1.08	-1.02	-0.91	-1.15	-1.18
义务教育阶段	-0.17	-0.67	-1.01	-1.27	-1.44	-1.59	-1.7	-1.69	-1.89	-1.6

我们引入红、黄、蓝预警系统来对学位需求缺口严重程度进行划分，红色预警年份为学位需求极度紧张的年份[①]，黄色预警年份为学位一般紧张的年份，蓝色为较安全的年份。通州区义务教育阶段，从2020年开始进入黄色预警，小学阶段在预测年份较为安全，只有2024年超过10%，初中教育

---

① 极度紧张为缺口超过2016~2017学年在校生数的50%，一般紧张为达到2016~2017学年在校生数的15%~50%，低于15%为比较安全的年份。

阶段在2018~2019年为黄色预警年份。2020年以后全部在红色预警范围内，需要重点关注（见表7）。

表7 2017~2028年通州区学位缺口预警

单位：%

年份	2017	2018	2019	2020	2021	2022	2023	2024	2025	2026
小学教育阶段	0.63	-2.03	-1.41	-0.94	0.78	-5.94	-8.59	-10.16	-9.53	-4.53
初中教育阶段	-4.91	-25.15	-48.47	-66.26	-83.44	-66.26	-62.58	-55.83	-70.55	-72.39
义务教育阶段	-2.15	-8.48	-12.78	-16.08	-18.23	-20.13	-21.52	-21.39	-23.92	-20.25

四 研究结论及政策建议

（一）研究结论

从人口变动趋势情况来看，通州区常住人口仍处于增长阶段，而近两年的增长主要由常住户籍人口引发。从经济发展水平来说，通州区虽然经济增速较快，但其自身公共财政供给水平并不能支撑北京城市副中心建设。通州区基础教育阶段在校生（在园数）处于持续增长阶段，学位供给压力较大，且生均教育经费投入水平远低于北京市平均水平。

从学位需求预测结果来看，2017~2026年，通州区义务教育阶段，学龄人口总体变化趋势为逐步上升（2025年达到峰值）而后稍有回落。在保持2016年学位供给水平不变的情况下，预测年份始终存在学位缺口，2025年缺口峰值达到1.89万人。相较于小学教育阶段的学位缺口，应该更加关注初中教育阶段的学位紧张问题。

（二）政策建议

1. 增强通州区财政供给能力，适度调整常住户籍人口增速

通州区成为北京城市副中心具有很强的优势，比如通州区距城区仅20

多公里，在长安街的延长线的东端，便于北京的人口转移。同时，通州区紧邻"北三县"，便于公共服务的辐射与扩展，进而推动京津冀协同发展。并且通州区水资源丰富，可以承载较多的人口数量。但是如前文所述，2016年通州区GDP只有674.8亿元，全年财政收入仅有76.5亿元；而同为承接非首都功能的天津市滨海新区，2016年的GDP达到10002.31亿元，财政收入为1338.05亿元。如果，没有较大数额的财政转移支付，并伴随产业结构的快速升级，在通州区人口快速增长的同时，财政赤字会迅速增加，并透支通州区原有生态资源优势。通州区的人均公共教育投入水平也会有所下降。

因此，在现阶段要严格守住人口总量上限、保护通州区生态控坏境。同时加快产业结构转型升级、优化城市功能调整。在通州区增强自身财政供给能力的同时，逐步有序的承接户籍与非户籍常住人口。引导外来人口随迁子女教育有序流动，妥善处理非京籍子女就学问题。合理配置公共服务资源，保障基本公共服务供给，提升公共服务质量。

2. 增强通州区公共教育服务水平，吸引优质教育资源入驻

通州区应借助北京城市副中心建设的契机，与城六区进行对接，特别是东城区、西城区、海淀区、朝阳区等优质教育资源较多的地区，吸引更多的知名中小学入驻。并且在教育资源配置的过程中，更加重视对教师的投入。在尽可能短的时间内提升全区的办学水平，要在偏远乡镇建设更多的中小学校，并制定相关政策，使更多优秀教师愿意到乡镇教书，实现教育资源的均衡，这样有助于提升全区域人口的整体水平和综合素质，实现人口的均衡发展。

3. 建立通州区人口出生和适龄人口迁移的动态预判机制

以片区为单位，建立多部门协调，以科研机构为基础的学龄人口预测机制。由于学龄人口预测的复杂性、特殊性，需要教育、卫生健康、公安户籍等部门提供数据，并由研究机构对学龄人口进行科学的预测。对学龄人口预测较为重要的是学前教育及义务教育阶段，这两个阶段的学生大部分就近入学，而且这两个阶段学校的事权及财政支出责任在县级政府。因此，加强对本区学龄人口预测是通州区教育部门的重点工作。如果片区内人口规模较

大，应以片区为单位进行学龄人口预测。

重视和加强对总控区和其他区域人口规模与分布的跟踪调查与分析。特别是北京城市副中心政策对学龄人口学位需求产生的影响，建立相关部门协同的研判与协调机制，对学位需求进行动态预警。当片区内出人生人口有大幅波动时，将信息同时传递给各相关部门，进行动态预警。各部门协同、提前行动，及时发布引导性政策，共同保障公共教育服务的充分供应。

政策变动因素对人口分布影响有待进一步研究。公共资源变动对人口分布影响还没有一致的结论。医疗、教育等因素对人口流入的影响机制还需进行进一步的量化研究。可以通过进一步调研及大数据积累，使用更精确的计量模型逐步进行模拟。

4. 保持各级各类教育资源供给的适当弹性

根据前文人口预测，通州区义务教育阶段，学位需求 2025 年达到峰值时会达到 9.7 万人，而 2017 年学位需求只有 8.07 万人。特别是初中教育阶段 2021 年达到峰值时为 2.99 万人，而 2017 年只有 1.71 万人。因此，在各级各类教育资源配置过程中需要保持一定的弹性。当学位需求激增的情况下不要盲目扩张，也不要在学位需求回落时盲目撤并学校。

总体来说，未来 10 年内，通州区义务教育从 2020 年进入资源短缺阶段，特别是初中教育。在制定教育资源发展规划时应充分考虑，各教育阶段、各年份、各区域的学龄人口变化规律及特点。由于未来 10 年，通州区在小学教育阶段与初中教育阶段达到学龄人口峰值的时间不同。在对教育资源规划时，可以加强 9 年一贯制及 12 年一贯制学校的推广，以便适时、适度在学校内实现不同阶段教育资源共享，缓解各教育阶段入学压力。

参考文献

［1］石晓冬：《"四个中心"塑格局"多规合一"绘蓝图——〈北京城市总体规划（2016 年~2035 年）〉解读》，《城市管理与科技》2018 年第 3 期，第 12~17 页。

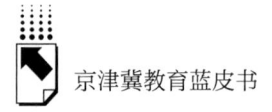

[2] 唐鑫:《"一核两翼"的空间价值和实践意义》,《前线》2018年第6期,第73~75页。
[3] 李瑶、安树伟:《北京城市副中心的形成机制、路径与对策》,《城市》2018年第8期,第24~32页。
[4] 李万亮:《北京城市副中心建设背景下通州区人口均衡发展研究》,硕士学位论文,中国政法大学,2018。
[5] 李文化、李媛:《法国城市规划建设实践对北京城市副中心建设启示》,《投资北京》2018年第1期,第32~36页。
[6] 陆小成:《国外首都城市副中心建设的经验与教训》,《前线》2017年第12期,第104~106页。
[7] 张开琳:《巴黎拉德芳斯城市副中心建设启示录》,《上海经济》2004年第5期,第58~60页。
[8] 张灏:《特大城市副中心发展研究——东京经验及对上海的思考》,《上海城市规划》2018年第4期,第119~126页。

B.4
北京城市副中心职业教育需求分析

于继超 刘璐宁 王艳[*]

摘　要： 北京城市副中心未来产业发展将会产生大量人才需求，本报告基于城市副中心重点园区和项目的针对性调研，参考相关文献数据，运用比较分析的方法，对北京城市副中心的职业教育人才需求数量进行预测。研究结果表明，城市副中心未来在金融服务、总部经济、文化旅游等方面职业人才需求旺盛。

关键词： 北京城市副中心　职业教育　人才需求

建设北京城市副中心是疏解北京非首都功能、推动京津冀协同发展的重大战略举措，是千年大计、国家大事。《北京城市总体规划（2016年－2035年）》指出要高水平规划建设北京城市副中心，示范带动非首都功能疏解。北京城市副中心要以行政办公、商务服务、文化旅游为主导功能，形成配套完善的城市综合功能。

一　北京副中心产业空间布局

行政办公、商务服务、文化旅游三大主导功能的承载区域分别为行政办

---

[*] 于继超，北京财贸职业学院高职研究所副教授，经济学硕士，主要研究领域为产业经济学、职业教育改革等；刘璐宁，北京财贸职业学院商学院副教授，经济学博士，管理学博士后，主要研究劳动和社会保障问题、劳动就业问题等；王艳，北京财贸职业学院商学院副教授，经济学硕士，主要研究领域为物流和供应链管理。

公区、运河商务区及文化旅游区（见图1）。根据相关产业经济学理论可知，实现城市功能的产业分为核心功能性产业、衍生功能性产业和基础功能性产业，核心功能性产业是城市核心功能的主要载体，北京城市副中心的核心功能性产业是金融服务业、总部经济和文化旅游业。衍生性产业指的是由核心功能衍生而来的产业，比如人力资源服务、信息服务业等。基础功能性产业是指维持城市基本运行功能的相关产业，如商业服务业、餐饮住宿等。当然，这种产业功能划分并不是绝对的，有时候个别产业存在着多重功能重合的现象，比如在文化旅游功能下，餐饮住宿就不仅仅是基础性产业，而主要是衍生性产业。对于新的产业功能区而言，核心功能性产业和衍生性产业能

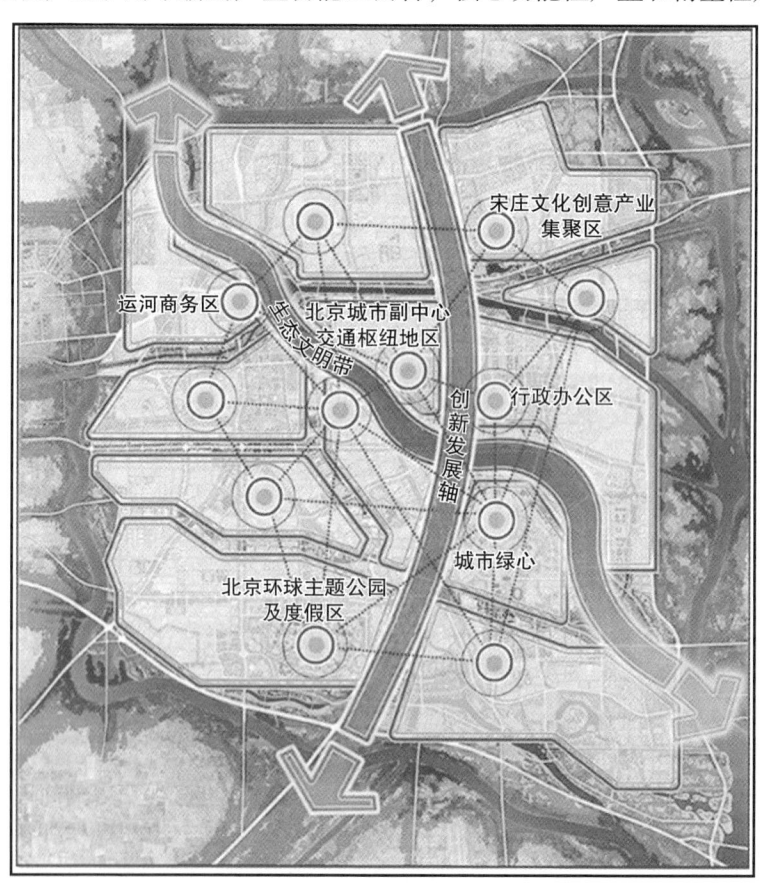

图1 北京城市副中心空间结构规划

够更加直接的代表新增产业需求,因此根据北京城市副中心的建设实际,在分析城市副中心产业需求的时候,我们主要以主导功能区的核心功能性产业和衍生功能性产业为研究对象。

二 运河商务区产业发展与职业教育需求分析

《北京城市总体规划(2016年-2035年)》的空间布局为"一核一主一副、两轴多点一区"的城市空间结构,构建北京新的城市发展格局。运河商务区处在"一副"节点上,即北京城市副中心范围内。运河商务区是承载中心城区商务功能疏解的重要载体,将建成以金融创新、互联网产业、高端服务为重点的综合功能片区,集中承载服务京津冀协同发展的金融功能。北京市委书记蔡奇在2018年4月16日到副中心调研时指出,做强商务服务业,重点发展金融与总部经济,做大做强京津冀协同发展板块。

运河商务区是城市副中心建设的先行区、示范区,规划面积为17.48平方公里。运河商务区紧邻行政办公区,产业项目16个,将带动40万人口的红利。商务区内主要业态为办公(50%)、商业(25%)、公寓(20%)、酒店与住宅(5%)等。

运河商务区制定了严格的产业准入原则,打造优越的营商环境,主要面向四类产业招商:总部经济、金融服务、专业服务(人力资源、会计、法务、咨询等)和楼宇管理。

根据运河商务区管委会提供的研究报告,到2027年运河商务区在金融服务、总部经济、专业服务三大产业上,将创造5400亿元的总产值,350亿元总税收,引入企业470家,导入产业人口24万人。其中高精尖的总部经济将实现产值2470亿元,总税收70亿元,引入企业100家(2019年9家,2022年80家),导入产业人口12万人;以平衡发展一体化的专业服务也将实现总产值370亿元,引入企业330家,创造税收75亿元,导入产业人口1.4万人(见表1)。因此,运河商务区未来发展需要大规模高素质人才。

表1 运河商务区产业发展趋势预测

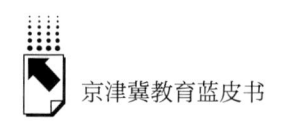

产业名称	指标	2027年
总计	总产值	5400亿元
	企业数	470家
金融服务	总产值	2550亿元
	企业数	300家
总部经济	总产值	2470亿元
	企业数	100家
专业服务	总产值	370亿元
	企业数	330家
其中：人力资源服务	2020年，力争100家企业入驻产业园区，实现产值200亿元，产业年增长率不低于30%	

资料来源：运河商务区产业规划。

（一）金融业职业教育需求分析

在运河商务区的金融企业，包括：银行、券商、保险、信托、基金等业态。根据运河商务区管委会提供的研究报告，到2027年金融业将引入300家企业，导入产业人口11万人。

北京市教委产业契合度一期调研对象为北京地区经营的银行总行、分行（分公司）及所属分支机构。调研过程中，银行样本的选取遵循能够覆盖北京70%以上的高职金融人才需求单位，并覆盖不同性质的银行。采用问卷调查与访谈相结合的方式。调研得知北京全市目前金融业态的主要人才结构状况如表2所示。

表2 北京市金融业从业人员分类结构

单位：%

行业	硕士及以上	本科	高职	中职及以下
银行业	20	65	10	5
证券业	19.19	56.81	20.81	3.14
保险业	10	20	50	20

资料来源：北京市教委产业契合度一期课题调研数据。

同时，我们重点访谈了运河商务区两家已经入驻的银行企业，得知它们的人才结构如表3所示。

表3 运河商务区入驻银行就业人员分类结构

单位：%

行业	硕士及以上	本科	高职	中职(高中)	高中以下
银行业	8.4	66.5	20	4.3	0.8

资料来源：北京市教委产业契合度二期课题调研数据。

根据调研得知，依照运河商务区的产业准入标准，这两家入驻银行得分不高这一事实，同时考虑到金融行业在互联网金融、智能制造的冲击下，某些操作性岗位将会消失等因素，我们将运河商务区金融企业的人才需求结构适当调整，采用适当提高本科及以上学历比例，减少高职比例的保守估计方法，估计人才需求比例。其中本科占比相对于前两次调研，提高到67%，高职占比相对于前次调研适当调低1%，调整为9%，中职调整为4%。因此根据未来人才总体需求情况和结构比例，得出运河商务区金融企业人才需求情况如表4所示。

表4 运河商务区金融企业人才需求

年度	总计	硕士及以上	本科	高职	中职
2027	100%	20%	67%	9%	4%
	11万人	2.2万人	7.37万人	0.99万人	0.44万人

资料来源：北京市教委产业契合度二期课题调研数据。

2027年，运河商务区金融人才的需求数量较大，根据北京市本科及以上学生在京就业每年仍按目前的8000人来计算[①]，并且假设2016年以后金融类专业招生规模保持不变的情况下，来推算未来高职院校金融类专业每年就业人数，到2027年运河商务区本科以上人才需求超出目前全市就业数量规模。高职金融专业学生供给只能满足71%的需求，有29%的人才缺口，为2823人。中

---

① 数据来自课题组前期调研和北京市教育事业统计资料。

职的缺口更大，为 4400 人。从通州区来看，高职金融专业学生只能满足 18% 的需求，有 82% 的缺口，为 8095 人。供需缺口巨大。目前就业市场上，填补缺口的补充方式有许多，如银行业和证券业所需的专业人才不仅仅是金融类专业，还有会计、计算机、互联网等专业毕业生填充了部分缺口。保险行业普遍对员工学历要求不高，保险公司内部有完善的培训系统，他们更愿意按照自己的企业文化来培训新员工，填补了保险业的供需缺口。但是这种对口率较低的就业方式属于人才就业错配，将影响职业岗位的绩效完成情况与稳定性。

（二）总部经济人才需求

根据运河商务区管委会提供的规划资料，高精尖的总部经济将实现产值 2470 亿元，总税收 70 亿元，引入企业 100 家，导入产业人口 12 万人。

根据《北京人才蓝皮书：北京人才发展报告（2017）》中的内容，通州区企业经营管理人才在 2017~2020 年的近期目标中，大学本科及以上学历占 80%，2020~2030 年的远期目标中大学本科及以上学历将占到 90%。据此，我们可以得出运河商务区总部经济人才需求（见表 5）。

表 5 总部经济人才需求

年份	总计	本科及以上	职业院校
2019	100%	80%	20%
	0.2 万人	0.16 万人	0.04 万人
2022	100%	90%	10%
	2 万人	1.8 万人	0.2 万人
2027	100%	90%	10%
	12 万人	10.8 万人	1.2 万人

资料来源：运河商务区产业规划。

（三）人力资源服务业人才需求

1. 人力资源服务业人才需求

北京市将打造"四区两平台的国际级人力资源产业园区"，具体为京津冀人力资源服务区域协同示范区、中国人力资源智慧服务创新区、人力资源服务国际化建设培育区、人力资源高端要素集聚区、中国人力资源服务行业权威信息发布平台及人力资源公共服务平台。作为国家级人力资源产业园之一，中国北京人力资源服务产业园通州园区将建设全产业链的人力资源服务业态。到 2020 年，力争北京市内 40% 以上的规模人力资源服务机构，以及天津、河北 20% 以上的人力资源服务机构入驻人力资源服务产业园（共约 100 家），园内人力资源服务业从业人员达到 3000 人左右[①]。

根据 2017 年中国人民大学对北京市及全国人力资源服务业从业人员所做的调研，北京市人力资源从业人员的学历层次如图 2 所示，其中高职学历从业者占 23.3%。

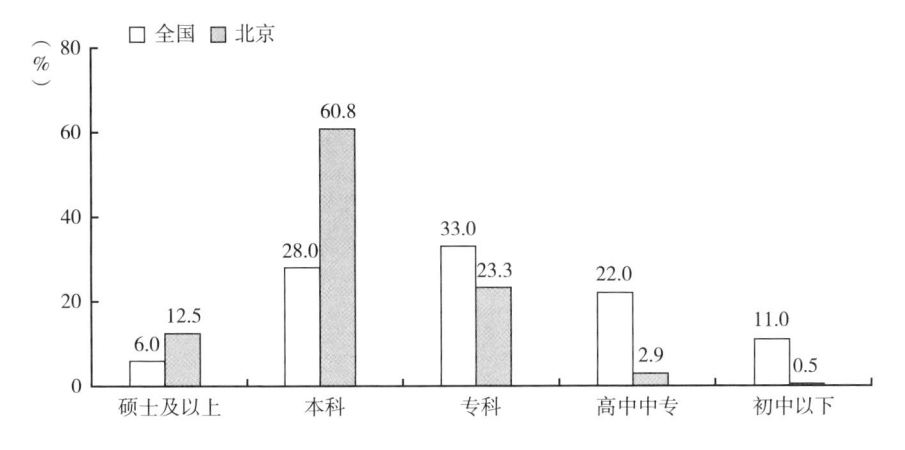

图 2　全国及北京市人力资源从业人员分类结构

高职学生在人力资源服务业适合的岗位群以基层人力资源管理专员为主（见表 6）。

高职生主要可以面向的人力资源服务业的类型主要有 6 大业态（见图 3）。

本课题组对 15 家将要入驻人力资源产业园的企业进行了调研，结果显

---

① 以上数据由通州区人力资源社会保障局提供。

表6　高职学生适合的人力资源岗位群

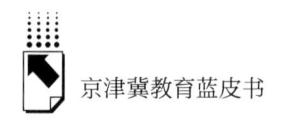

工作岗位	占比(%)	名次
人力资源管理专员/助理	23	1
人事行政专员/助理	17	2
销售专员/助理/顾问/导购/经纪人	13	3
行政专员/助理	7	4
招聘专员/助理	6	5
人力资源主管	5	6
招聘主管	3	7
社保专员/助理	2	8
总经理/总裁助理	2	9
人力资源经理	1	10

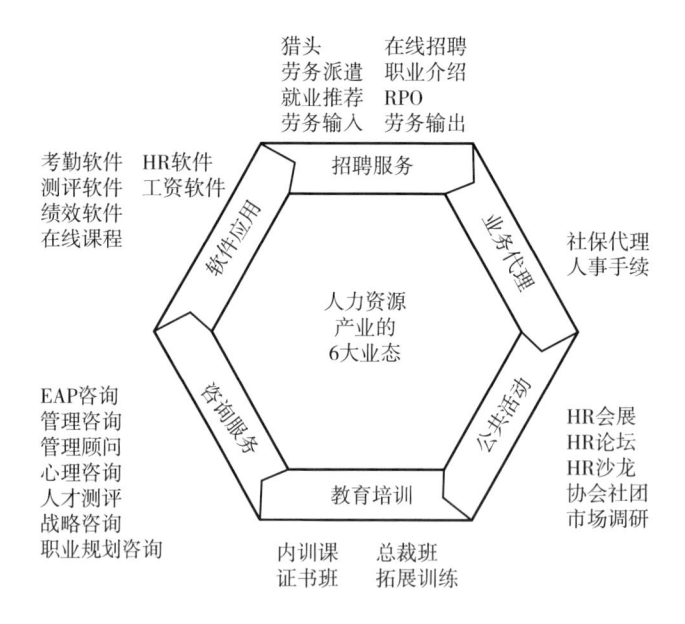

图3　人力资源服务业的6大业态

示高职高专毕业生的比例为19%，综合两次调研数据，目前在北京从业的人力资源管理从业者专科比例为20%左右，按照这一比例，如果人力资源产业园未来吸纳的人力资源管理专业从业者为3000人左右，那么对高职人力资源管理专业人员的需求约为600人。

2. 人力资源服务供给分析

2017 年全市开设人力资源管理专业的公立高职院校有两家,分别是北京劳动保障职业学院和首钢工学院,共招收学生 186 人,也就是说,市属公立高职院校到 2020 年最多可以提供 186 人,具体如图 4 所示,而通州区域内没有高职院校开设专门的人力资源管理专业。

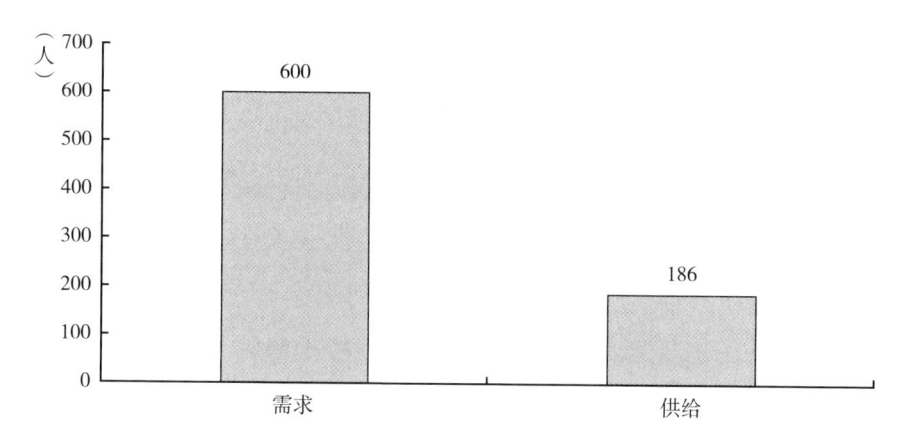

图 4　高职人力资源服务人才专业契合度分析

3. 契合度、缺口和原因分析

根据上面的分析,可以得出,人力资源服务产业园 2020 年对人力资源从业者的供需缺口较大,明显呈现出需求大于供给,求人倍率高达 3.2。引起目前人力资源服务业人才契合度较低的原因主要有两个:第一,专业通用性强,专业性较弱,且人才需求层次较高,导致学生担心高职学历毕业不好就业,学习该专业意愿不足;第二,招生规模不足,2017 年仅有 2 家公立高职开设专门人力资源管理专业,难以满足市场的需求。

三 文化旅游区产业发展与职业教育人才需求分析

(一)文化旅游业产业发展分析

《北京城市总体规划(2016 年 – 2035 年)》第 43 条指出,文化旅游区

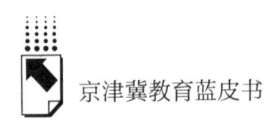

以北京环球主题公园及度假区为主，重点发展文化创意、旅游服务、会展等产业。文化旅游区是北京城市副中心三大核心功能的承载地之一，总占地面积12.05平方公里，建筑规模807万平方米。文化旅游区上下游产业包括：围绕文化产业源头的内容生产体系和相应的知识产权形成的上游产业；围绕环球主题公园的建设和运营直接相关的"高精尖"、休闲娱乐和主题公园等相关产业的垂直产业；支撑主题公园日常运营服务所必需的配套衍生产业。如图5所示，文化旅游产业的上下游产业所需人才种类比较多，其中文化旅游类专业的人才需求主要集中在垂直产业和衍生产业。

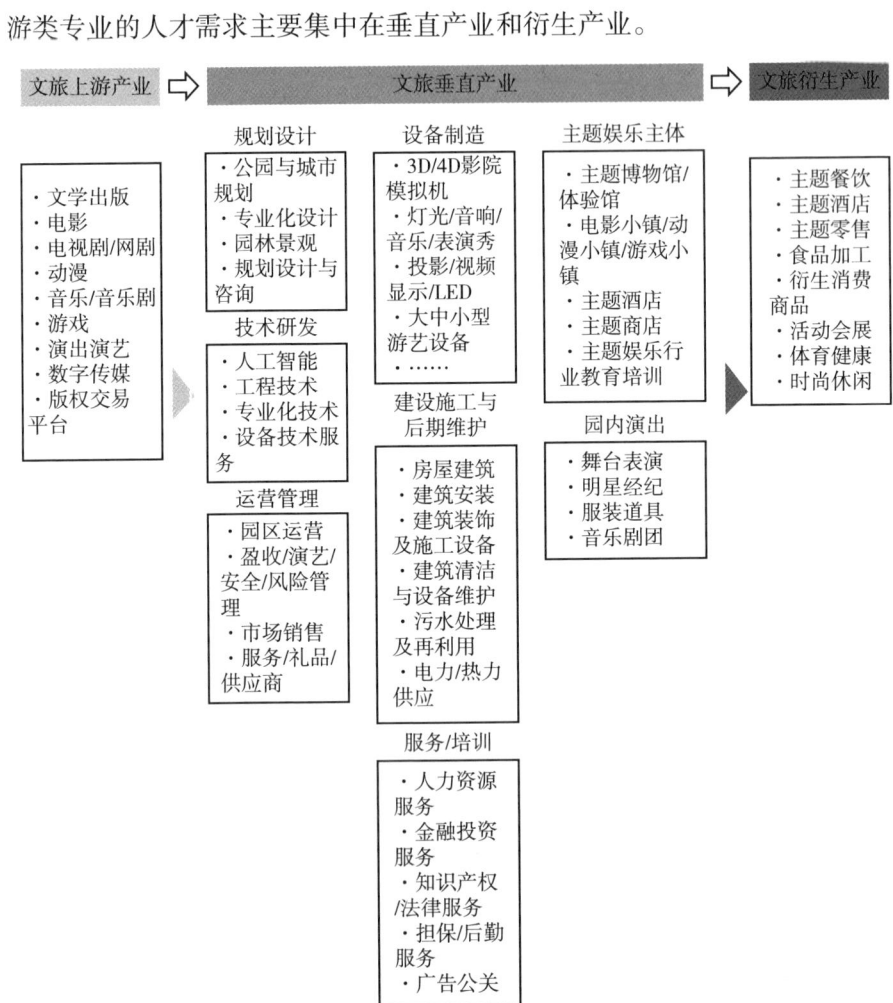

图5 文化旅游区上下游产业分析

环球主题公园项目坐落于文化旅游区,由北京首寰文化旅游投资有限公司和美国环球城市影城有限责任公司共同投资建设,是"十三五"期间北京市文化创意产业重点项目之一。环球主题公园预计年经济收入80亿元,联动周边发展每年将达到千亿元规模。未来能提供直接就业岗位1万个,间接就业岗位10万个,预计年接待客流超1000万人次。

宋庄聚集区是位于北京城市副中心的文化产业聚集区,与文化旅游区同处于城市副中心的创新发展轴上,未来必将形成文化旅游产业的上下游联动。宋庄集聚区依托艺术家和展馆资源发展,目前已经形成了独具特色的品牌活动。如"中国艺术品产业博览交易会"(国家级)、"宋庄文化艺术节"(镇级)等。宋庄文化创业产业从业人员总数趋于稳定,但某些新兴领域从业人员增长较快,而传统领域的从业人员逐步下降。[1] 宋庄目前缺乏能够从事文化产业管理、艺术品经营、艺术与文化市场运作、文化艺术项目策划等方面的人才,又缺少能够进行创意设计、衍生品开发、艺术品金融人才,原创艺术产业发展缺乏人才支撑(见表7)。

表7 北京市2017年1~12月规模以上文化创意产业情况

项目	收入合计 2017年1~12月(亿元)	同比增长(%)	从业人员平均人数 2017年1~12月(万人)	同比增长(%)
文化艺术服务	323.4	11.1	5.7	0.6
新闻出版与发行服务	853.2	8.2	7.7	-1
广播电视电影服务	867.2	3.9	5.5	-0.8
软件和信息技术服务	7015.8	16.7	68.1	0
广告和会展服务	1998.1	8.1	6.5	-5.6
艺术品生产与销售服务	1249.2	2.1	1.9	1.3
设计服务	335.6	20.9	9.3	21.7
文化休闲娱乐服务	1051.6	1.0	8.4	-2.3
文化产品设备生产销售及其他辅助	2502.2	6.7	12.0	-5.6
合计	16196.3	10.8	125.1	0.3

资料来源:北京市统计局规模以上文化创意产业情况统计资料。

[1] 该结论与表6北京市文化创意产业的数据显示的就业结果相同,更加印证了该结论。

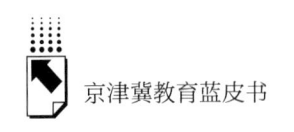

（二）文化旅游业人才需求分析

文化旅游区的文化旅游人才主要来自于垂直产业的直接就业和上下游产业的间接就业。即一部分在于环球影城主题公园带来的直接就业部分，另一部分来自上下游配套产业的间接带动就业。

主题公园的就业人才主要分为行政管理人才、经营管理人才、专业技术人才、服务技能人才等。根据中国最早的电影文化与旅游文化相结合的主题电影公园——红龙电影主题公园的预测，2020年，行政管理类人才占1.2%，经营管理人才占4%，专业技术人才占13%，服务技能人才占81.8%。研究资料显示，深圳某主题公园员工的构成中，管理干部占5.74%，管理类占9.97%，技术类占16.82%，服务类占47.94%，其他占19.54%。根据我们对北京某主题公园的现场调研得知，该主题公园员工的构成中管理类人员占5.56%、行政类人员占11.11%、技能类人员占24.69%、技术类人员占1.23%、服务类人员占46.91%、演艺类人员10.49%，由于统计口径的原因和不同的经营业态，其具体人才的占比不同，但基本结构是类似的。需求较大的岗位是服务技能人才与专业技术人才，其中服务技能人才是主题公园各单体项目和节目构成的基础和运营保障，基本属于文化旅游类人才，而专业技术人才类如规划设计、技术研发、设备制作、建设施工与维护、演艺等人才是园区运营的关键所在，大部分属于工程技术类人才与电影产业的演艺人才。根据迪士尼校园招聘的信息得知，度假区运营管理岗位具体分为度假区运营、商品运营人员、餐饮运营人员、娱乐演出及服装管理人员、保安、初级厨师等，涉及的专业领域为文化旅游、商贸类等专业。综合以上数据，可以分析出服务技能性人才与旅游专业人才最为匹配，上述的数据显示，主题公园的服务技能性人才将占到47.94%～81.8%，我们选取中间值作为分析依据，即环球影城的直接就业中，文化旅游类人才占到65%左右。

另外根据2007年对深圳某著名主题公园的研究显示，公园现有工作人员中结构比例如表8所示。

表8　深圳某著名主题公园员工学历结构

单位：%

学历	硕士	大学本科	大学专科	中专	高中	初中及以下
比例	0.3	8.06	15.51	30.11	39.68	6.75

资料来源：保继刚等：《主题公园研究》，科学出版社，2015。

国内最早的电影文化与旅游产业相结合的电影主题公园——红龙电影主题公园的预测显示，到2020年，主题公园管理人员要求达到100%大学本科以上学历，其他岗位具有大学本科以上的应占公司人才总量的20%。

调研得知，环球影城的高级管理人才由外方提供，而园区的基本运营委托中方公司运作，根据我们现场调研的数据综合考虑，北京环球影城直接就业的结构比例设置如表9所示。

表9　环球影城直接就业服务技能性人才结构

单位：%

学历	大学本科及以上	高职	中职	其他
比例	20	15	30	35

调研得知，环球影城在2019年将产生管理人员的就业需求300人，2020年将需要各类工作岗位5000～6000人，2021年需要各类工作岗位14000人。根据上述人才需求比例可以得知，环球影城服务技能人才数量如表10所示。

表10　环球影城直接就业服务技能性人才预测

单位：%，人

年份	项目	总计	服务技能人才（文化旅游）	本科及以上	高职	中职
2019	占比	100	0	100	0	—
	人数	300	0	300	0	—
2020	占比	100	65	20	15	30
	人数	5000～6000	3250～3900	780～900	488～585	975～1170

续表

年份	项目	总计	服务技能人才（文化旅游）	本科及以上	高职	中职
2021	占比	100	65	20	15	30
	人数	14000	9100	1820	1365	2730

围绕环球影城的外围发展区的相关业态主要有大型度假酒店、商业零售企业、餐饮企业等。此区域的人才需求结构主要是大型度假酒店相关的管理人才和服务人才。包括餐饮、客房、前台、娱乐项目的服务人员。根据好莱坞环球主题公园的案例得知，环球主题公园吸引了中大型的购物中心超过60家，不包括主题公园本身的50家餐饮，主题公园周边共有各类餐厅、咖啡厅、茶馆、酒吧等167家。环球主题公园周边的酒店业包括了不同等级的酒店和高级公寓47家。主题公园周边聚集了41家不同类型的艺术专业培训机构，培训内容包括电影、舞蹈、武术、美术等多种不同的专业人才。

北京环球影城项目将间接带动就业人口10万人，参考好莱坞环球主题公园的案例，这些就业将集中在餐饮、商业零售、酒店服务等行业。参考《中国统计年鉴2017》得知，批发和零售业、住宿和餐饮业、文化体育和娱乐业的从业人口分别为129.8万人、44.3万人和23.6万人，根据旅游统计数据旅游就业人口约为35万人，据此我们可知旅游业、批发和零售业、住宿和餐饮业、文化体育和娱乐业的从业人口比例为15%、56%、19%和10%，因此，我们可以推测环球影城带来的间接就业中，旅游业的就业比例为15%。我们将上述就业人员扣除批发与零售业作为文化旅游业的就业人员，可知环球影城带动的就业中文化旅游业人才比例为44%。

根据调研得知，旅游服务业的就业结构比例：本科及以上、高职、中职的比例分别为35%、40%和25%。由此可以得出环球影城间接带动旅游服务就业人口，如表11所示。

表 11　环球影城间接带动文化旅游业就业人员学历分布结构

单位：%，人

学历	合计	大学本科及以上	高职	中职
比例	100	35	40	25
数量	44000	15400	17600	11000

另外，运河文化旅游区目前需要进行运河文化的深层次挖掘、整理开发。对文化旅游人才需求较大。北京城市副中心在未来迎接大量游客的情况下，对酒店管理及从业人员需求较大，对博物馆高水平讲解人员及对现有讲解员的培训有一定需求，今后旅游发展需要的旅游服务人员也比较多。

综合以上分析，我们可以得出文化旅游区旅游人才需求情况（见表12）。

表 12　文化旅游区文化旅游人才需求

单位：人

产业名称	指标	2020 年	2021 年
总计	从业人数	3250～3900	53100
	净增加人数	3250～3900	49200～59850
	高职	488～585	18380～18478
	中职	975～1170	12560～12755
环球影城项目	从业人数	3250～3900	9100
	净增加人数	3250～3900	5200～5850
	高职	488～585	780～878
	中职	975～1170	1560～1755
环球影城相关产业	从业人数	—	44000
	净增加人数	—	44000
	高职	—	17600
	中职	—	11000

根据北京市职业教育规模估算，在 2019、2020 年无论是北京市还是通州区的旅游类、文化艺术类专业的职业教育人才供给基本能够满足需求数量的要求，但是对于特殊技能的人才，仍然难以满足。但在 2021 年，全市高职层次的相关人才缺口达到了 15548 人，仅能够满足 16% 的人才需求。全

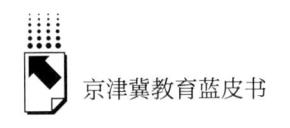

市中职层次的相关人才缺口达到了8106人，仅能满足36%。从通州区的教育供给看，缺口更大，高职层次仅能够满足不足2%，中职层次也仅能够满足2%。

产生这种现象的主要原因：一是旅游类与商贸类专业近几年招生情况不断下滑，虽然由于大量的需求存在，但是由于北京市普遍过高的就业期望，加之由于招生宣传不利，人才培养专业性不强等原因，造成人才供给数量不足。二是环球影城属于未来的重点项目，我们在计算人才需求的时候，是将直接需求人才放在三个年度里来考量，而对于间接的人才需求，则采取了环球影城开业后的短期即一年内的时间来考量，没有考虑间接业态的逐步形成过程，因此数据会显示人才需求的突然放大，造成与教育供给的缺口明显。根据以往的研究发现，环球影城这类的主题公园招聘倾向于用大量的短期的社会就业人员和大中专院校的实习生来填补专业人才的缺口。虽然能够暂时满足人才的需求，但是存在着就业对口率低，流动性大的问题（有的员工流失率在年均20%左右）。

四　通州物流基地发展分析

北京通州物流基地位于北京东南的通州区马驹桥镇，是北京市三大物流基地之一。物流基地虽不位于北京城市副中心地域范围内，但却与城市副中心的主要产业紧密相连并提供物流保障服务。目前，物流基地正在全力推进"一岸一港"项目建设，将在2019年竣工的口岸项目，实践"物流+口岸"的发展模式，建立保税仓库，实现一体化口岸功能；结合区位优势，建设北京东南高速公路智慧物流港项目，规划总占地面积19.44万平方米，规划建筑规模37.7万平方米，依托以北京为核心的高速公路网，搭建物流信息、城市配送和货物转运平台。

物流业是融合运输、仓储、信息等产业的复合型现代服务业，物流业对人才的需求也是复杂多样的，不仅大量需求体力劳动占主导的运输、配送、分拣、装卸等物流一线岗位工作人员，也同样需求智能设备研发、供应链管理、大数据分析等高端工作人员，企业对人才的需求已从单一技能型向复合高技能型转变。

（一）物流园区现有企业分析

目前，在园区的 50 余家企业中，从事物流业务的企业仅为 20 家，并且主要以运输、仓储、配送业务为主，在设备研发、系统设计、技术创新、人才培养、供应链管理等具有较高附加值的服务方面的物流企业较少，纯粹的物流企业对基地发展的贡献率较低。新形势下，物流基地势必要进一步明确发展定位，推进园区物流业向"高精尖"方向转型升级。

（二）物流园区人才需求分析

1. 低端物流岗位人才需求

基于与物流园区内百丽物流、苏宁物流、京东物流等企业的座谈调研得出，以仓储、配送业务为主的物流企业大量需求收发货、分拣货、配送货等岗位人员，这些一线低端工作岗位所需人才数量占企业人才总需求 70% 左右，此类岗位人员主要为高中学历，以体力劳动为主，目前，这些岗位流失率较高，2018 年达到 30% 以上，与高职教育人才培养目标契合度较低。

2. 高端物流岗位人才需求

2017 年园区总收入 240 亿元，实现税收 10.38 亿元。目前园区就业人数 3600～4000 人，专科以上学历人才占比 30%～40%。预计五年后需要 7000～8000 人，以 30% 的比例预测，专科以上学历人才需求 2100～2400 人。

未来几年，"一岸一港"项目建成后，将对国际货代、保税物流、智能设备开发、大数据分析、系统研发、平台建设、管培生等高端岗位人才有大量需求，这些岗位所需知识结构和工作技能较为综合复杂，不是单一的物流专业或者其他专业能够培养完成的。另外，为了园区的长远发展，还需要高级物流管理人才。

通过调研显示，目前我国物流人才供需整体失衡，学校培养的物流人才层次、结构与企业需求不符，学校物流专业急需调整升级，来适应物流产业

的升级，培养适应现代电商物流高速发展的智能研发、大数据分析等的复合型高端技术技能型人才。

五　小结

根据分析可以看出，北京城市副中心未来在金融服务、总部经济、文化旅游、现代物流等方面职业人才需求旺盛，职业教育的供给在数量上难以满足要求。根据北京城市副中心的建设要求，对未来人才的需求质量也提出了更高的要求。目前，职业教育的改革正进入内涵建设的攻坚阶段，校企合作、城教融合成为了职业教育改革的核心和新的增长点。为了推动职业教育与城市副中心产业发展的同频共振，需要未来在职业教育与北京城市副中心实现高效融合方面做好如下工作。

（一）产教融合

利用职业教育改革试验区、职教集团等平台，逐步推动北京城市副中心的校地、校企、校校的紧密合作，服务于城市副中心的职业教育与成人教育领域。针对北京城市副中心金融服务业、商务服务业、总部经济、文化旅游产业，开展现代学徒制项目试点，推动职业学校教师企业实践，完善职业院校学生实习管理制度。

（二）专业升级

以培养复合型、高技能型人才为方向，推动金融专业向财富管理、科技银行、文化金融服务等方向转型升级，推动商贸类专业向商务服务、总部经济、人力资源管理等方向专业升级转型，加快文化与旅游专业向文化创意方向的聚焦融合。

（三）课程建设

优化课程体系，根据文化旅游行业、金融业和总部经济等动态变化对专业性、复合型、跨界性人才需求的特点设置多模块的课程组合,打破传统专业间封闭教学边界。加快教材更新的速度和力度,根据行业、企业发展需求,及时更替教材内容。

(四)模式创新

改革和创新教学模式,提高课堂教学的有效性和有序性,提高人才培养质量。充分利用互联网技术,利用"线上线下相结合""智慧课堂""数字化实训室"等新型教育模式,服务北京城市副中心的职业教育与社会培训需求。

参考文献

[1] 干春晖:《现代产业经济学》,上海财经大学出版社,1999。

[2] 张凌云、乔向杰、齐飞:《光荣与梦想——华特迪士尼产业帝国》,旅游教育出版社,2015。

B.5
雄安新区基础教育发展现状与政策建议

吴颖惠　王宇航　等*

摘　要： 基于雄安新区中小学基本信息统计表，课题组采用社会科学SPSS的分析方法，从雄安新区教师队伍、校舍设施、学生现状、信息化建设等四个方面进行统计分析。采用相关和差异分析方法，又对雄安新区学校师生比、生均操场面积、生均建筑面积进行了关联计算。为了对问卷调查进行有效补充，课题组分别组织召开了四次座谈会。基于上述调研，课题组认为，雄安新区基础教育的现状是：学校类型多样化；教师结构不合理；生均经费不均衡；学校规模差异大；办学条件不充分；信息化水平较低。课题组从加快改善办学条件、提升教师专业化水平、加快优质高中建设、加大教育信息化设施建设、加大教育经费投入五个方面提出政策建议。

关键词： 雄安新区　基础教育　京津冀协同发展

2018年4月21日，经中共中央、国务院批准，《河北雄安新区规划纲要》正式发布，意味雄安新区各项建设工作进入全面启动阶段。教育作为

---

* 吴颖惠，北京市海淀区教育科学研究院院长，正高级教师，中国教育学会理事，北京市教育科研学科带头人，北京师范大学教育学部兼职硕士生导师，首都师范大学国学院兼职硕士生导师；王宇航，海淀区教育科学研究院教师，曾获"海淀区城镇教师支援农村教育先进个人""海淀区青年先进教育工作者""海淀区骨干教师"等荣誉称号。

雄安新区建设的民生工程，具有奠基性重要作用。"千年大计，教育先行"。雄安新区由原来保定市的容城、雄县、安新及任丘市的七间房乡、苟各庄镇、鄚州镇、高阳县的龙化乡等33个乡镇组合而成。由于历史遗留原因，雄安教育仍然属于落后地区的农村教育，几乎存在着中国农村教育面临的所有问题，比如，校舍分散、师资不足、设备落后、资源匮乏等相关问题。因此，雄安新区管理委员会公共服务局面临的首要问题是"努力提升雄安基础教育的质量与水平"，力争用3年时间实现雄安新区基础教育发展"从凹地到平地，再到高地"的战略转型。这对于一个新区而言，是一项艰巨的教育改革与发展任务，需要做大量、繁重、艰苦的基础性教育调研工作，在此基础上，才能够科学制定教育改革与发展目标，采取行之有效的方法与措施，在短时间内，改变新区农村教育面貌，实现基础教育跨越式发展。

一　调研方法

摸清雄安教育的底数，需要做大量艰苦的调研工作，需要组成具有学术研究能力、求真务实的专家学者团队，深入到雄安各县学校或幼儿园的第一线，开展做深入细致的调研工作，全面收集基础教育现状的相关数据，采用问卷调查和召开座谈会等多种方式，了解和分析雄安基础教育现状，形成科学数据分析报告，以期全面反映雄安新区基础教育的真实状况，概括出一线干部教师对教育改革与发展的意见与需求，为雄安新区制定教育发展规划和行动计划提供决策做依据。

（一）问卷调查

从2018年3月开始，在雄安新区管委会公共服务局的直接领导下，课题组制定了雄安新区中小学基本信息统计表，针对雄县、容城、安新三县所有中小学和公办幼儿园，以及任丘市鄚州镇、苟各庄镇、七间房乡和高阳县龙化乡所有中小学和公办幼儿园下发调研问卷，要求所有学校负责人填写统

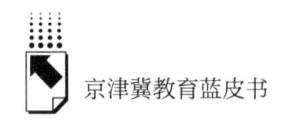

计表并上报课题组。中小学基本信息统计表涵盖中小学教师、学生、校舍、设施、设备等基本情况。根据基本信息表采集的数据，课题组采用社会科学SPSS的分析方法，分级分类进行了深入细致的数据分析工作，形成雄安新区基础教育基本数据表，并对数据表进行统计学分析，最终形成雄安新区基础教育概况数据库。

（二）访谈调研

为了更加深入了解雄安新区基础教育的现状，对问卷调查进行有效补充，在雄安新区管委会公共服务局的支持下，课题组分别组织召开了四次座谈会，广泛访谈和征求各方对雄安新区教育现状的看法。2018年5月30日，课题组组织召开了雄安新区三县教育局负责人座谈会；2018年6月14日上午，课题组组织召开了容城县校长座谈会；2018年6月14日下午，课题组组织召开了雄县校长座谈会；2018年6月15日上午，课题组组织召开了安新县校长座谈会。

二 调研内容

基于雄安新区中小学基本信息统计表，课题组进行了分类统计，分别从雄安新区教师队伍、校舍设施、学生现状、信息化建设等四个方面进行统计分析。采用相关和差异分析方法，课题组又对雄安新区学校师生比、生均操场面积、生均建筑面积进行了关联计算，以期更加深入地认识雄安新区教育现状。

（一）雄安新区教师队伍

课题组分别从雄安新区教职工数量、专任教师、教师性别、教师年龄、教师学历、教师职称、骨干教师等七个方面逐一分析教师队伍状况。

1. 中小学与幼儿园教职工数量

调研学校涵盖雄安新区中小学与幼儿园共计516所，教职工12388人。雄安新区中小学与幼儿园教职工总体分布如图1所示。

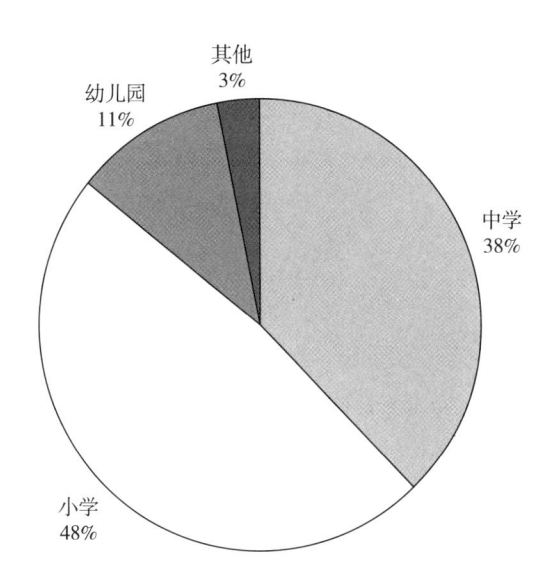

图 1 雄安新区中小学与幼儿园教职工人数占比分析

据统计，雄安新区共有中学 52 所（含民办校），教职工人数 4721 人，占教职工总人数的 38%；小学 303 所（含民办校），教职工人数 5975 人，占教职工总人数的 48%；幼儿园 151 所，教职工人数 1383 人，占教职工总人数的 11%；其他类学校（没有固定学生的学校）10 所，教职工人数 309 人，占教职工总人数的 3%。

2. 中小学与幼儿园专任教师情况

调研学校涵盖雄安新区中小学与幼儿园共计 516 所，专任教师 11091 人。雄安新区中小学与幼儿园专任教师总体情况分析如图 2 所示。

雄安新区中学专任教师 4116 人，占专任教师总人数的 37%；小学专任教师人数 5644 人，占专任教师总人数的 51%；幼儿园专任教师人数 1090 人，占专任教师总人数的 10%；其他类学校（没有固定学生的学校）专任教师人数 241 人，占专任教师总人数的 2%。

3. 教师性别情况

在剔除无效数据后，雄安新区中小学与幼儿园领域男性教师 2915 人，

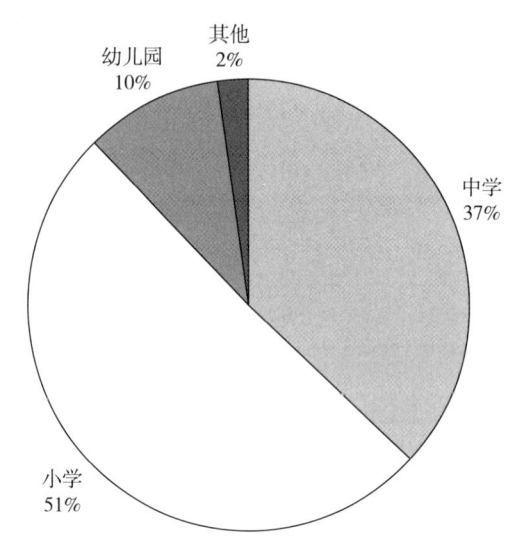

图 2　雄安新区中小学与幼儿园专任教师人数占比分析

女性教师 9413 人,男女教师比例为 1∶3.23。男女教师数量占比的总体情况,如图 3 所示。

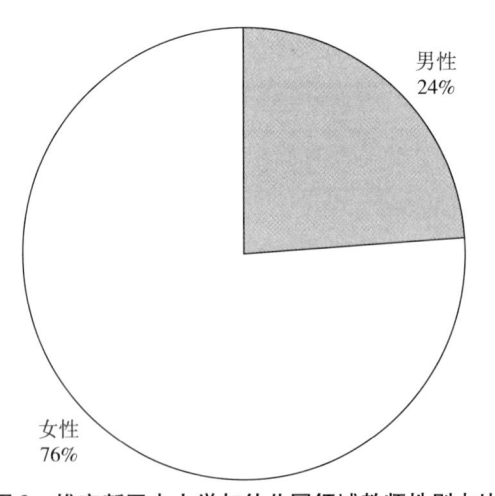

图 3　雄安新区中小学与幼儿园领域教师性别占比

从不同学段的数据来看,中学男女教师比例为 1∶1.80,小学男女教师比例为 1∶4.76,幼儿园男女教师比例为 1∶10.90。各学段男女教师数量占比的总体情况,如图 4 所示。

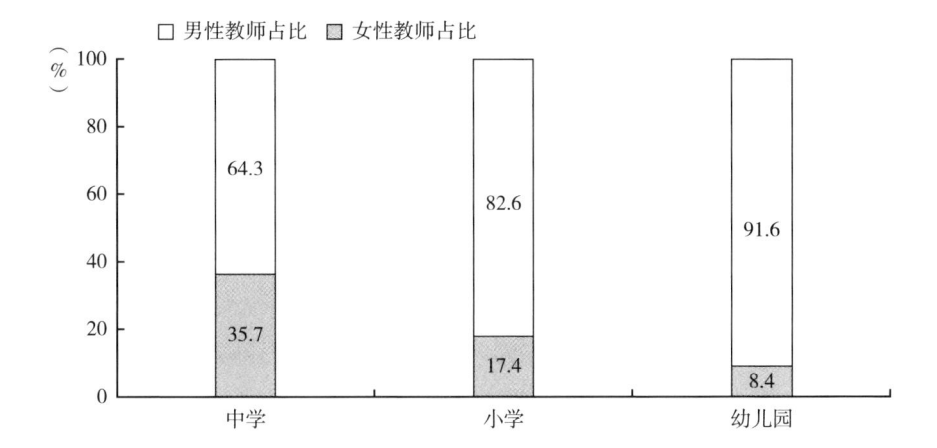

图4 中小学与幼儿园各学段男女教师性别占比

4. 教师年龄分布

在剔除无效数据后,调研反馈了12068名教师的年龄信息,其中20～29岁年龄段人数为1462人;30～39岁年龄段人数为3821人;40～49岁年龄段人数为4773人;50岁及以上年龄段人数为2012人。

雄安新区中小学与幼儿园教师的总体年龄统计情况,如图5所示。

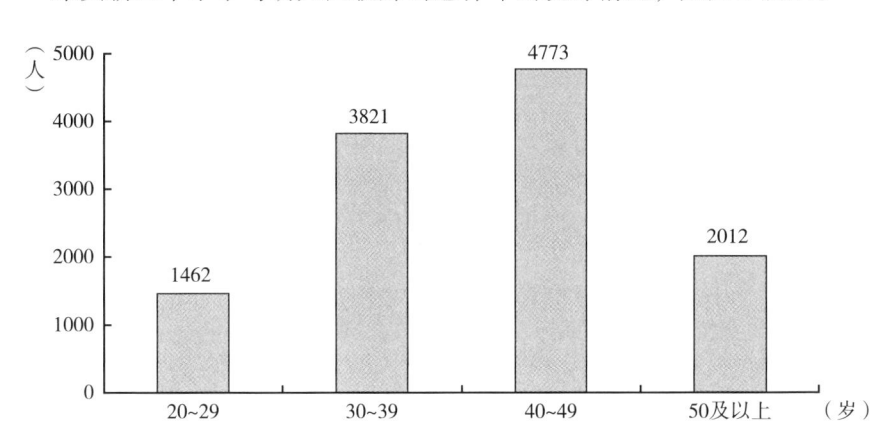

图5 雄安新区中小学与幼儿园教师年龄统计

图5显示,雄安新区30～49岁的教师是教师队伍的主体,占比为71.2%;50岁及以上的教师和低于30岁的教师数量均较少,分别占教师总

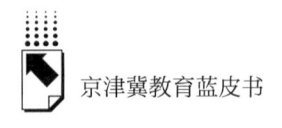

人数的16.7%和12.1%。

按照中学、小学、幼儿园等不同学段区分，雄安新区教师年龄分布情况如图6所示。横向对比各个学段，中学阶段30~39岁区间的教师比例最高；小学阶段40~49岁的教师比例最高；而幼儿园50岁及以上的教师比例最多。各个学段20~29岁的教师比例均相对较低，且相差不大。

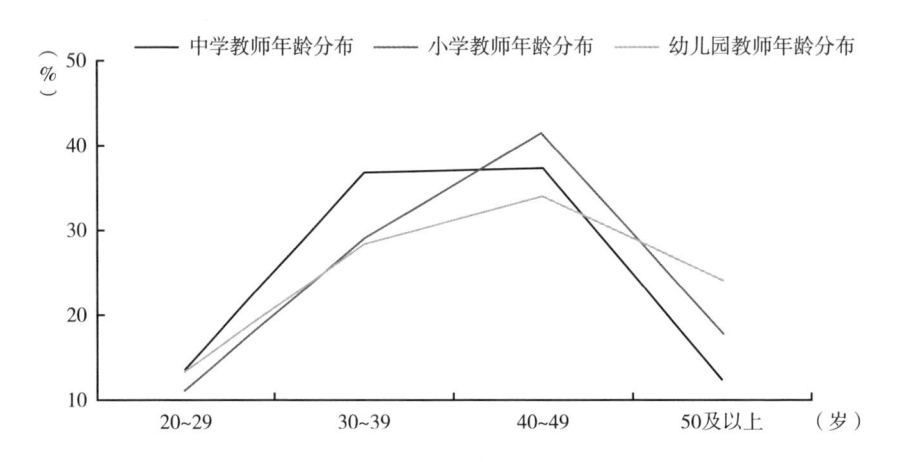

图6 雄安新区各学段教师年龄统计分析

5. 教师学历情况

在剔除无效数据后，针对教师学历的调研显示了12118名教师的学历信息，其中专科学历人数为4980人；本科学历人数为5644人；研究生及以上学历人数为110人；其他学历教师人数1384人。

雄安新区中小学与幼儿园教师的总体学历统计情况，如图7所示。雄安新区专科和本科学历教师是教师队伍的主体，占比为87.7%。研究生及以上学历教师占比较少，仅占教师总人数的0.9%。

按照中学、小学、幼儿园学段区分，雄安新区教师学历的分布情况，如图8所示。中学和其他类型（主要是雄安新区的教师发展中心、教师进修学校、特殊教育中心、青少年活动中心等）学校，本科教师比例相对较高。而小学和幼儿园，则专科教师比例较高。

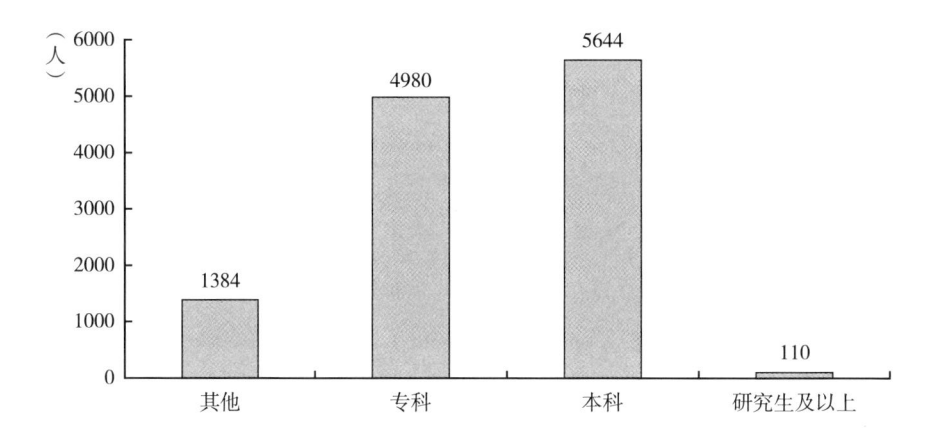

图7 雄安新区中小学与幼儿园教师总体学历统计

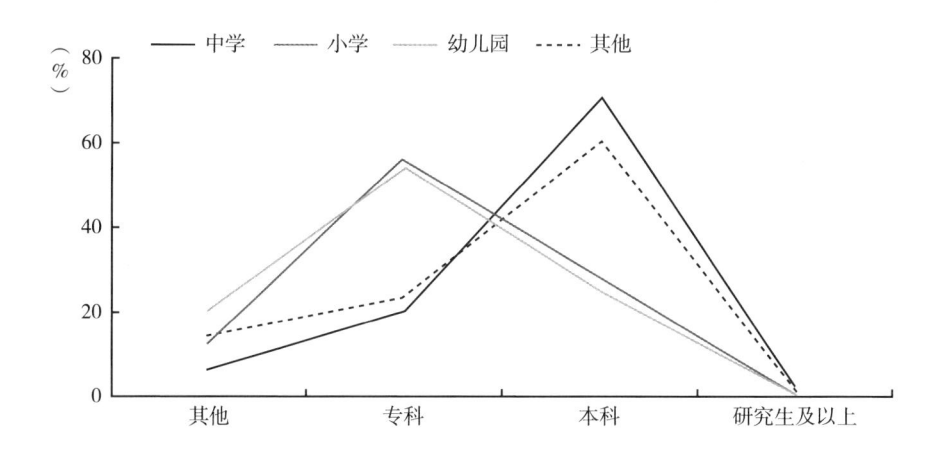

图8 雄安新区教师学历统计分析

不同类型学历的教师在不同学段的分布情况如图9～图12所示。

图9显示，雄安新区共计110名研究生及以上学历的教师，93%（102人）在中学任教；3%（3人）在小学任教；4%（5人）在其他类型的学校任教。雄安新区幼儿园尚未有研究生及以上学历的教师。

图10显示，雄安新区共计5644名本科学历教师，59%在中学任教；32%在小学任教；6%在幼儿园任教；3%在其他类型的学校任教。

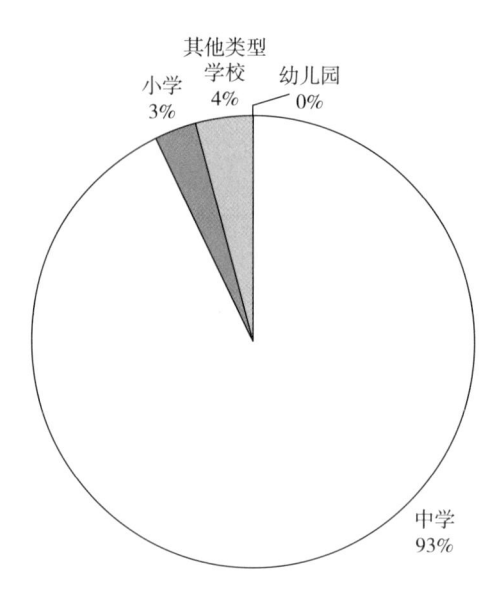

图9 雄安新区研究生及以上学历教师分布

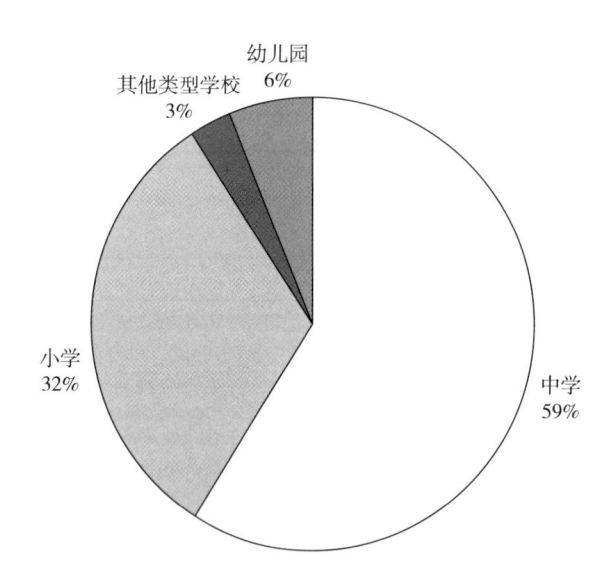

图10 雄安新区本科学历教师分布

图11显示,雄安新区共计4980名专科学历教师,65%在小学任教;19%在中学任教;15%在幼儿园任教;1%在其他类型的学校任教。

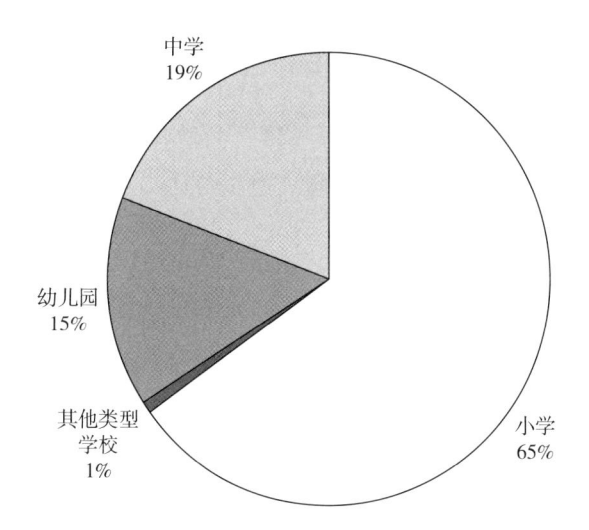

图 11　雄安新区专科学历教师分布

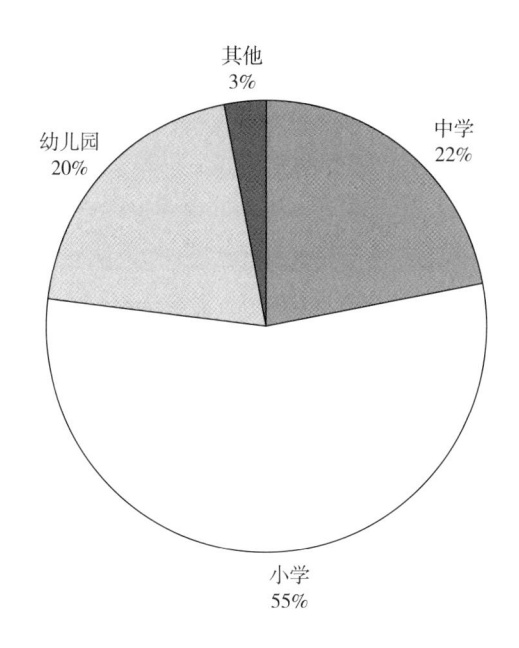

图 12　雄安新区其他（专科以下）学历教师分布

图 12 显示，雄安新区共计 1384 名其他（专科以下）学历教师，55% 在小学任教；22% 在中学任教；20% 在幼儿园任教；3% 在其他类型

101

的学校任教。

6. 教师职称情况

在剔除无效数据后,调研反馈了12377名教师的职称信息,其中高级职称教师人数为1405人(约占总教师人数的11%);中级职称教师人数为5280人(约占总教师人数的43%);其他(未获职称)教师人数为5692人(约占总教师人数的46%),如图13所示。

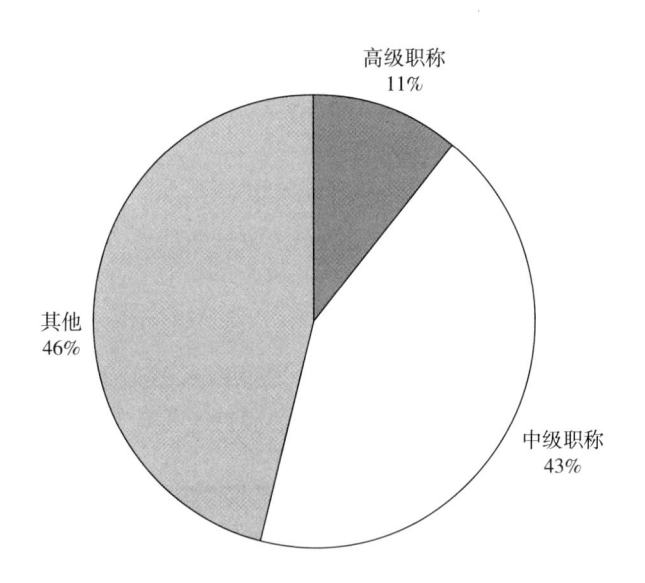

图13 雄安新区中小学与幼儿园教师职称统计情况

不同类型职称的教师在不同学段的分布情况如图14和图15所示。

图14显示,雄安新区共有高级职称教师1405人,52%在中学任教;33%在小学任教;9%在幼儿园任教;6%在其他类型的学校任教。

图15显示,雄安新区共有中级职称教师5280人,49%在小学任教;36%在中学任教;12%在幼儿园任教;3%在其他类型的学校任教。

7. 学科带头人与学科骨干教师情况

雄安新区516所中小学和幼儿园中,现有学科带头人323人,占专任教师总人数的2.9%;现有学科骨干教师882人,占专任教师总人数的8.0%。在雄安新区其他学校中,学科带头人26人,占此类学校专任教

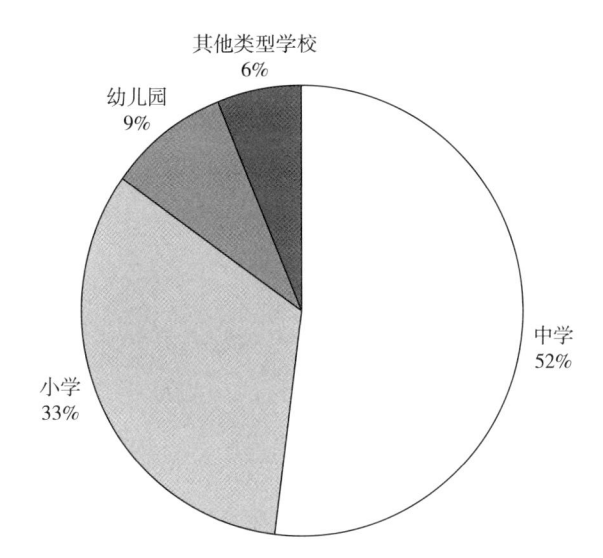

图14 雄安新区高级职称教师分布情况

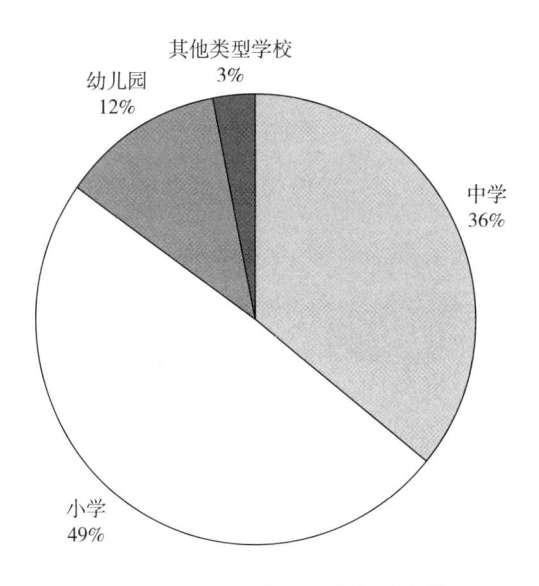

其他类型学校 6%
幼儿园 9%
小学 33%
中学 52%

图15 雄安新区中级职称教师分布情况

其他类型学校 3%
幼儿园 12%
小学 49%
中学 36%

师总人数的10.8%；学科骨干教师21人，占此类学校专任教师总人数的8.7%。

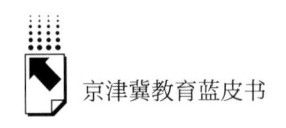

（二）雄安新区校舍设施情况

1. 学校建筑面积情况

调研数据显示，在雄安新区516所学校中有效数据为505所，共计建筑面积约为1366545.94平方米。

2. 学校占地面积情况

经统计，在雄安新区516所学校中有效数据为505个，共计占地面积约为4447196.174平方米，其中占地面积为0~40000平方米的学校占96.2%，占地面积为0~20000平方米的学校占88.9%。

3. 学校教学班数量

雄安新区516所学校，其中无教学班的有2所学校，另有3项无效数据未参与计算，共有4429个教学班。容城博奥学校（民办）教学班数量最多，有92个。

4. 学校操场面积

雄安新区516所学校中有效数据428个，共计操场面积约为1330977.99平方米。其中操场面积在0~15000平方米的学校占97%；操场面积0~5000平方米的学校占81.7%。值得注意的是，有效数据中存在62所学校没有操场面积。

5. 学校室内运动馆情况

目前雄安新区516所学校中，仅有容城县容城镇沟西小学、雄县第三小学、安新县明珠小学、安新县端村学校、雄县幼儿园这5所学校有室内运动馆，其他各学校均无室内运动馆。

6. 学校内是否有文物古迹现状报告

目前雄安新区516所学校中，仅有河北省雄县大营镇孙村小学、安新县安州镇安州小学校内有文物古迹，其他各学校均无文物古迹。

7. 学校是否一校多址现状报告

目前雄安新区516所学校中，有13所学校存在一校多址情况。中学中只有安新县实验中学有一校多址。

小学中雄县米家务镇板家窝小学、安新县明珠小学、任丘市苟各庄镇马召完全小学、安新县龙化乡西良淀小学、任丘市苟各庄镇马召完全小学 5 所学校有一校多址。

幼儿园中有容城县南张镇南张中心幼儿园、雄县米家务镇米北庄幼儿园、雄县幼儿园、安新县县直机关第二幼儿园、任丘市苟各庄镇马召幼儿园、任丘市苟各庄镇马召幼儿园（教学点）、安新县龙化乡西良淀小学（幼儿园）7 所学校有一校多址。

（三）雄安新区学生数量及生均经费

1. 学生总数

调研数据显示，雄安新区 516 所学校中共有学生 183198 人。雄安新区基础教育学生人数总体分布如图 16 所示。

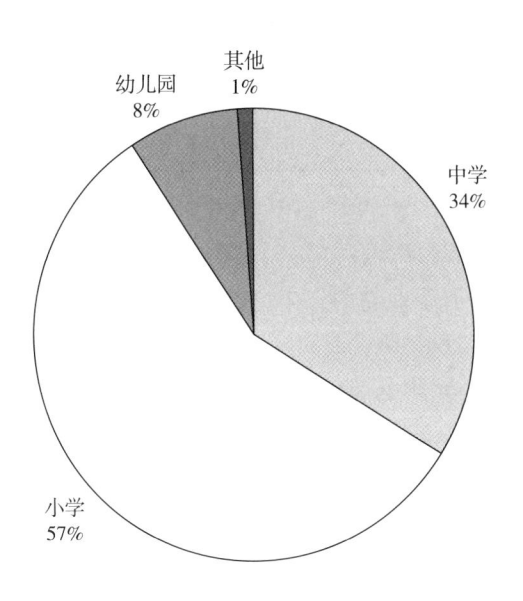

图 16 雄安新区基础教育学生人数统计分析

雄安新区中学 52 所中学有学生 61516 人，占学生总人数的 34%；303 所小学中有学生 105012 人，占学生总人数的 57%；151 所幼儿园中有学生

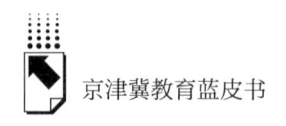

16670人，占学生总人数的8%；其他类学校（没有固定学生的学校）10所，学生人数1288人，占学生总人数的1%。

2.生均经费情况

（1）中学生均经费情况

由于九年一贯制完整学校存在不同学段教育经费不同的现象，无法做整体情况分析，故本文以各中学分类单独进行分析。

①普通高中

雄安新区共有4所普通高中，生均经费的详细情况如表1所示。

表1 雄安新区普通高中生均经费统计

单位：元

学校名称	生均经费
河北安新中学	7919
河北容城中学	1300
雄县中学	11200
雄县白洋淀高级中学	1950

②职业高中

雄安新区共有3所职业高中，生均经费的详细情况如表2所示。

表2 雄安新区职业高中生均经费统计

单位：元

学校名称	生均经费
河北省容城县职业技术教育中心	14000.0
雄县职业技术教育中心	102.7
河北省安新县职业技术教育中心	2540.0

③完全中学

雄安新区共有2所完全中学，生均经费的详细情况如表3所示。

表3 雄安新区完全中学生均经费统计

单位：元

学校名称	生均经费
安新县第二中学	1188
任丘市莫州镇中学	1093

④初级中学

雄安新区33所初级中学中有20所学校生均经费为885元，占比61%。雄县第二初级中学为600元；雄县北沙中学、雄县大营镇初级中学、雄县龙湾中学、雄县朱各庄镇初级中学为800元；安新县实验中学为1020元；安新县安州中学、安新县边村中学、安新县红日中学为1085元；雄县张岗乡初级中学为1110元；雄县昝岗私立中学为5600元。具体情况如图17所示。

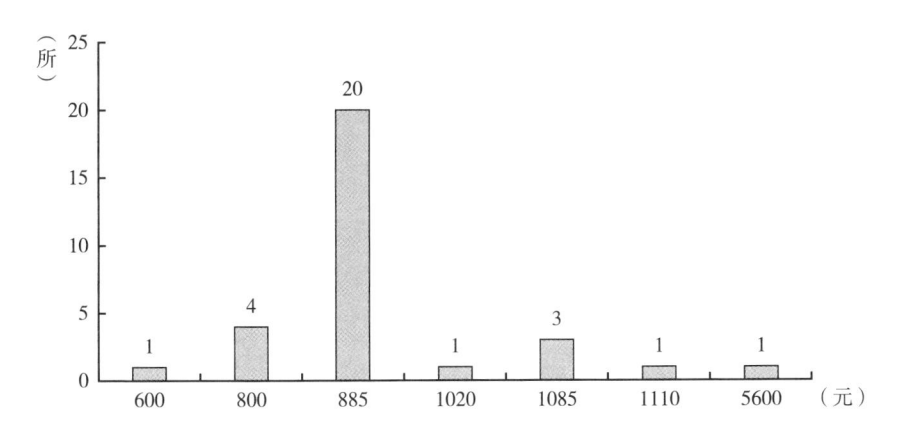

图17 雄安新区初中生均经费分析

⑤九年一贯制完整学校

雄安新区九年一贯制完整学校数量7所，生均经费的详细情况如表4所示。

⑥九年一贯制不完整学校

雄安新区九年一贯制不完整学校数量3所，生均经费的详细情况如表5所示。

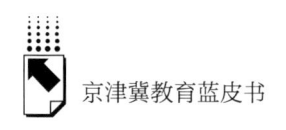

表4　雄安新区九年一贯制完整学校生均经费统计

单位：元

学校名称	生均经费
容城博奥学校	数据无效不参与统计
雄县大营镇西昝中学	小学:600,初级中学:800
雄县葛各庄中学	小学:685,初级中学:885
安新县端村学校	小学:685,初级中学:885
安新县芦庄学校	小学:685,初级中学:885
安新县圈头学校	小学:685,初级中学:885
安新县赵北口镇赵北口学校	小学:485,初级中学:685

表5　雄安新区九年一贯制不完整学校学生生均经费统计

单位：元

学校名称	生均经费
安新县大王学校	766
安新县孔子学校	数据无效不参与统计
安新县老河头学校	小学:685,初级中学:885

（2）小学生均经费情况

①完全小学

雄安新区共有250所完全小学，其中192所小学生均经费为685元，占比77%，20所学校生均经费为600元；6所学校生均经费为600元；6所学校生均经费为680元；6所学校生均经费为700元；安新县赵北口镇李庄子小学、安新县张村小学数据无效不参与统计，其余学校详细情况如表6所示。

表6　雄安新区完全小学生均经费统计

单位：元

学校名称	生均经费
雄县张岗乡张庄小学	285.00
安新县刘李庄镇梁庄小学	488.20
容城县晾马台镇南王昝小学	500.00
安新县寨里乡小营小学	532.00
容城县大河镇大河小学	573.07
容城县容城镇白塔小学	655.00

续表

学校名称	生均经费
雄县大营镇大营中心小学、雄县张岗乡南庄子小学、雄县张岗乡刘铺小学	664
雄县米家务镇米黄庄小学	683
安新县尹庄小学	703
容城县贾光乡王庄小学、容城县贾光乡高庄小学、容城县贾光乡东张楚小学	780
安新县英才实验小学	836
安新县明珠小学	885
安新县孔子小学	1379
安新县刘李庄镇高楼小学	1685

②不完全小学

雄安新区有13所不完全小学，其中9所学校生均经费为685元；河北省雄县大营镇口头小学为585元；河北省雄县北沙口乡东留宫营小学为600元；安新县精英文武职业学校、安新县宜德学校为无效数据不参与统计，具体情况如表7所示。

表7 雄安新区不完全小学生均经费统计

单位：元

学校名称	不完全小学生均经费
容城县大河镇留村小学	685
容城县容城镇东牛南庄小学	685
河北省雄县大营镇孙村小学	685
河北省雄县大营镇口头小学	585
河北省雄县北沙口乡东留宫营小学	600
河北省保定市雄县雄州镇一铺西小学	685
安新县大王村小学	685
安新县赵北口镇何庄子小学	685
任丘市鄚州镇一甫中心学校	685
任丘市鄚州镇古州村完全小学	685
安新县龙化乡梅果庄小学	685

③教学点

雄安新区有37所教学点，其中16所学校生均经费为600元；17所学校生均经费为685元；雄县双堂乡乐善庄小学生均经费为650元；雄县张岗乡开口二村小学生均经费为664元；雄县北沙口乡西龙堂小学、安新县南合街小学为无效数据不参与统计。具体情况如图18所示。

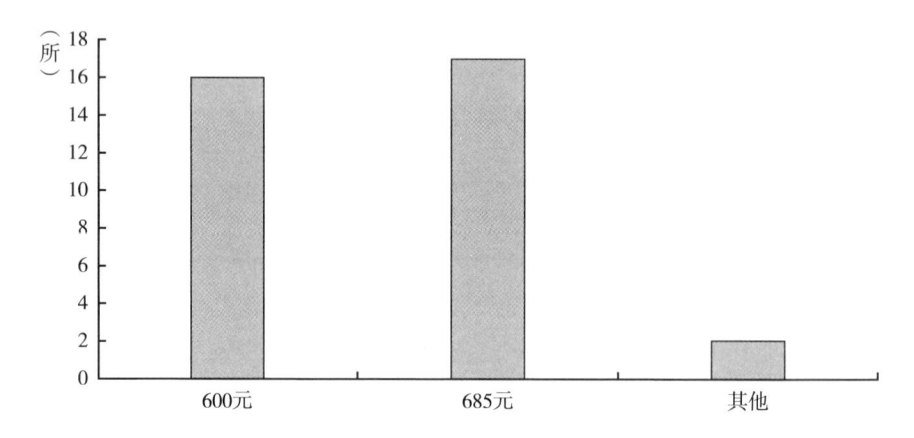

图18　雄安新区教学点小学生均经费分析

④幼小一贯制学校

雄安新区有3所幼小一贯制学校，生均经费的详细情况如表8所示。

表8　雄安新区幼小一贯制学校生均经费统计

单位：元

学校名称	生均经费
安新县晨阳双语学校	680
容城县贾光乡贾光小学	780
东李家营小学	685

（3）幼儿园生均经费情况

雄安新区有151所幼儿园，生均经费有效数据为115个，主要分布在5个区间，具体情况分析如图19所示。

雄安新区54所幼儿园的生均经费主要集中在1000~1499元，占47%；30所幼儿园的生均经费集中在500~999元；生均经费集中1500元及以上学校数量有4所；3所学校生均经费为0元。

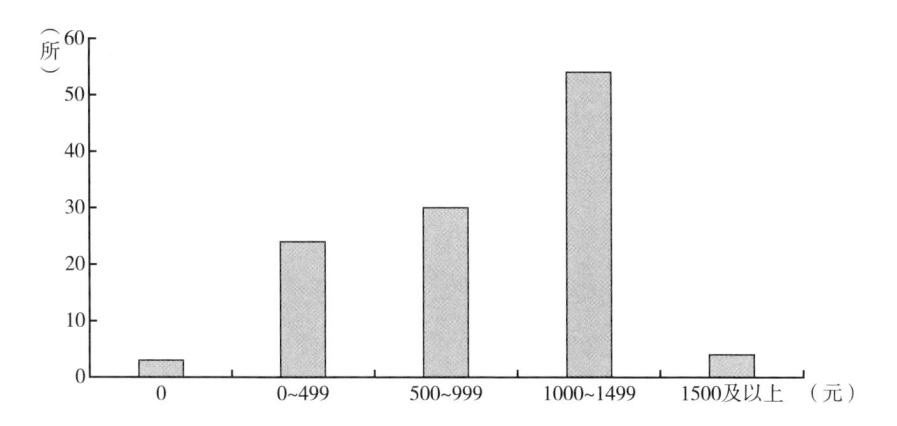

图19 雄安新区幼儿园生均经费分析

①三年制幼儿园

雄安新区121所三年制幼儿园中，有效数据90个，主要分布在5个区间，具体分布情况如图20所示。

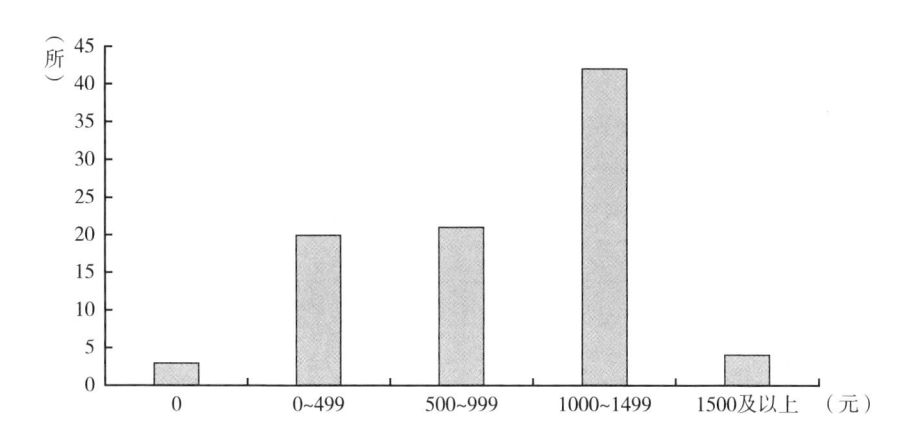

图20 雄安新区三年制幼儿园生均经费分析

雄安新区有42所三年制幼儿园生均费用分布在1000~1499元，占46.7%；21所三年制幼儿园生均费用分布在500~999元；20所三年制幼儿园生均费用分布在0~499元；3所三年制幼儿园生均费用为0元。

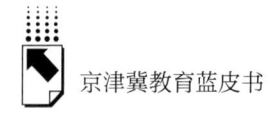

②两年制幼儿园

雄安新区有24所两年制幼儿园，其中有效数据20个，主要分布在2个区间，具体分布情况如图21所示。

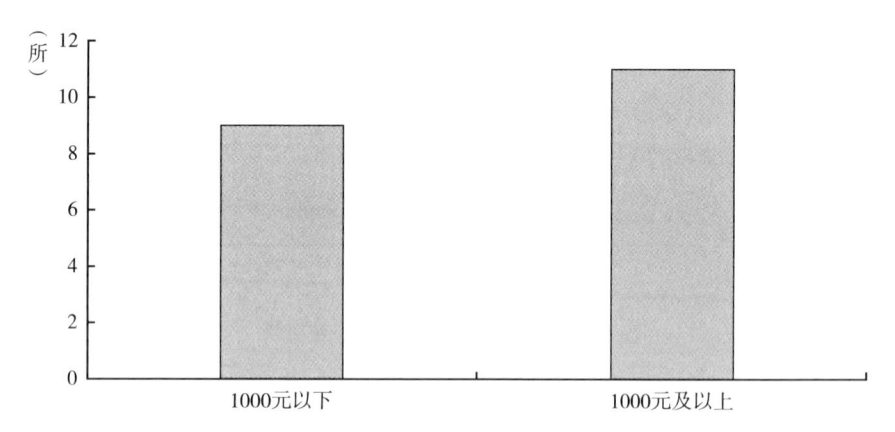

图21 雄安新区两年制幼儿园生均经费分析

雄安新区两年制幼儿园无0元生均经费数据，1000元以下生均经费学校数量为9所；1000元及以上生均经费数量为11所。

③教学点

雄安新区共有幼儿园教学点5所，生均经费详细情况分析如表9所示。

表9 雄安新区教学点生均经费统计

单位：元

学校名称	2017上教育生均经费
雄县张岗乡开口中心园	600
安新县安州镇桥北幼儿园	100
安新县老河头镇西喇喇地幼儿园	1000
安新县同口镇王岳幼儿园	140
任丘市苟各庄镇马召幼儿园	600

④特殊

雄县张岗乡方庄中心幼儿园较为特殊，属于新建幼儿园，还未进行招生，无生均费用。

（四）教育信息化建设情况

1. 学校多媒体设施情况

雄安新区516所学校中，现有351所学校已经安装了教室多媒体设施，占68%；其他154所学校未安装，占30%；有11所情况未知，占2%，属于无效数据，不参与统计。学校多媒体设施安装统计如图22所示。

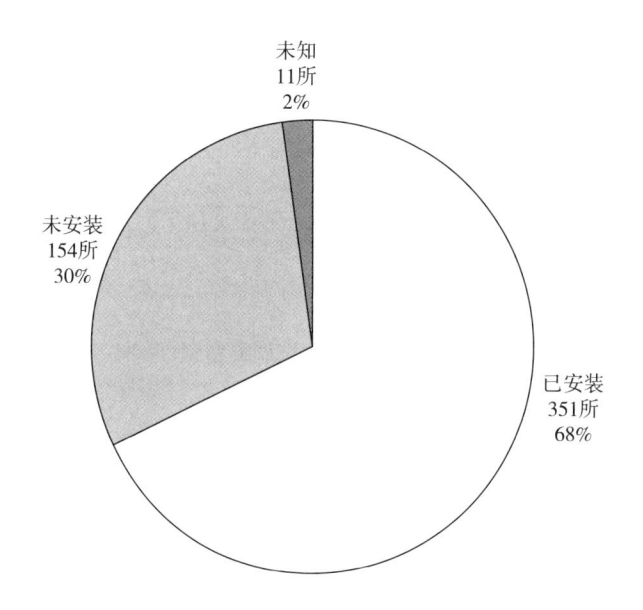

图22 雄安新区学校多媒体设施情况统计

2. 学校互联网带宽情况

雄安新区516所学校中，现有481所学校已安装宽带，占93%；5所学校尚未安装宽带，占1%；另有30所学校宽带情况未知，占6%，属于无效数据，不参与统计，如图23所示。

3. 学校是否有Wi-Fi设施情况

雄安新区516所学校中，现有145所学校没有Wi-Fi设施，占28%；353所学校有Wi-Fi设施，占68%；另有18所学校Wi-Fi情况未知，占4%，属于无效数据，不参与统计，如图24所示。

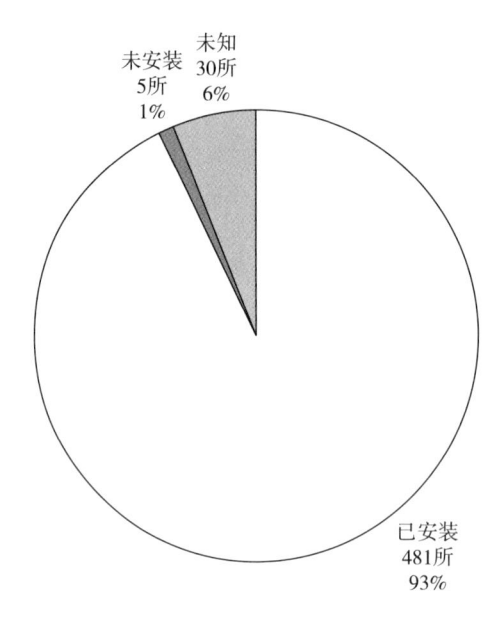

图 23　雄安新区学校互联网宽带情况统计

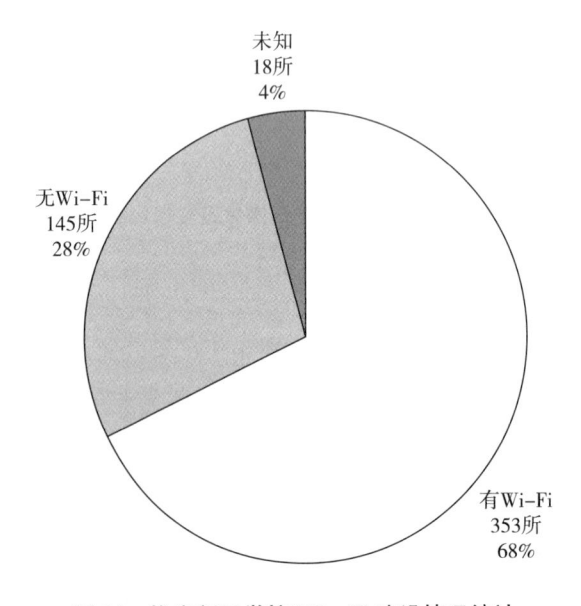

图 24　雄安新区学校 Wi–Fi 建设情况统计

4. 学校是否有微信公众号情况

雄安新区 516 所学校中，现有 75 所学校有微信公众号，占 15%，剩余 421 所学校均无微信公众号，占 82%，另有 20 所学校为无效数据，占 4%，不参与统计，如图 25 所示。

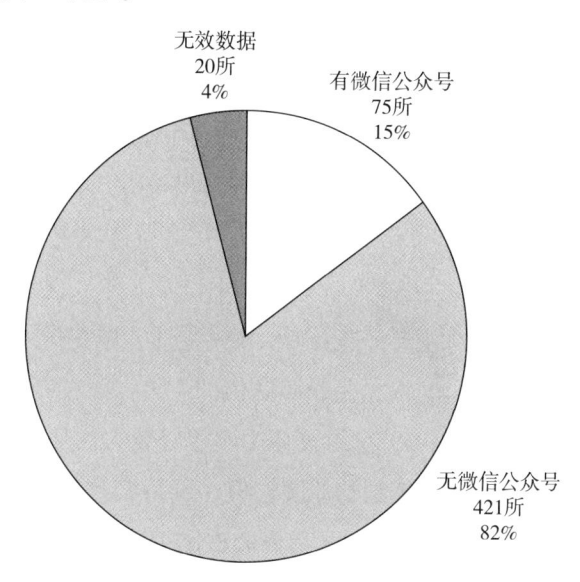

图 25 雄安新区学校微信公众号拥有情况统计

四 主要结论

（一）学校类型多样化

雄安新区的学校中，除了有 4 所普通高中、3 所职业高中、2 所完全中学、33 所初级中学、7 所九年一贯制完整学校、250 所完全小学、121 所三年制幼儿园这样明确分类种类的学校之外，还有 3 所九年一贯制非完整学校、13 所不完全小学、37 所教学点小学、3 所幼小一贯制学校、24 所两年制幼儿园、5 所幼儿园教学点等不能明确分类种类的学校。

作为一个农村地区，雄安教育还处于发展初期，学校类型多样是由于学

校发展不完整造成的,存在着大量教学点或不完整学校,不完整学校规模过小、人员不足、设备设施欠缺,有的甚至不具备严格意义上的办学条件,勉强维持孩子的入学需求,严重影响了当期的教育质量提升,也导致了当地教育发展不均衡、优质教育资源严重匮乏等问题。

(二)教师结构不合理

雄安新区中小学与幼儿园男女教师比例为1:3.23,其中,中学男女教师比例为1:1.80,小学男女教师比例为1:4.76,幼儿园男女教师比例为1:10.98。雄安新区的普通高中和完全中学,30~39岁的教师比例相对较大,是教师队伍的主体;而在初级中学、职业高中以及九年一贯制不完整学校中,40~49岁的教师比例相对较大,是教师队伍的主体。雄安新区的不完全小学,30~39岁的教师比例相对较大,是教师队伍的主体;而在完全小学、教学点及幼小一贯制学校中,40~49岁的教师比例相对较大,是教师队伍的主体。无论是三年制幼儿园还是两年制幼儿园,40~49岁都是教师队伍的主体。在剔除无效数据后,雄安教师中专科学历人数占比41.10%;本科学历人数占比46.58%;研究生及以上学历人数占比0.91%,教师学历整体不高。

雄安新区现有学科带头人教师323人,占专任教师总人数的2.9%;现有学科骨干教师882人,占专任教师总人数的8.0%。学科带头人教师和骨干教师占比10.9%,与高级职称教师人数基本吻合。从教师职称分布报告和学科带头人、骨干教师的数目分布来看,高级职称教师和学科带头人教师、骨干教师占比均不高。中学(尤其是普通高中)领军式教师相对多,但小学和幼儿园领军式教师相对太少。

从总体上看,雄安教育的教师队伍存在着年龄、学历、职称结构不合理的问题,特别是骨干教师队伍数量偏低,并且这些骨干教师分布不均衡,集中在城区的个别大校、名校里,这就严重影响了当地教育质量的提升。师资队伍已经成为影响当地教育质量提升最重要的要素之一,没有好老师难有好的教育,没有好老师难以吸引生源、留住好生源,这就会导致长期以来当地教育在低水平循环运行。

（三）生均经费不均衡

雄安新区四所普通高中的生均经费分别是 1300 元、1950 元、7919 元、11200 元；3 所职业高中的生均经费分别是 102.7 元、2540 元、14000 元；2 所完全中学的生均经费分别是 1093 元、1188 元；33 所初级中学中有 20 所学校生均经费为 885 元；250 所完全小学中 192 所小学生均经费为 685 元；151 所幼儿园中生均经费有效数据为 115 所，其中 54 所幼儿园的生均经费主要集中在 1000~1500 元。

我国农村地区，生均经费普遍偏低，但雄安教育的生均经费严重不足，只能维持基础教育的低水平运行，教育教学设施和办学条件改善难以进行。学校图书存量极为有限，体育艺术设施严重不足，导致学校素质教育难以开展。

（四）学校规模差异大

调研数据显示，雄安新区 516 所学校中共有学生 183198 人。其中 4 所普通高中共有学生 12203 人；3 所职业高中共有学生 2963 人；2 所完全中学共有学生 3501 人；33 所初级中学共有学生 29357 人；8 所九年一贯制完整学校共有学生 11594 人；3 所九年一贯制不完整学校共有学生 1898 人；250 所完全小学共有学生 99310 人；13 所不完全小学共有学生 1805 人；37 所教学点小学共有学生 4308 人；121 所三年制幼儿园有共学生 16670 人；24 所两年制幼儿园共有学生 1985 人；5 个幼儿园教学点共有学生 112 人。从在校生规模来看，雄安新区的四所普通高中学生数目很多；但多数初中、小学、幼儿园的规模不大，学生数目也不多。

从学生人数分析，目前初中、小学、幼儿园整体人数相对均衡，能满足学生升学需求。但高中和职业学校在校生人数远远少于初中在校生人数，高中学位紧缺。雄安教育整体规模庞大，将近 20 万中小学生分布在 500 多所学校内，办学规模差异较大，有些学校规模过小，增加办学成本，又难以形成办学效益，教育教学研讨活动、校本教研也难以开展，教师专业发展和教育质量更是没有保障体系。

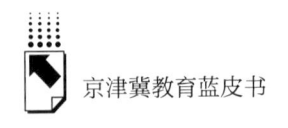

（五）办学条件不充分

调研发现，有 1 所九年一贯制完整学校、21 所完全小学、3 所不完全小学、10 所教学点小学、16 所三年制幼儿园、3 所两年制幼儿园、1 所幼儿园教学点无操场。目前，仅有容城县容城镇沟西小学、雄县第三小学、安新县明珠小学、安新县端村学校、雄县幼儿园这 5 所学校有室内运动馆，其他各学校均无此设施。

可见雄安新区很多学校的操场不能满足学生的活动需求，还有一些学校没有操场，多数学校没有室内运动馆。体育设施如此，艺术设施也极为匮乏，学校教育只能集中在德育和智育方面，体育和美育活动开展起来困难重重，长此以往，导致培养学生的非全面发展，党的教育方针难以真正落实，也难以办成人民群众满意的优质教育。

（六）信息化水平较低

516 所学校中，有 154 所学校未安装多媒体设施，占 30%；多数学校网络宽带分布于 51～100M 水平区间；有 145 所学校没有 Wi-Fi 设施，占 28%；只有 75 所学校有微信公众号。

发展教育信息化，对雄安教育而言还是一个美好愿望。雄安教育信息化发展几乎是"零起点"。无论是网络还是基础设施，雄安教育目前都还不具备条件，迫切需要政府、社会和企业加大投入，硬件软件并举，从根本上改变教育信息化发展现状，同时加大师资培训，不断提高教师运用教育信息化手段，改变教育现状的能力与水平。

五 政策建议

（一）加快改善办学条件

从办学类型、教室数量、操场面积等方面来看，雄安新区的办学条件是极为有限的，迫切需要不断改善各类学校的办学条件，特别是学校专业教室、艺术设施和体育场馆等改善建设工作。结合《河北雄安新区规划纲要》的指导精神，梳理各种类型学校服务范围，规范学校分类布局。同时，挖掘各类学校（尤其是建校时间超过40年以上学校）的历史文化，继承雄安教育的历史文化精神，继往开来，在继承基础上开拓发展。

（二）提升教师专业化水平

加快出台优秀教师引进和培养政策，面向全国在职教师和高校应届毕业生进行招聘。面向全国聘任一些虽然退休但有能力有热情发挥余热的老师们进行跟岗指导和教学示范。同时，加大现有教师的培养力度，对接京津冀优质学校，引入区域集体科研和教研制度，实行跟岗培训、师带徒等方式，切实提升现有教师的教育教学能力。

（三）加快优质高中建设

目前，雄安高中规模远远不能满足需求，高中教育需求量大，在义务教育普及的基础上，迫切需要扩大普通高中教育规模，加快职业高中发展，满足人民群众对优质高中阶段教育的需求。办好高中教育，既能够为当地培养实用人才，又能够带动义务教育发展，成为基础教育的领头羊，成为"牵一发而动全身"的基础教育工程。办好高中教育，充分发挥高中教育对基础教育的带动作用，让人民群众在短时间内看到教育希望，能够从根本上改变当地的基础教育现状。

（四）加大教育信息化设施建设

加大教育信息化投入，用好网上教育资源及网上或远程教育课程，在短时间内彻底改变教育现状。加大教育信息化设施的配备，拓宽互联网带宽，用"互联网+"的方式改变教育教学现状。借助"互联网+"的形式，引入京津冀的教育对口支援（如同课异构等网络教学直播方式），精准帮助学

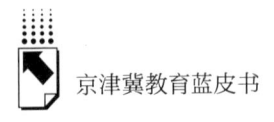

科教师根据教学任务提高教学水平，拓展各个学生学习资源，提高学生的自主学习能力，促进教育专业发展。

（五）加大教育经费投入

结合国家相关要求，对照北京、天津等发达地区标准，根据不同学段需求，不断加大教育投入，提高生均经费。生均教育经费过低，严重制约了教育质量和教育水平的提高，迫切需要动员社会、企业等各方力量，建立"雄安教育发展基金会"，多方面、多渠道筹措教育经费，为改善教育教学设施、教育教学改革和教师专业发展等提供基本的教育经费保障。

专题篇
Special Topics

B.6
京津冀义务教育均衡发展评价指标体系研究

雷 虹*

摘 要： 开展京津冀义务教育均衡发展评价对于推动三地义务教育均衡发展非常重要。本文在把握我国义务教育均衡发展内涵与政策取向的前提下，借鉴以"国家义务教育基本均衡指标体系"和"国家义务教育优质均衡指标体系"为代表的我国义务教育均衡发展评价指标体系建构的经验，结合京津冀义务教育均衡发展政策取向与三地在经济社会发展基础、义务教育发展基础、义务教育均衡发展水平方面的显著差距，尝试提出推进京津冀义务教育均衡发展的基本思路：必须推动三地义务教

---

* 雷虹，北京教育科学研究院教育发展研究中心副研究员，主要研究领域为教育规划、教育政策。

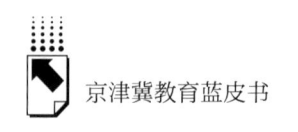

育高质量发展；必须以河北主动发展为基础，促进京津两地带动河北发展；可按河北省县域基本均衡——河北省县域优质均衡——河北省城市间均衡——京津冀协调发展的路径逐级推进。进而提出京津冀义务教育均衡发展评价指标体系框架建构思路：以国家县域义务教育优质均衡发展评估指标体系为首要参照蓝本，结合已公布的三地义务教育协同发展行动计划，从资源配置、政府保障程度、教育质量、社会认可度、重点区域发展保障、三地基础教育深度融合、协作提升教师能力素质、优质基础教育资源共建共享等八个方面建构评价指标体系。

关键词： 京津冀　义务教育均衡发展　评价指标体系

推进京津冀义务教育均衡发展是三地教育协同发展的重要任务之一，目前此方面工作进展较为缓慢。我国义务教育均衡发展实践表明，开展相关评价对促进义务教育均衡发展是一种重要而有效的手段，但目前罕有京津冀义务教育均衡发展评价研究。本文在审视我国义务教育均衡发展内涵与政策取向、2000年以来我国义务教育均衡发展评价指标体系典型研究与实践、京津冀义务教育均衡发展政策取向与发展差距现状的基础上，尝试初步提出了京津冀义务教育均衡发展评价指标体系的建构思路。

一　我国义务教育均衡发展的内涵及政策取向

（一）义务教育均衡发展的内涵

关于教育均衡发展的内涵，目前我国学界尚未形成统一的定义。综合分析学者的观点，其中的"均衡"主要借鉴经济学和哲学领域的相关概念，哲学领域的"均衡"强调某一事物或某一系统各要素之间的协调与匹配，经济学领域的"均衡"指经济体系中处于变动状态的各种力量处于平衡状态,但这种静止与平衡是暂时的,事物或系统的发展通常将按照"不平衡—平衡—新的不平衡—新平衡"的模式螺旋式发展。不同的学者因学科背景或视角不同对"教育均衡发展"的理解不尽相同,但从教育政策研究角度来看,本文认为以下的界定较为全面而严谨,即教育均衡发展是指通过法律法规确保给公民或未来公民以同等的受教育的权利和义务,通过政策制定与调整及资源调配而提供相对均等的教育机会和条件,以客观公正的态度和科学有效的方法实现教育效果和成功机会的相对均衡。①

为了更好地理解教育均衡发展,还必须明确两个问题。

一是教育均衡发展不应与教育公平混为一谈。虽然教育公平是教育均衡发展的理论基础,但随着教育均衡发展的内涵日益丰富,在关照公平目标的同时,还应越来越多地考虑到如何处理公平、质量、特色等诸多价值之间的平衡问题,与政策运用结合更紧密。

二是教育均衡发展不是平均主义。教育均衡发展并非"削峰填谷"式的绝对均等,高质量的发展才是最终目的。所谓的均衡强调的是系统的一种协调状态,其中的不均等程度应逐步缩小,并最终达到可接受的标准。

教育均衡发展的内涵界定常因教育类型及发展阶段不同而有所变化。义务教育作为国家必须保障的公益性事业,具有鲜明的基本公共服务属性,即公共性、普惠性、社会公平性,因此与其他类型教育相比,义务教育均衡发展更强调政府为所有社会成员提供基本的、与经济社会发展水平相适应的、能够体现公平正义原则的大致均等的教育公共服务。

(二)义务教育均衡发展的政策取向

1. 由起点公平逐步向结果公平转型

我国从 1985 年提出普及义务教育,到 2000 年"两基"(基本实施九年义务教育和基本扫除青壮年文盲)任务基本实现,再到 2010 年底全国所有

---

① 于建福:《教育均衡发展:一种有待确立的教育理念》,《教育研究》2002 年第 2 期。

县级行政单位全部实现"两基"任务，义务教育均衡发展的初级目标，即保障所有适龄儿童受教育机会均等的目标已基本实现，我国义务教育整体上解决了"有学上"的问题。

从1993年《中国教育改革和发展纲要》开始，我国就提出要推进学校办学条件的标准化，加强师资培养培训和奖励优秀教师，强化学校质量评估等举措，这些政策导向均体现出在关注义务教育起点公平的基础上，也在筹划为推进过程公平创造条件。21世纪初以来，推进城乡间、区域间、校际间教育资源的均衡配置已经成为我国基本实现"两基"普及任务后的主要政策导向。经过十几年的努力，我国义务教育学校办学条件有了巨大的改善，城乡间、区域间、校际间的教育资源配置差距在不断缩小，按照教育部推进义务教育均衡发展的时间表，2012年左右全国实现区域内的"初步均衡"，即在办学条件方面至少都要达到底线要求。

从2010年开始，我国陆续出台了一系列旨在加快推进义务教育均衡发展的重要专门性政策文件，推进"以质量为核心的优质均衡"的政策导向日益明朗，这标志着我国义务教育均衡发展在逐步关注过程公平的同时，也在积极探索促进结果公平。《国家中长期教育改革和发展规划纲要（2010－2020年）》就明确强调以质量为核心，以公平为重点，试行教育均衡改革。2010年，《教育部关于贯彻落实科学发展观进一步推进义务教育均衡发展的意见》指出，"我国义务教育已经全面普及，进入了巩固普及成果、着力提高质量、促进内涵发展的新阶段"，并提出"以提高教育质量、促进内涵发展为重点，推进义务教育均衡发展"。国内主要发达地区在实现县域"基本均衡"任务后，纷纷开始将"优质均衡"作为自身的义务教育均衡发展目标。这种优质均衡的政策初衷是为了巩固义务教育基本均衡发展的成果，整体提升标准化建设水平和教育质量，进一步缩小城乡、校际差距。

2. 以推进县域均衡为突破口，强调加强省级统筹

义务教育均衡发展存在多个层次，主要包括区域间均衡、校际均衡、群体间均衡，其中区域间均衡常常涉及省域间、省域内市县之间、城乡间、县域内。无论何种区域间差异及群体间差异，最终都聚焦于校际差异，因此解

决校际不均衡问题是关键。早期的义务教育均衡政策主要从宏观角度关注全国几大地理分区和经济分区①之间的差距及城乡之间的差距，典型举措是扶持中部和西部地区等弱势地区，特别是贫困地区、少数民族地区。例如，1998年《面向21世纪教育振兴行动计划》提出，实施国家贫困地区义务教育工程，加大教育薄弱地区扶持力度。但实践证明，由于我国幅员辽阔和长期以来的城乡二元结构，导致地区间、城乡间经济社会发展很不匀衡，想在短期内消除义务教育发展省际、城乡间差异以及校际差异几乎是难以实现的任务。2001年以后，我国义务教育逐渐开始实行"国务院领导，省、自治区、直辖市人民政府统筹规划实施，县级人民政府为主管理的体制"，县域这一行政单位无论从经济发展水平上，还是从事权和财权的结合上，都具有较好的统一性，因此优先推进县域内的城乡均衡和校际均衡无疑是一种好的现实选择。《中华人民共和国义务教育法》《国家中长期教育改革和发展规划纲要（2010－2020年）》《国务院关于深入推进义务教育均衡发展的意见》都要求我国义务教育必须强化以县为主的管理体制，均衡发展主要为县域内不同学校之间的均衡发展。在推进县域义务教育均衡发展的同时，我国还一直强调要加强省级政府的统筹，否则县域义务教育均衡发展可能进展缓慢或陷于低水平均衡，也可能导致县域间的均衡很难推进。

3. 外延式发展向内涵式发展转变

在推进义务教育均衡发展早期阶段，政策逻辑主要是采取外延式发展，即扩大教育资源供给、推动物质性教育资源配置的均衡。2006年新修订的《中华人民共和国义务教育法》就提及促进义务教育均衡发展的主要方式是合理配置教育资源，改善薄弱学校办学条件，缩小校际办学条件差距。当追求物质性教育资源（主要是必需的教育经费投入和基本的办学条件）数量

---

① 中国区域地理，其划分因时代、研究重点、综合性与可比性考虑，存在多种多样的划分方式，每种方式主题和重点各不相同。从地形、气候、人文、经济等因素考虑，我国长期以来通常将全国划分为七大地理地区：东北、华北、华东、华中、华南、西南、西北。根据我国经济社会加速发展的新形势，全国分为四大经济区域：东部地区、东北地区、中部地区和西部地区。各地区经济社会发展的主要内容为：西部开发、东北振兴、中部崛起、东部率先发展。

上的均衡取得阶段性成效后，政策重点转向关注优质教育资源的均衡配置，这种优质教育资源除了包括传统的物质性教育资源以外，更侧重于师资、学校办学理念、学校特色文化等非物质性教育资源。随着我国义务教育越来越强调"着力提高质量、促进内涵发展"，一些地区的教育决策机构也逐渐认识到优质教育资源的均衡配置虽然非常重要，但并不一定能带来优质而均衡的教育结果，仅依靠外部资源的支持、倒逼式被动发展和同质化发展很难真正促进义务教育的优质均衡发展。因此，"资源均衡阶段学校的外延式发展、依附式发展和同质化发展模式，必须转变为质量公平阶段的内涵发展、自主发展和特色发展模式"。[①] 义务教育内涵式均衡发展必然要求教育政策更加关注学校、课程、学生、教师等微观层面的改革，重视挖掘自身资源的潜力与特色。

二 对2000年以来我国义务教育均衡发展评价指标体系典型研究的审视

综观2000年以来有关我国义务教育均衡发展评价指标体系的研究，专门针对省际义务教育均衡发展的评价指标体系鲜见，绝大多数研究针对的是县域内的义务教育均衡发展。已有典型研究在指标和标准的设置、方法的选取等方面可为京津冀义务教育均衡发展评价指标体系的建构提供有益借鉴。

（一）评价维度主要关注机会、资源配置和质量的均衡

2000年以来，我国学术界出现了翟博、王善迈等一批比较有代表性学者所做的有关教育均衡发展评价指标体系的研究。我国教育均衡发展评价指标体系研究初期以机会均等和资源配置均衡为主要评价维度，随着国家政策重点的转向，教育质量均衡也逐渐成为教育均衡评价的重要维度。学者翟博的研究旨在对教育均衡发展进行全面评价，评价维度包括入学机会均衡、资

---

① 冯建军：《义务教育均衡发展方式的转变》，《中国教育学刊》2012年第3期。

源配置均衡、教育质量均衡、教育成就均衡四个方面,其下包括26个二级指标和45个三级指标。①学者王善迈的研究从教育公平的角度出发,以受教育权和入学机会公平、公共教育资源配置公平、教育质量公平、群体间教育公平为核心建构了与教育均衡相关的评级指标体系②。于发友、赵慧玲等学者则以环境均衡度、城乡均衡度和结果均衡度为一级指标建构了县域义务教育发展均衡度综合指标③,这其实也没有脱离机会均等、资源配置均衡、质量均衡的框架。总体而言,学术界的研究相对偏理论化、理想化,可能存在转化成政策后实践操作难度较大、成本较高的特点,但却为相关教育政策及评估办法的研制提供了重要的启发和参考。

随着义务教育均衡发展进程的推进,国家和各省也陆续出台了一系列义务教育教育均衡发展指标体系。2006年国家教育督导团公布《国家教育督导报告2005》,指标包括生均预算内教育事业费、生均预算内公用经费、生均校舍建筑面积、生均教学仪器设备值、教师学历合格率、中级及以上职称教师比例等指标,对全国及省内城乡间、县际义务教育公共资源配置均衡情况进行了研究。④教育部2012年出台的《县域义务教育均衡发展督导评估暂行办法》(以下简称"国家义务教育基本均衡指标体系")和2017年出台的《县域义务教育优质均衡发展督导评估办法》(以下简称"国家义务教育优质均衡指标体系"),在上述基础上,又持续升级,更符合当前和此后较长一段时期我国义务教育均衡发展的政策重点和趋势,比较具有权威性,提供了我国义务教育均衡发展评价指标体系建构的基本参照模板,明确了义务教育均衡发展的阶段性目标,具有鲜明的政策导向性和实践针对性。

"国家义务教育基本均衡指标体系"目的在于建立县域义务教育均衡发展督导评估制度并实施,因此评估内容在兼顾相关理论的同时,推动实践的取

---

① 翟博:《教育均衡发展理论、指标及测算方法》,《教育研究》2006年第3期。
② 王善迈:《教育公平的分析框架和评价指标体系》,《北京师范大学学报》2008年第3期。
③ 于发友、赵慧玲、赵承福:《县域义务教育均衡发展的指标体系和标准建构》,《教育研究》2011年第4期。
④ 国家教育督导团:《国家教育督导报告2005——义务教育均衡发展:公共教育资源配置状况》,http://www.moe.gov.cn/srcsite/A11/s7057/200603/t20060310_81661.html。

向更浓,既包括对县域内义务教育校际间均衡状况评估,也包括对县级人民政府推进义务教育均衡发展工作的评估,此外将公众对县域义务教育均衡发展的满意度评估作为参考性维度纳入指标体系。其一,从本县域内义务教育校际间均衡状况评估来看,重点围绕教学用房、仪器设备、图书、师资配备等教育资源的均衡配置设置了一些相对指标,主要包括:生均教学及辅助用房面积、生均体育运动场馆面积、生均教学仪器设备值、每百名学生拥有计算机台数、生均图书册数、师生比、生均高于规定学历教师数、生均中级及以上专业技术职务教师数。其二,从县级人民政府推进义务教育均衡发展工作评估来看,主要包括对入学机会、保障机制、教师队伍、质量与管理四个维度进行评估。其中,入学机会主要关注弱势群体的入学机会;保障机制突出的是政府是否负担起基本的发展责任并向薄弱地区、薄弱学校倾斜;教师队伍建设强调要保证教师的待遇、配备、交流轮岗和培训;质量与管理的切入点是是否开齐开足课程、义务教育巩固率、学生体质健康合格率、缓解择校、减轻学生过重课业负担。其三,从公众对本县域义务教育均衡发展满意度调查来看,调查内容主要涉及适龄儿童少年就近入学、校际间办学条件均衡程度、校际间教师队伍建设情况、义务教育择校情况、政府的尽责程度等。①

"国家义务教育优质均衡指标体系"是在全国近80%的县通过义务教育基本均衡发展督导评估后提出的。它以"促进公平、提高质量"为核心,一方面,旨在对此前的均衡发展成果有所巩固,进一步提高标准化建设水平,不断扩大优质教育资源覆盖面,进一步缩小校际差距;另一方面,更加注重教育质量的整体提升,并将工作重心深入到学校管理和课程教学层面。这一指标体系的总体框架延续了"国家义务教育基本均衡指标体系"的四个维度,但具体指标设置更新更全,要求更高,不仅更关注教育质量,也试图对未来教育发展方向有所引领。其一,在资源配置评估方面,删除了基本均衡阶段关注的一些常规性指标,如生师比、生均中级及以上专业技术职务

---

① 教育部:《县域义务教育均衡发展督导评估暂行办法》,http://old.moe.gov.cn//publicfiles/business/htmlfiles/moe/moe_1789/201205/136600.html。

教师数、每百名学生拥有计算机台数等，新增每百名学生拥有县级以上骨干教师数、每百名学生拥有县级以上骨干教师数、每百名学生拥有体育和艺术课程专任教师数、每百名学生拥有网络多媒体教室数等指标。其二，在政府保障程度评估方面，较以往要求的更加详细和具体，包括学校规划布局合理、推进城乡义务教育一体化"四统一"、强化音体美专用教学空间配置、规范学校规模和班额、微型村小和教学点，以及特殊学校的生均公用经费核定、义务教育学校教师工资待遇和培训及编制和轮岗、公办学校就近入学率、优质高中学位资源配置等内容。其三，教育质量评估方面，重点关注义务教育巩固率和残疾儿童入学率、学校管理的规范化和文化建设水平、学校对教师培训的重视程度和学校的设备利用水平、教师的信息化水平、学生学业质量、学生综合素质发展水平。其四，在社会认可度调查方面，强调考察社会对县级人民政府及有关职能部门落实国家关于义务教育均衡的一系列政策要点的认可度，特别强调公众对主要违规违纪、弄虚作假情况的监督和评价。[①]

（二）评价主体与方法日趋多元、灵活

1. 评价目的与主体

围绕义务教育均衡发展开展的评价研究与实践，评价目的和主体不尽相同。评价目的大体分为三类：一是为了衡量义务教育均衡发展水平，二是为了评价义务教育均衡发展具体政策的实施效果，三是前两者兼而有之。第一种情况的评价主体多为专业研究者，第二种情况和第三种情况的评价主体主要是政府。"国家义务教育基本均衡指标体系"和"国家义务教育优质均衡指标体系"均明显体现了第三种评价目的，其评价主体是政府，它与我国义务教育改革发展的实践需求相契合。

对于以政府为主体的义务教育均衡发展评价而言，其中还涉及政府主体多元化和第三方评估机构的参与。以"国家义务教育基本均衡指标体系"

[①] 教育部：《县域义务教育优质均衡发展督导评估办法》，http://www.moe.edu.cn/srcsite/A11/moe_1789/201705/t20170512_304462.html。

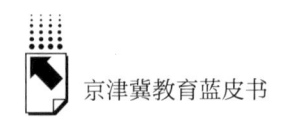

为例，其中县级政府对本县情况进行自评，地市级政府复核，省级政府根据国家的总体要求制定本省的均衡标准并对各县进行督导评估，国家教育督导团对各省（区、市）报送的申请材料进行审核，并组织实地检查，教育部对义务教育发展基本均衡县进行认定。第三方评估机构则可在各个环节以政府委托服务的方式参与其中。

2. 测算方法

在统计学上，均衡水平是指数据间的离散程度，即各个变量距离中心值有多远，既包括绝对差异，也包括相对差异。测算均衡程度的方法多种多样。由于我国义务教育均衡发展主要还处于推进基本均衡阶段，大量相关研究选取的指标集中于传统资源配置范围，从国内有公开数据的常规统计指标中筛选，因此以定量方法进行测算，倍率、差异系数、基尼系数是最常被采用的方法，三种方法各有优点与不足。倍率是一组数据中最大值与最小值的比例，是衡量相对差异的常用方法，其优点在于容易计算、通俗易懂，缺点在于准确性容易受到极值的影响，因此这种测算方法并非好的选择。差异系数是一组数据的标准差与平均值之比，计算涉及全部数据样本，易于计算，能反映总体相对差异，但要求所用数值必须为正数，如果算数平均值为零或接近零，差异系数就失去计算价值。基尼系数反映总体差异，取值在0~1，也利用所有数据样本，但计算量非常大，结果不易于理解，如果不将基尼系数值与本区域其他指标或其他区域的相同指标进行横向比较，将很难对该基尼系数值所代表的均衡程度做出合理判断。

除了设置客观指标，直接用定量方法进行测算外，在义务教育均衡发展程度评价中，也逐渐纳入了一些主观指标，并对其进行定性评价或定量评价。"国家义务教育基本均衡指标体系"和"国家义务教育优质均衡指标体系"中均引入了"社会认可度"这种主观态度的评价，此外，在政府保障程度、教育质量与管理等评价维度中也设计了一些目前指标内涵难以清晰界定、不易对其进行精确定量评价的指标。

3. 评价标准

在以往的义务教育均衡发展评价研究中，既有只比较不设标准的，也有在比较的同时还提出均衡水平标准的，特别是合格性评估通常需要制定底线标准。"国家义务教育基本均衡指标体系"和"国家义务教育优质均衡指标体系"均属于合格性评估，这两个评价指标体系综合运用了前摄标准（入门标准）、标准逐步精确化、标准提升等多元化方式进行评价，不只体现了达标要求，也反映了均衡水平的提升。

其一，入门标准设置。义务教育发展基本均衡县评估规定，应在其义务教育学校达到本省（区、市）义务教育学校办学基本标准后进行。义务教育优质均衡发展县认定必须通过国家义务教育基本均衡发展认定三年以上，基本均衡发展认定后年度监测持续保持较高水平。

其二，标准逐步精确化。对于义务教育发展基本均衡县的评估认定，教育部要求县级人民政府推进义务教育均衡发展工作评估得分在85分以上、小学和初中的差异系数分别小于或等于0.65和0.55，具体指标体系中大量指标并未设定明确标准，具体评价标准由各省自己制定。"国家义务教育优质均衡指标体系"对于绝大多数指标都给出了明确的标准，甚至对每一部分评价要达标的指标个数也提出了严格要求。

其三，标准提升。"国家义务教育优质均衡指标体系"将小学和初中的差异系数标准分别提至0.50、0.45，并且对于各具体指标设定的标准也力求体现"高水平、高均衡"的发展要求。

三　京津冀义务教育均衡发展政策取向与差距现状

（一）政策取向

京津冀义务教育均衡发展的总体政策取向是服务于疏解教育领域非首都功能这一战略大局，逐步缩小三地义务教育发展水平的显著差距，进而努力实现三地基本公共教育服务资源协同优质发展。主要发展内容包括以下五方面。

其一，推进北京城市副中心教育资源建设。北京市秉承着"外引内升"的思路，引导中心城区优质教育资源支持通州建设一批优质学校，推动实施

促进通州区教师素质提升支持计划和基础教育质量提升计划,从而整体提升城市副中心的基础教育发展水平。拟推进城市副中心与河北廊坊北三县地区的教育统筹发展,引导优质资源多种方式向北三县地区延伸布局。

其二,全力推进雄安新区建设。对于义务教育而言,北京市要采取"交钥匙"工程的方式,利用自身的优质教育资源帮助雄安新区建设一批优质学校。此外,京津两地应利用自身的优秀管理团队、教师培育平台、课程共享等方式帮扶雄安地区整体提升学校教育质量。河北省则要配合京津地区的帮扶工作。

其三,强化区域基础教育深度融合。推动北京和天津两地的优质义务教育资源采取教育集团、联盟、结对帮扶、委托管理、办分校等多种方式,与河北省合作办学。支持在京央属高校与津冀两地共建基础教育学校。引导"通武廊"教育合作走向深入。落实对口帮扶任务,着力帮扶河北省10个深度贫困县。加强交流互学平台建设。

其四,协同提升师资专业素质。加快推进三地教师和学校干部互派挂职交流,三地在河北省合作培养名师名校长、共建教师培养培训基地。京津选派优秀教师对河北重点地区支教送教,提供系统化培训。落实和扩大津冀教师校长交流合作。

其五,大力推进优质教育资源共建共享。推动优质数字教育资源在三地之间的共建共享。推动校外教育资源的共建共享,例如社会实践基地、示范性综合实践基地、校外活动中心、青少年宫等在三地间免费或优惠开放。推动博物馆等公共文化设施的统筹使用。

(二)发展差距现状[①]

1. 经济社会发展基础差距显著

京津冀三地的人均地区生产总值、三次产业结构及人口数量、结构、分

---

① 此部分数据来源于《2018年中国统计年鉴》,http://www.stats.gov.cn/tjsj/ndsj/2018/indexch.htm.《教育部2017年教育统计数据》,http://www.moe.gov.cn/s78/A03/moe_560/jytjsj_2017/gd/index_1.html.《关于2017年全国教育经费执行情况统计公告》,http://www.moe.gov.cn/srcsite/A05/s3040/201810/t20181012_351301.html。

布等方面都存在很大差距,京津两地的经济社会发展水平明显高于河北省。"双高峰—低谷"的发展基础格局为三地均衡协同发展带来了巨大挑战。2017年北京市人均GDP为12.90万元,天津市人均GDP为11.90万元,河北省仅为4.54万元,京津两地分别为河北省高的2.8倍和2.6倍。2011~2017年,河北省与京津两地的人均GDP差距不但没有缩小,反而处于逐年拉大的趋势。2017年北京市第三产业比重为80.6%,第一产业比重为0.4%;天津市三次产业结构为0.9:40.9:58.2;河北省三次产业结构为9.2:46.6:44.2。北京市产业结构已呈现世界发达经济体的典型特征,天津市第三产业也接近60%,第一产业降到1%以下,河北省还处于第二产业领头、第一产业仍高达10%左右的局面。就常住人口规模而言,2017年河北省为7520万,北京市为2171万,天津为1557万人,河北省分别是北京市和天津市的3.46倍和4.83倍。北京市和天津市还是全国城镇化率最高的地区,2017年城镇化率分别达到86.5%和82.93%,河北省城镇人口比例仅为55.01%,远低于京津两地的水平,在全国31个省(自治区、直辖市)中位列第19名,处于全国中下水平。

2. 义务教育发展水平差距显著

其一,在校生规模:河北省占80%以上且乡村学生超三成。如表1所示,京津冀三地义务教育在校生规模中河北省是绝对主力,小学和初中均占三地在校生规模的80%以上,北京市义务教育在校生规模只占三地总量的10%左右,天津市占8%左右。由于京津两地的城镇化很高,因此乡村学生规模非常小,而河北省乡村学生比例仍高达31.06%,并且河北省还存在一批贫困县。

表1 2017年京津冀义务教育在校生规模

单位:万人

地区	义务教育阶段在校生总规模	小学	初中	义务教育阶段乡村学生规模
北京市	114.22	87.58	26.64	8.01
天津市	91.02	64.80	26.22	13.02
河北省	897.28	637.21	260.07	278.67
总 计	1102.52	789.59	312.93	299.70

其二，师资配备和学历水平，京津两地优势明显。如表2、表3所示，就义务教育阶段生师比而言，河北省师资配备明显没有京津两地充足，处于全国中等偏下水平，2017年小学和初中每名教师负担的学生数分别比北京市高3.84人和6.14人，京津两地之间差距并不大。就义务教育阶段专任教师学历水平而言，河北省与京津差距很大。2017年河北省小学和初中专任教师中本科及以上学历者所占比例分别比北京市落后40.41个百分点和12.79个百分点，特别是小学阶段河北省该比例才刚刚超过50%，天津市已接近80%，北京市已超过90%。

表2　2017年京津冀义务教育生师比

地区	小学	初中
北京市	13.58	7.73
天津市	15.06	9.76
河北省	17.42	13.87

表3　2017年京津冀义务教育专任教师本科及以上学历者比例

单位：%

地区	小学	初中
北京市	91.88	99.13
天津市	79.37	96.39
河北省	51.47	86.34

其三，生均公共财政预算经费水平：北京市遥遥领先，河北省与京津两地差距巨大。如表4所示，就义务教育生均公共财政预算教育事业费投入水平来看，2017年北京市小学和初中分别突破了3万元和5万元，天津市小学和初中分别接近2万元和3万元，河北省小学和初中才分别接近8000元和超过1万元，北京市作为该指标全国最高地区，与津冀两地差距显著，由于北京的增速还是三地中最快的，因此该指标的三地差距呈进一步扩大之势。如表5所示，就义务教育生均公共财政预算公用费投入水平来看，2017年北京市小学和初中分别超过了1万元和2万元，天津市小学和初中分别约为3649元和5000元，还不足北京市的一半，河北省小学和初中仅分别达到

1922元和2796元,分别相当于北京市的17.71%和13.14%。天津市该指标增长乏力,明显呈负增长,北京市仍增速最快,短期内河北省和天津市难以追上北京市的投入水平。

表4 京津冀义务教育生均公共财政预算教育事业费

单位:元,%

地区	普通小学			普通初中		
	2016年	2017年	增长率	2016年	2017年	增长率
北京市	25793.55	30016.78	16.37	45516.37	57636.12	26.63
天津市	18284.41	18683.78	2.18	29961.87	30949.79	3.30
河北省	7300.16	7914.19	8.41	10532.56	11441.39	8.63

表5 京津冀义务教育生均公共财政预算公用经费

单位:元,%

地区	普通小学			普通初中		
	2016年	2017年	增长率	2016年	2017年	增长率
北京市	10308.69	10855.08	5.30	16707.86	21282.49	27.38
天津市	4244.66	3649.46	-14.02	5790.51	5014.55	-13.40
河北省	1861.95	1922.14	3.23	2695.48	2796.80	3.76

3. 义务教育均衡发展水平差距显著

北京市于2015年4月全市16个区县一次性通过了国家基本均衡评估认定,天津市所有县也于同年通过国家基本均衡评估认定,是全国在上海、北京之后,第三个全域通过的地区。截至2018年底,河北省已有35个县通过了义务教育发展基本均衡县评估认定,尚不足全部县数的四成。由于国家义务教育发展基本均衡县评估的具体标准由各省根据自有基础进行制定,因此就京津冀三地已经通过国家义务教育发展基本均衡县评估认定的地区而言,实际的义务教育均衡发展水平也相差较大。

北京市在义务教育实现基本均衡发展后,很快进入推进优质均衡发展阶段。中共北京市委、北京市人民政府在2015年印发了《关于推进义务教育优质均衡发展的意见》,明确提出以均衡配置资源为重点,以提高教育质量

为核心,以体制机制改革为动力,以百姓获得和学生成长为最终目标,全面推进义务教育优质均衡发展。2017年教育部出台《县域义务教育优质均衡发展督导评估办法》,提出以教育质量为核心,以影响质量的相关要素为基本指标,提升评估标准,指导全国先进地区"优质均衡发展"。北京市于2018年2月印发了《北京市推进义务教育优质均衡发展督导评价实施方案(试行)》,提出自2018年开始,运用自行研制的监测评价工具,从组织领导、资源配置、队伍建设、教育治理、教育质量、创新发展六个方面开展区级人民政府推进义务教育优质均衡发展督导评价工作,而这一监测评价指标体系所涵盖的内容比国家文件中提及的更丰富,一些指标设定的评价标准高于国家标准。2018年7月天津市政府教育督导室印发《天津市关于深入推进义务教育优质均衡发展的实施意见》,拟到2020年全市义务教育学校全部达到《天津市义务教育学校现代化建设标准(2016-2020年)》,并实现内涵发展。

总体而言,京津冀三地目前处于义务教育均衡发展的不同阶段。北京市四年前高标准完成县域义务教育基本均衡任务,早已进入推进县域义务教育优质均衡发展阶段,形成了评价工具并已启动年度监测与评价;天津目前也已进入推进县域义务教育优质均衡发展阶段,但推进力度和速度与北京相比还存在一定差距;河北省整体还处于推进县域义务教育基本均衡发展阶段,全省所有县通过国家相关认定评估的任务还比较艰巨。

四 京津冀义务教育均衡发展评价指标体系建构思路

(一)均衡发展基本思路和评估目的定位

1. 对推进京津冀义务教育均衡发展基本思路的思考

我国推进义务教育均衡发展在空间上从小到大通常分为四个层次:县域内校际均衡、省域内县际间均衡、省域内市际间均衡、省际间均衡,随着空间范围的扩大,在教育发展实践中的推进难度也逐级跃升,上一级均衡的推进必须以下一级均衡发展为基础。京津冀义务教育均衡发展属于省域间均衡，它的实现也应遵循前述的由小空间到大空间依次推进的规律。京津冀义务教育均衡发展还有其特殊的发展基础和战略诉求：其一，京津冀义务教育均衡发展并非是两个省之间的均衡，而是涉及三个省之间的均衡，并且河北与京津两地在经济社会发展基础、义务教育发展水平和义务教育均衡发展现状方面落差很大，因此，三地之间的关系复杂、发展诉求短期内难以相互契合，京津冀义务教育均衡发展的推进难度要远大于彼此发展水平相近的长三角地区，其中河北省主要处于亟须被帮扶和提升的地位，京津两地则主要发挥先进带后进的作用，此外津冀还承担北京非首都功能疏解重要承载地的角色。其二，京津冀义务教育均衡发展并非是三地自发行为，而是国家重大战略——京津冀协同发展战略的一部分，远期战略目标是京津冀三地作为一个整体协同发展，从这个意义上讲，京津冀义务教育均衡发展不同于一般的省际均衡，要求三地结合更紧密、均衡程度更高。其三，京津冀义务教育均衡发展并非只强调均衡，共建共赢、三地均实现优质发展并整体成为新的发展高地才是核心要义，因此，"削峰填谷"式的发展绝不可行，即京津两地仍要加快自身的发展，保持国内领先、不断提升国际竞争力，同时还要千方百计尽快大幅抬高河北这块"洼地"，逐步缩小与京津的差距。

基于上述认识，本文认为推进京津冀义务教育均衡发展的基本思路可归结为以下三点。

其一，从战略意义和发展意义上理解京津冀义务教育均衡发展，必须认识到在很长一段时期内三地发展水平是难以趋同的，甚至差距还有进一步扩大的可能，因此，三地义务教育均衡发展最重要的意义不在于差距是否短期内缩小，而在于三地是否都实现了高质量发展，并且没有出现人为干扰某地降速发展。

其二，必须以河北主动发展为基础，促进京津两地带动河北发展。河北省不能走依附式发展和同质化发展的道路，必须增强发展的内原动力，并积极将外部的扶持真正转化为自身发展能力，坚持自身的特色。

其三，推进三地义务教育均衡发展可密切结合国家相关政策理念、内涵与具体路径。具体而言，可按照河北省县域基本均衡——河北省县域优

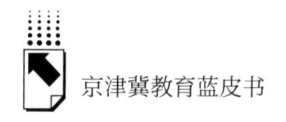

质均衡——河北省城市间均衡——京津冀协调发展的路径推进三地义务教育均衡发展。

2. 对评估目的与评估主体的思考

探讨京津冀义务教育均衡发展评价目的要明确三方面定位：一是这一评价既要评价京津冀三地的义务教育发展水平，也要评价均衡程度。二是这一评价并非单一的学术研究，而应服务于国家战略的推进和政府的相关决策需求，因此可借鉴国内现有评价指标体系的思路，既衡量均衡发展水平，也评价均衡发展举措的实施效果，可与京津冀义务教育协同发展政策紧密结合。三是通过这一评价主要实现三个目的，即促进河北省的发展，推动京津两地对河北的扶持，三地优质资源的共建共享。

评价主体可参照国家义务教育均衡发展评价的方式，分层建构多元化主体。例如，在仍以县为基本单位推进的阶段，可由县开展自评，地市级政府复核，各省级政府对各县进行督导评估，三省教育行政机构开展联合督导，第三方评估机构以政府委托服务的方式发挥专业作用。

（二）对指标框架的思考

京津冀义务教育均衡发展是一个螺旋上升的过程，发展的不同阶段所要解决的问题不同，评价指标的设置也会不同。目前，北京和天津两地已经进入义务教育优质均衡发展阶段，河北省还处于义务教育基本均衡发展阶段。从这个角度理解，此后较长一段时间，京津两地在推进自身义务教育优质均衡发展的基础上，帮扶河北省加快完成县域义务教育基本均衡发展任务并高效推进义务教育优质均衡发展，是当前京津冀义务教育均衡发展的政策实践基本内涵。本研究仅就这一阶段的指标体系进行构建：其一，总体框架可参照国家县域义务教育优质均衡发展评估指标体系的维度，对资源配置、政府保障程度、教育质量、社会认可度四个方面进行评估；其二，根据目前已公布的京津冀义务教育协同发展行动计划，将重点区域发展保障、三地基础教育深度融合、协作提升教师能力素质、优质基础教育资源共建共享四个方面纳入指标框架（见表6）。

表6 京津冀义务教育均衡发展评价指标体系框架

序号	一级指标	二级指标	评估标准
1	资源配置	每百名学生拥有高于规定学历教师数	小学≥4.2人 初中≥5.3人
		每百名学生拥有县级以上骨干教师数	小学≥1人 初中≥0.9人
		每百名学生拥有体育、艺术(美术、音乐)专任教师数	小学≥0.9人 初中≥0.9人
		生均教学及辅助用房面积	小学≥4.5㎡ 初中≥5.3㎡
		生均体育运动场馆面积	小学≥7.5人 初中≥10.2人
		生均教学仪器设备值	小学≥2000元 初中≥2500元
		每百名学生拥有网络多媒体教室数	小学≥2.3间 初中≥2.4间
2	重点区域发展保障	北京城市副中心：拟建学校和拟引入的优质资源按规划落实	
		通州区教师素质提升支持计划按计划落实	
		通州区基础教育质量提升计划按计划落实	
		注重城市副中心与河北廊坊北三县教育统筹发展	
		雄安新区：按《雄安教育发展合作协议》，如期落实北京"建3援4"项目：建设高水平幼儿园、小学、完全中学各1所，分别由北京市北海幼儿园、史家胡同小学、北京四中支持；4所援助学校(北京市第八十中学雄安校区、北京市朝阳区实验小学雄安校区、北京市海淀区中关村第三小学雄安校区、北京市六一幼儿园雄安园区)	
		河北省10个深度贫困县：京津落实教育对口帮扶项目，积极参与帮助河北省10个深度贫困县精准脱贫	
3	三地基础教育深度融合	京津优质中小学采取教育集团、学校联盟、结对帮扶、委托管理、开办分校等方式，与河北省中小学(幼儿园)开展跨省域合作办学的数量	
		在京部委属高校与天津市、河北省教育行政部门协作，共建附中、附小数量	
		三地开展学校(幼儿园)互访互学等活动数量	

续表

序号	一级指标	二级指标	评估标准
4	协作提升教师能力素质	按计划推进三地联合在河北省开展的"教师校长百千万工程"	
		按计划推进三地四所师范大学在河北省建设教师培养培训基地，重点在受帮扶的河北省21个县均建设一个教师培养培训基地	
		京津选派优秀教师到河北受帮扶地区开展支教送教人次，对受帮扶地区职业院校教师和管理人员开展系统化培训次数	
		按计划落实"河北省千名骨干校（园）长、教师赴京挂职学习"项目	
		按计划落实津冀教师校长交流合作框架协议，扩大津冀之间中小学骨干教师、校长交流合作	
5	优质基础教育资源共建共享	实施数字学校优质资源共享项目，推动优质数字教育资源面向三省市教师、学生全面开放	
		加强三地校外教育资源的统筹使用，共建中小学社会实践基地、示范性综合实践基地、校外活动中心、青少年宫等校外教育资源	
		加强三地体育、美育教育教学工作合作，建立青少年冰雪运动、校园足球等资源共建、共享机制，推动博物馆等公共文化设施向中小学生免费开放	
6	政府保障程度	县域内义务教育学校规划布局合理，符合国家规定要求	
		县域内城乡义务教育学校建设标准、教师编制标准、生均公用经费基准定额、基本装备配置标准"六统一"	
		学校配备音乐、美术专用教室	音乐专用教室：1间/12班，96㎡/间 美术专用教室：1间/12班，90㎡/间
		学校规模	小学、初中≤2000人，九年一贯制学校、十二年一贯制学校≤2500人
		小学、初中班额	小学≤45人/班 初中≤50人/班
		特殊教育学校生均公用经费	≥6000元

续表

序号	一级指标	二级指标	评估标准
6	政府保障程度	全县义务教育学校教师平均工资收入水平	不低于当地公务员平均工资收入水平;按规定足额核定教师绩效工资总量
		教师5年360学时培训完成率	100%
		全县每年交流轮岗教师的比例	≥50%,并向农村倾斜
		专任教师持教师资格证上岗率	100%
		城区和镇区公办小学、初中(均不含寄宿制学校)就近划片入学比例	小学=100% 初中≥95%
		全县优质高中招生名额分类比例	≥50%,并向农村倾斜
		全县符合条件的随迁子女在公办学校和政府购买服务的民办学校就读的比例	≥85%
7	教育质量	全县初中三年巩固率	≥95%
		全县残疾儿童少年入学率	≥95%
		学校制定章程,实现学校管理与教学信息化	100%
		全县所有学校安排教师培训经费	≥学校年度公用经费总额的5%
		教师运用信息化手段组织教学,设施设备利用率达到较高水平	
		所有学校德育工作、校园文化建设水平达到较高水平	
		课程开齐开足,教学秩序规范,综合实践活动有效开展	
		在国家义务教育质量监测中,相关科目学生学业水平	≥三级以上,且校际差异率<0.15
8	社会认可度	县级人民政府及有关职能部门落实教育公平政策、推动优质资源共享,以及义务教育学校规范办学行为、实施素质教育、考试评估制度改革、提高教育质量等方面取得的成效 社会认可度调查对象:学生、家长、教师、校长、人大代表、政协委员及其他群众	社会认可度>85%

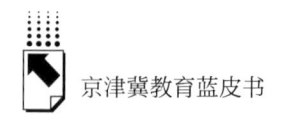

（三）对测算方式和评价标准的思考

1. 对测算方式的思考

京津冀义务教育均衡发展评价中，需要计算某些定量指标的均衡程度时，必须谨慎选择测算方法。计算均衡程度的多种方法各有优劣，目前看虽然差异系数是最主流的方法，但它也存在不足，如果将其与基尼系数等多种方法相结合、互相比较，得出的结果可能更稳定、更合理，当然不应局限于目前常用的方法，还应多挖掘更适合教育领域均衡测算的计算方法。在测算评价标准时，应进行较长周期的监测和综合分析。对于主观态度的测量应尽可能借鉴和研制专业的测量工具。目前关于京津冀义务教育协同发展的政策虽基本导向明确，但具体细节还存在较大变数，因此相关指标暂以定性评价为主。

2. 对评价标准的思考

其一，可设置前摄标准。在京津冀义务教育均衡发展进行阶段转换时，前摄标准的设立有利于巩固前期成果，给予转段升级以一定的准备空间。

其二，可逐步实现标准由模糊化转为清晰化。京津冀义务教育均衡发展评估初期的评价标准可相对模糊以及适当降低基线水平，当发展步入正规后再逐步向清晰化和高标准转型。

其三，将多维评价标准相结合。既要有关于均衡的标准，也要有衡量发展水平的标准；既可有核心标准，也可有参考标准。

其四，标准可逐步升级。尽管"北京市推进义务教育优质均衡发展督导评价指标体系"中某些指标的评价标准高于国家标准，但考虑到河北省的发展状况，仍先以国家标准作为评价标准，以后可根据发展水平进行升级。

B.7
京津冀基础教育合作进展与政策趋势研究

尹玉玲*

摘　要： 为深入推进京津冀三地基础教育合作，京津冀基础教育合作呈现出合作模式多样化，合作内容中心化，合作主体多元化的样态。合作取得初步成效，充分发挥了京津基础教育优质资源的辐射带动作用，有力推动了三地教育资源的配置和中小学校的协同发展。京津冀基础教育合作存在的难点问题，表现为教育资源整合优化配置难、优质教育资源造血机制生成难、三地教育资源地域界限打破难、三地学校深度合作模式建立难。未来，京津冀基础教育合作形式更加多样，合作内容更加丰富，合作效益更加明显，还需要从合作政策、合作模式、合作重点和合作资源开发上下功夫。建立健全政策体系推动有序有效合作，完善"通武廊"基础教育协同发展的有效模式，政府积极推动与学校积极主动融入相结合，京津协力拓宽河北新聘教师来源渠道，调动社会力量助推京津冀基础教育协同发展。

关键词： 京津冀　基础教育　协同发展

---

* 尹玉玲，北京教育科学研究院教育发展研究中心副研究员，主要研究领域为教育经济与管理，重点关注教育财政、教育政策、高等教育管理、高等教育国际化、学术职业等问题。

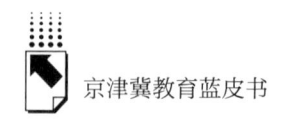

基础教育作为培养人才和提高国民素质的奠基工程，在很大程度上影响着京津冀协同发展的进程。京津冀基础教育合作，成为京津冀教育协同发展的重点。因此，作为"十三五"时期京津冀教育协同发展重点推进十大项目之一的"京津冀基础教育合作项目"，备受政府和社会各界的极大关注。自《"十三五"时期京津冀教育协同发展专项工作计划》发布以来，充分发挥京津基础教育优质资源的辐射带动作用，不断优化区域内基础教育学校布局，寻求多样化的教育合作模式，努力缩小区域教育发展差距。

一 京津冀教育协同对基础教育合作的政策要求

（一）《京津冀协同发展规划纲要》对基础教育合作的要求

《京津冀协同发展规划纲要》在"统筹社会事业发展"中提出，要"统筹教育事业发展。依托京津教育优势，完善区域教育合作机制，优化教育资源布局，发挥优质教育资源辐射带动作用，帮助河北提高教育水平。""调整优化京津冀行政区划设置，打破行政藩篱，促进资源优化配置。""支持民营企业与中央企业共同在京津冀地区发展混合所有制企业，在基础设施及公共服务设施建设运营领域推广政府和社会资本合作模式（PPP）。"

（二）三地开展基础教育合作的相关政策

2017年，京津冀三地联合召开京津冀教育协同发展工作推进会，发布了《"十三五"时期京津冀教育协同发展专项工作计划》《京津冀教育对口帮扶项目》《推进京津冀教育协同发展备忘录》。研究制定了《京津冀教育协同发展行动计划（2018—2020年）》。"京津冀基础教育合作项目"作为"十三五"时期京津冀教育协同发展重点推进的十大项目之一。根据《"十三五"时期京津冀教育协同发展专项工作计划》规定，"京津冀基础教育合作项目将鼓励采取教育集团、学校联盟、结对帮扶、委托管理、开办分校等方式，引导北京、天津优质中小学与河北中小学开展跨区域合作办学，将重点在基础教育、职业教育教学管理以及师资队伍建设等领域，对河北省张家口、承德、保定三市及21个贫困县进行对口帮扶。2020年前，三地将通过'手拉手'、建联盟校等形式组成100余对中小学校、幼儿园、职业学校。"

2017年，为了规范发展京津冀三地教育行政部门发挥指导中小学校、幼儿园发展的职能，先后出台了一系列政策，如《推进通武廊战略合作发展框架协议》《北京市通州区教育委员会、天津市武清区教育局、河北省廊坊市教育局关于开展教育协同发展的合作协议》《通州·武清·廊坊基础教育协同发展共同体章程》和《通州·武清·廊坊中等职业学校联盟章程》《通州·武清·廊坊幼儿园联盟章程》等，对不同类型教育组织的活动分别进行规定，实现了各合作组织的高起点对接。这些政策确定了三地以"合作共赢、协同发展"的方针开展教育合作；建立了轮值主席制度，调动各个学校的积极性，切实贯彻和落实三地协同发展的相关政策；明确了三地教育合作的具体内容和未来发展方向，为教育协同发展提供了实施路径和方向指引。

二　京津冀基础教育合作的进展

京津冀协同发展，教育是一项重要内容。自《"十三五"时期京津冀教育协同发展专项工作计划》、京津冀对口帮扶计划出台以来，三地推进基础教育合作，共享优质教育资源，促进教育协同发展上迈开的步子越来越大。

（一）合作模式多样化

以合作主体来看，京津冀基础教育合作的模式，主要有教育行政部门与中小学的合作、高校与中小学的合作、科研机构与中小学的合作、企业与中小学的合作。

1. 教育行政机构—中小学（幼儿园）合作模式

这一模式主要有中小学校（幼儿园）和地方教育行政机构两个主体。地方教育行政机构作为教育政策的制定者和实施者，一方面通过制定和实施

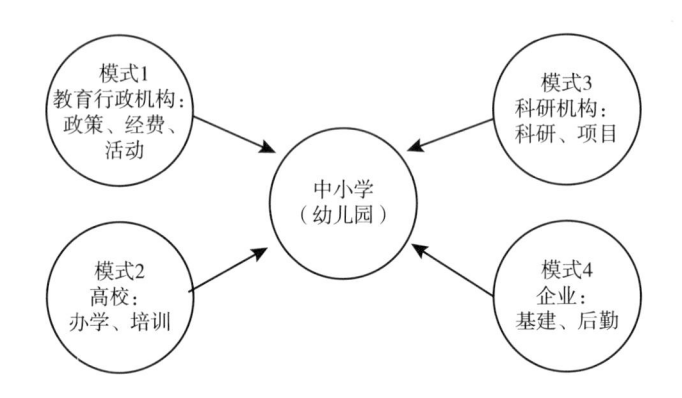

图1 京津冀基础教育合作的合作模式

相关的章程、准则等，增强三地中小学校、幼儿园合作的可持续性和规范性；另一方面，教育行政机构提供经费支持，通过专项拨款的方式，促进三地中小学和幼儿园教育的协同发展，为三地教育合作提供了可行性。同时，针对河北中小学校发展的不同需求，地方教育行政机构积极推动各类学校开展形式多样的教育合作。例如，开展校长交流会、教学研讨会、互派教师校长挂职和学校互访等。组织、评价各种教育交流及学习活动，促进教育共同发展。在教育行政机构的指导和引领下，小学、幼儿园根据自身发展水平，确定学校优势和未来发展重点，有针对性地利用三地优势资源，实现与合作学校的互利共赢。

2.高校—中小学合作模式

北京、天津与河北高校积极承担教学、科研和服务职责，通过创办附属中小学校、开展师资培训等途径，推动三地教育资源合理配置和中小学校协同发展。

（1）创办附属学校

一流高校拥有丰富的科研成果、高质量的教师团队和充足的教育资源。在京津冀基础教育协同发展进程中，不少高等院校充分发挥自身的优势，通过建立附属中学、小学的方式，推动地区之间教育资源的优势互补。例如，北京师范大学在天津、河北建立附属学校，不仅教师的招聘基本按照北京中小学教师的招聘标准，而且还对不同学校提供个性化的发展建议和指导。以北师大任丘附属学校为例，该校的老师全部由北师大面向全国重点院校毕业生招聘，绝大多数来自211、985高校，其中研究生占比近半，招聘标准向北京看齐。除了在任丘，北师大还在河北的承德、石家庄、沧州渤海新区等地开设了附属学校。在天津，北师大还在武清区成立了北京师范大学基础教育实验学校，在生态城成立了北师大天津生态城附属学校。还有北京北大方正教育集团、北大附中先后与天津市东丽区签订合作协议，建立北大附中东丽湖学校，北京外国语大学与河北石家庄鹿泉区政府举行合作办学签约仪式，成立北京外国语大学附属鹿泉外国语学校。

（2）承担师资培训

对在职教师、校长培训是中小学与高校合作的重要内容。一方面，三地共同推动北京师范大学、首都师范大学、天津师范大学、河北师范大学等师范院校对张家口、承德、保定三市及21个贫困县进行对口帮扶，建立21个教师培训基地。三地中小学校根据学校发展现状、教师校长发展需求，与这些高校进行积极沟通，组织相关人员参加培训。另一方面，北京高校组织教师专业能力提升培训班，直接服务河北。如国培计划中的河北省名师高级研修项目北京师范大学培训班，通过名师工作坊、骨干教师校长培训、专家进校指导和教师行动研究，提升河北省教师的专业发展水平。比如，启动的"北京师范大学河北教师专业发展促进工程"，就是在落实和推进京津冀协同发展国家战略的背景下，由北京师范大学教育培训中心发起的教师专业发展支持项目，为京津冀地区的教育合作和分享带来了新的发展动力和想象空间。

3. 科研机构—中小学（幼儿园）合作模式

京津冀教育协同发展科学研究项目是京津冀教育协同发展十大项目之一。在京津冀基础教育协同发展过程中，北京、天津的教育科研部门充分发挥教育科研机构的主导引领作用。作为第一个官方认证的京津冀教育协同研究机构——京津冀教育协同发展研究中心，联合京津冀三地教科院、教育行政机构共同开展基础教育合作研究工作，尤其在教师联合教研、骨干校长

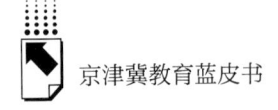

(园长)和学科名师培训项目中发挥较大的作用。另外，首都师范大学联合教育部国家教育发展研究中心、中国教育科学研究院、北京教育科学研究院、天津市教育科学研究院、北京教育学院等国家与省级教育科研单位，以及北京师范大学、北京大学、清华大学、天津师范大学、河北大学、河北师范大学、首都经贸大学等高等院校和京津冀三地各级各类中小学、幼儿园等机构，共同成立京津冀教育协同发展研究院，创建京津冀基础教育研究协同发展创新平台，开展三地的协同创新科研项目。

4. 企业—中小学（幼儿园）合作模式

企业进入教育领域，发挥其学校基础设施建设、学校后勤管理和服务等作用。以北师大任丘附属学校为例，它是由北京师范大学、任丘市人民政府和福建祥兴集团共同建设的一所十二年制学校，属于由高校、政府、企业三方力量的合作办学。北师大负责管理人员、师资团队的招聘、管理以及课程建设。学校管理人员通过考核后由北师大推荐、委派；学校招聘老师，不仅要求一人能教一门课，还要每人能开一门校本选修课。政府提供建设用地，同时给学校40%的人员编制。参与投资建设的福建祥兴集团，是一家有着20余年历史，集箱包制造、进出口贸易、房地产开发、高等院校、高级酒店经营管理等为一体的综合性大型民营企业，先后在全国建立了北京交通大学海滨学院、北京师范大学蚌埠和福清附属学校等。在任丘附属学校的建设中，祥兴集团负责投资基本建设、基本设施设备以及后勤保障服务等。

（二）合作内容中心化

合作的内容越来越聚焦，主要通过名校开办分校、成立学校联盟、对口帮扶、共建共享优质教育资源等方式，积极贯彻落实京津冀基础教育合作项目。

1. 重点推进名校办分校

通过异地建新校、办分校、委托管理、集团办学、合作办学、联合培养等多种合作模式，积极引进北京市、天津市办学水平较高的中小学与河北省中小学开展跨区域合作办学。如北京市景山学校、北京五中、八一学校等在唐山市曹妃甸、廊坊市香河、大厂、永清、固安、保定等县市举办分校。目前，北京景山学校曹妃甸分校、北京八一学校保定分校、北京实验学校教育集团唐山实验学校等3所学校运行良好。在京部委所属高校积极与河北教育行政部门协作共建附小、附中，如北师大附小、附中在河北各地建设了很多北师大附小、附中和分校，进一步扩大了河北各地的普惠性优质基础教育资源。

2. 重点建设教育协同发展共同体或校际联盟

北京市教育资源在河北廊坊北三县创新机制建设优质学校。根据北京市通州区、天津市武清区、河北省廊坊市三地基础教育协同发展协议，三区市计划建立10个基础教育协同发展共同体，探索跨越行政区划的教育协同发展有效模式和路径。为此，北京市通州区、天津市武清区、河北省廊坊市三地从2017年前就开始准备工作，由通州区三所高中示范校——潞河中学、运河中学、永乐店中学与廊坊、天津同品质的学校结成共同体，四所小学和三所幼儿园与廊坊、天津等校形成联盟。未来三地还将在师资、学生实习基地等方面实现教育资源互补。

除了学校与学校的对结，三地的区市政府之间也加大了教育联盟力度。北京已有6个区，与津冀8个市、县开展了深度校际交流合作。北京市西城区与河北省保定市，北京市海淀区与河北省张家口市政府间签署了教育合作协议，北京市大兴区、天津市北辰区与河北省廊坊市政府间联合成立了三区市教育联盟，采取学校联盟、结对帮扶、开办分校等方式开展跨区域合作，整体提升学校管理水平。

3. 重点加强对口帮扶

逐步落实京津冀教育对口帮扶"一十百千万"工程。北京、天津发挥基础教育和职业教育比较优势，重点在基础教育、职业教育教学管理以及师资队伍建设等相关领域对河北省张家口、承德、保定三市及21个贫困县进行对口帮扶。涉及基础教育方面的对口帮扶，主要表现在"一十百千万"工程上。现在，三地在优质教育资源共享、数字课堂、师资培训、学生交流等方面都在进行深度合作。如实施了"河北省千名中小学骨干校长教师赴

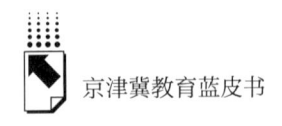

京挂职学习"项目；河北省阜平县纳入北京市"老校长下乡活动"覆盖范围；首都师范大学为平山、阜平两县培训骨干教师，派出学生置换一线教师到首都师范大学进行研修；河北省邯郸市10余名中小学校长到南开中学、天津一中等五所学校跟岗学习，这些帮扶大大提升了河北省教师教学管理水平。

4. 重点促进优质教育资源共建共享

促进京津冀三地优质基础教育资源的共建共享。三地合作，加快开发了适合三省市基础教育发展需要的优质教学和培训资源。同时加强了与京津体育、美育教学工作合作，推动建立区域体育、美育，特别是青少年校园足球资源共建、共享、共用机制。共同推进三地博物馆、纪念馆、美术馆、公共图书馆、文化馆、文化站、德育教育基地等公共文化设施向三地的中小学生免费开放。

完善基础教育数字化优质资源共享机制。北京"数字学校"云课堂向天津和河北开放。如河北省唐山市接入北京数字学校平台系统，使全市1470所中小学，1.2万名教师及教研人员，近80万名中小学生受益。2018年9月21日召开了京津冀教育协同创新发展大会，成功签署六项智慧教育合作协议，京津冀教育大数据专业委员会正式揭牌成立，这些举措都对打造汇聚京津冀三地优质教育资源，形成覆盖三地、多级分布、互联互通的数字教育资源云服务体系，促进教育资源的互联互通、数据共享和均衡发展产生了积极深远的影响。

（三）合作主体多元化

1. 地方政府之间的教育合作

为贯彻落实京津冀协同发展战略，地方政府之间的教育合作意愿强烈。2016年底，北京市大兴区与河北省廊坊市在人才资源共享、产业链衔接等方面进行深度合作，共同签署了《人才合作三年工作计划（2016年－2018年）》。两地全力打造"兴廊人才"合作品牌。到目前为止，两地已经开展了中学、小学、幼儿园、职业成人社区等4个骨干教研员跟岗培训班。2017年，大兴区还与天津市北辰区、河北省廊坊市政府联合成立了三区市教育联盟。此外，北京市西城区与河北省保定市，北京市海淀区与河北张家口市政府签署了教育合作协议。

2. 地方政府与教育行政机构之间的教育合作

地方政府与教育行政部门之间开始开展教育合作。如北京市东城区教委与石家庄市桥西区签署了教育合作协议，北京市房山区教委与河北省石家庄市裕华区、廊坊市固安县签署了教育合作协议。

3. 地方教育行政机构之间的教育合作

地方教育行政机构之间开展教育合作。如北京市东城区教委与河北省邯郸市教育局签署了教育合作协议，门头沟区教委与河北省张家口市及涿鹿县教育部门签署了教育合作协议。

4. 区县与学校的教育合作

根据2016年12月京冀双方达成的对口帮扶协议，北京市西城区、丰台区、海淀区、石景山区、朝阳区、平谷区与保定市的阜平县、涞源县、易县、顺平县、唐县、望都县，房山区与涞水县、曲阳县分别结成帮扶对子，开展扶贫协作。2018年北京市这7个区的32个街道（乡镇）与受帮扶县的乡镇，在教育、医疗和"万企帮万村"等方面进行了深度对接，招收贫困生到北京就读。如北京市西城区发挥教育资源优势，推动北京市外事职业学校、北京市第十五中学、康乐里小学和登来小学，分别与阜平县职教中心、台峪乡学校、王林口小学、西下关小学结成帮扶合作关系，实施了燕山—太行山片区"9+2"职教扶贫协作示范区建设，招收贫困生到北京就读职业技术学校113人次。

5. 学校与学校的教育合作

除以上这些合作主体的合作外，还有京冀中小学校之间的对接，涉及学生交流、教师专业发展、校长素质提升、学校管理等多个方面。如北京市润丰学校与河北省内丘县平安小学的对接，对平安小学优化教学管理，加强课堂文化建设，提升内涵发展起到极大的催化作用。中国石油大学附属中学和河北省怀来县桑园中学，昌平区兴寿学校和怀来县李官营中心校建立了对接关系。中国石油大学附属中学和怀来县桑园中学

的教师经常开展"小组合作学习"的专题教研活动。在交流活动中，昌平区两所学校的老师进行语数英等学科的课堂展示，与河北的老师就先进的教育理念、丰富的教育经验、创新的教学方法等内容进行深入的交流与研讨。

（四）合作行为实效化

京津教育协作提升了河北省教师能力素质。重点推进的"京津冀基础教育合作项目"在学校管理、师资培养、课程建设、资源共享、学生活动等方面开展交流合作。同时，在三地部分优质中等职业学校和幼儿园间建立校际联盟，联盟学校在挂职锻炼、跟岗学习、教学观摩、教育科研等方面开展交流合作。三地教育行政部门还共享干部教师培训资源，联合培养培训骨干校长（园长）和学科名师，共同打造名师队伍。

2018年"京津冀基础教育（初中）协同发展论坛"举办了三次，分别在通州区、武清区和廊坊市举行。利用论坛搭建的平台，来自通州区、武清区、廊坊市三地的教师讲授同课异构观摩展示课，分享教学实践中的经验做法，促进了京津冀教师教学水平的提高，从而推动廊坊教育整体水平的提升发展，促进三地在协同发展中实现合作共赢。

积极开展"教师校长百千万工程"，即河北省与京津合作培养百名名师校长、千名优秀校长、万名骨干教师校长。河北省定期选派一定数量的优秀中青年骨干教师、校长和园长到北京市、天津市优质中小学、幼儿园进行跟岗研修。"河北省千名中小学骨干校长教师赴京挂职学习"项目已经实施，河北省每年输送200人到北京市中小学校跟岗学习培训，到现在已经派出了三期。

积极落实京冀对雄安新区规划建设的战略合作协议。根据京冀两省市政府签订的《关于共同推进河北雄安新区规划建设战略合作协议》，北京在支持雄安新区建设方面，联合河北省研究制定"交钥匙"项目实施暂行办法，加快推进"交钥匙"项目前期工作。北京市六一幼儿园、北京市海淀区中关村第三小学、北京市朝阳区实验小学、北京市第八十中学分别对口援助雄安新区雄县幼儿园、雄县第二小学、容城小学、安新二中办学,目前已正式挂牌。已建立对接联系的四所学校还通过"结对子",选派骨干教师到学校总部跟岗学习等多种形式,输入北京学校总部的管理经验、课程经验、研修经验等,实现教学与管理理念的根本转变。

一批京津冀优质名校进入雄安对口帮扶。目前,雄县已与7所京津冀优质学校或企业签订合作协议;好未来教育集团与雄县教育局达成合作意向,并在雄县中学、白洋淀高级中学合作,建立了双师课堂;教育局与北京爱福生未来教育科技有限公司签署战略合作协议;职教中心与新迈尔科技有限公司就校企合作签订合作协议。安新县安新中学与石家庄市第二中学、安州中学与石家庄外国语教育集团、老河头学校与石家庄市第四十二中学、安新镇大张庄小学与石家庄市桥西实验小学、安新镇西里街小学与石家庄市行知小学开始合作办学。石家庄外国语教育集团等四所名校还选派校长、管理人员和学校骨干教师,定期到安州中学等四所被帮扶学校进行指导。容城县目前已与多所京津冀学校进行接洽、联系,力争年内与8所京津冀优质名校建立帮扶合作关系。

北京高校积极参与雄安新区校长培训。北京师范大学积极参与对雄安新区校长的培训项目——"雄安新区中小学校长领导力提升工程"。从2018年1月开始,北京师范大学校长培训学院发挥师大教育学科和教师教育的优势与特色,实施了第一期"雄安新区中小学校长领导力提升高级研修班培训",全力支持雄安新区的基础教育跨越式发展。此外,北京还主动加强与雄安新区的教育规划、政策和项目对接,支持优质教育资源与雄安新区合作,推动符合雄安新区定位的部分教育功能向新区疏解。

三 京津冀基础教育合作存在的难点问题

(一)教育资源整合优化配置难

基础教育"属地管理"的体制决定了京津冀教育资源的整合优化配置

难。在三地的合作办学中,作为输出品牌的名校分校,要朝着目标同向、措施一体、作用互补、利益相连的路子走下去,落实先进理念和优质课程资源,需要河北当地有强有力的师资,而目前相关师资培训的可持续制度还没有建立起来。作为能流动的教师资源,目前除了能送教帮扶,提供教学教案经验交流外,受地域限制能长期定点支教、助教的情况比较少。优质的课程资源,因为京津冀三地区位特点和学校条件的不同,即使引进河北也很难开展。正如在调研中不少河北的学校反映,"来河北支教的老师水平高,但他们来的时间太短,一般一年就回去了,他们来的目的也很明确,就是完成学校规定的交流指标。一年时间里,不光我们的学生没有适应他们的教学方法,我们老师也没有因为好老师的到来立马对教学产生非常大的影响。""北京、天津来的特级教师,之所以能在他们原来的学校产生那么大的带动效应,是因为他们有很好的团队,有学校的大力支持,但到河北后,团队带不来,学校的支持力度也不一样了,他们的带动作用还是比较有限的。"协同发展,意味着三地资源能互通有无,功能互补。虽然北京、天津在教育理念、师资力量等方面占据优势,但河北也有自己的优势资源,而目前三地在协同机制建设中呈现出京津向河北一边倒的样态,如何有效利用河北的资源优势为北京、天津教育助力,达成京津冀教育合作,互惠共赢的局面,也是三地资源优化配置的难点。

(二)优质教育资源造血机制生成难

北京优质教育资源走出去,"输血式"办分校只是其中一环,更重要的是要"造血式"盘活薄弱地区的现有资源,整体提升当地的基础教育水平。但现实情况是,一方面,北京、天津还是在"一亩三分地"的思维定式下实施有限的合作,难以跳出从北京看北京、从天津看天津的小视野。另一方面,河北学校要从北京、天津的教育发展中汲取营养,促进自身"造血"机制的生成,也需要京津较长时间地跟进输血,帮助河北分析、诊断学校发展的瓶颈,采取切实可行的措施,以更多元化的形式、更有力的制度支撑优质教育资源在当地的消化和转化。

（三）三地教育资源地域界限打破难

鉴于我国义务教育实行省级统筹、以县为主的管理体制，三地的教育资源由京津冀在各自行政区域内统筹安排，各负其责。在京津冀协同的背景下，除了教育品牌、先进的教育理念和科学规范的管理制度是能够不受地域界限实现共享的资源，但这些无形资源的落地，需要作为有形资源的人力和财力去执行实施。而人力和财力的地区差别，正是目前三地教育存在差距的根本。要打破人力和财力的管理体制束缚，实现区域共享和融通，需要创新教育行政管理模式，在政策上给予特殊的对待。

（四）三地学校深度合作模式建立难

目前三地学校层面的合作，主要通过举办各种研讨会和论坛的形式，交流各校的教学经验和办学特色，在学校管理、师资培养、课程建设方面的深度合作的模式还没有建立起来。虽然目前北京市、天津市通过在河北省建名校分校、建联盟校等形式，扩大了优质教育资源跨地域的辐射力，但距离"2020年前，三地将通过'手拉手'、建联盟校等形式组成100余对中小学校、幼儿园、职业学校"的目标还有很大的差距。在"基础教育协同发展共同体"目标下成立的校际联盟，在教师挂职锻炼、跟岗学习、教学观摩、教育科研等方面开展交流合作的长效机制也没有建立起来，跨越行政区划的教育协同发展的有效模式和路径有待进一步探索。

四 未来京津冀基础教育合作的政策趋势

未来，京津冀基础教育的合作，要做到合作形式更加多样，合作内容更加丰富，合作效益更加明显，还需要从合作政策、合作模式、合作重点和合作资源开发上下功夫。

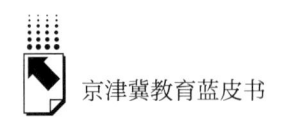

（一）建立健全政策体系，推动有序有效合作

在京津冀三地开展中小学、幼儿园教育协同发展的过程中，需要加快相关政策的制定。河北省作为北京非首都功能疏解的承载地，各级政府和教育行政部门要将疏解转移人口子女纳入当地教育发展规划，优先安排教育经费、优先保障学校建设用地，依法落实城镇新建居民区配套建设学校、幼儿园等政策，完善教育配套服务设施，提升公共教育服务能力，做好疏解转移人口子女异地就学衔接工作。针对疏解学校新校区的建设，要进一步完善新校区建设及运行资金、建设用地、教师工作生活、学生学籍等方面的政策保障机制，妥善解决好迁出企业职工及其子女的随迁就读问题。推行京津冀三地校长教师交流轮岗制度，落实好相关的奖励、补助和特殊待遇政策。设立"教育对口支援支持经费"，用于对口支援所需的人员经费和公用经费。

（二）完善"通武廊"基础教育协同发展的有效模式

按照"通武廊"开展教育协同发展的合作协议，完善跨行政区划的教育协同发展有效模式和路径，继续在建立基础教育协同发展共同体、建立中等职业学校联盟和幼儿园联盟、职业教育合作、联合培养校长教师、共享网络教育资源、组织学生交流联谊活动等6方面开展深入合作。建立三地中小学协同共进机制。持续开展学校和幼儿园互访、互派干部挂职锻炼、深入课堂体验教学、校园文化建设交流、校园开放周等活动，落实京津冀基础教育优质数字化资源互通协议，实施京津冀数字学校优质资源共享项目，实现京津冀基础教育在教学理念上互相学习、在教育政策上相互对接、在教育体制改革上互相配合并不断深化，在课程改革和课堂管理上互相借鉴、互相提升，在教育教学资源方面实现优势互补和更加公平合理配置。三地教育主管部门要主动融入京津冀教育协同发展工作体系，进一步加强督导，积极促进学校共建、资源共享、研训协同、师生交流，助推三地在推进教育改革和发展方面研究解决共性问题、相互学习借鉴、共同发展提高，确保教育协同发展合作协议的贯彻落实。

(三）政府积极推动与学校积极主动融入相结合

从现有政府部门在推动学校与学校之间的合作、区县与学校之间的学校合作来看，很多合作都停留在表面上，很多合作协议都没有落实，原因在于三地政府和学校都在以完成行政任务的心态对待合作办学，政府推动慢，学校缺乏自觉自主发展的积极性。要让京津冀的教育协同真正落地，要扭转"政府慢、学校冷"的局面，一方面，要加快完善公共教育服务能力，为促进协同发展提供条件和保障。根据北京疏解人口子女的实际情况和教育需求，不断完善中小学、幼儿园教育基础设施建设。北京市教委要统筹京津冀协同发展集团化办学规划，积极有序支持本市优质教育资源到津冀等地区开展集团化办学，优质高等院校到河北省建立附属幼儿园、小学和中学，充分发挥高水平教育的辐射作用。另一方面，要加快提升已经建立起来的名校分校办学质量。采用相同的质量评价标准，完善教育督导制度，定期组织督导人员对河北中小学、幼儿园教育的开展情况进行测评，发现其中存在的问题，总结经验。制定教师校长跨地区挂职锻炼制度，促进河北省学生成长、教师专业发展和学校办学质量提升。

（四）京津协力拓宽河北省新聘教师来源渠道

河北省教育要发展，重点在于有一支高素质、高水平的教师队伍。在京津冀教育协同发展的大背景下，北京、天津与河北三地协商师范类大学生定向培养方案，由北京、天津高校负责培养，大学毕业后回到河北省中小学任教，充实河北省基础教育师资队伍。积极落实国家《银龄讲学计划实施方案》，启动实施优秀退休教师到河北乡村支教讲学计划，通过额外的工资待遇和生活补助等政策，每年选派一定数量的特级教师或高级退休教师，到河北贫困地区乡村学校支教，发挥优秀退休教师引领示范作用，提升当地教育质量。

（五）调动社会力量助推京津冀基础教育协同发展

推进京津冀基础教育协同发展既是一个长期的历史进程，也是个复杂的

系统工程，必须从推进教育治理体系和治理能力现代化的战略高度来认识和推进相关工作。社会组织和民间力量不仅是实现教育精准扶贫的重要力量，而且也是促进京津冀教育协同发展不可忽视的社会资本力量。政府要引导和激发更多的企业参与京津冀教育协同发展的主动性、积极性和创造性，可以通过政府采购、建立专项建设基金、财税政策等手段鼓励和支持民营企业和社会组织积极投身河北基础教育的建设，特别是在推进校园基础设施建设、学生资助、数字课堂、教师培训、教育"互联网+政务服务"、智慧校园、校园大数据安全等方面签署战略合作协议，资助或扶持中小学校的发展，推动基础教育网络化治理格局的形成。

地区篇

Region Reports

B.8
京津冀协同背景下北京市民办中小学教育发展状况

吕贵珍[*]

摘　要： 在京津冀协同发展的背景下，北京定位于"四个中心"和国际一流的和谐宜居之都，在此环境下，北京市民办中小学教育发展不仅面临机遇，也面临挑战。北京市民办中小学教育在北京基础教育领域所占规模较小，但是民办中小学积极探索创新，丰富了教育生态，为社会提供了一定的教育资源供给，满足了部分家庭的选择性教育需求，为教育改革与创新发展积累了一定的经验。与此同时，北京市民办中小学教育发展也存在一定的问题，如民办中小学教育的整体发展水平

---

[*] 吕贵珍，北京教育科学研究院教育发展研究中心副研究员，硕士，研究领域主要有民办教育政策、京津冀教育协同发展等。

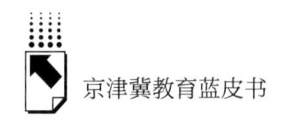

还难以满足社会多样性教育需求的问题、民办学校教师队伍建设问题及同质化发展问题等。新的时期,北京市民办中小学教育应进一步加强创新探索,探索差异化发展空间,加强京津冀区域的交流与合作,加强队伍建设和品牌建设,提升北京市民办中小学教育发展的整体水平,为满足社会经济发展需求和实现首都教育现代化做出积极贡献。

关键词: 京津冀协同　民办中小学教育　教育问题

在北京市基础教育综合改革不断深入及义务教育均衡发展不断加强的背景下,北京市民办中小学教育为社会提供了一定的教育资源和教育服务。在京津冀协同发展背景下,在新的《中华人民共和国民办教育促进法》及民办学校营利性和非营利性分类管理背景下,北京市民办中小学教育发展不仅面临着新的发展环境,也面临着机遇与挑战。

一　北京市民办中小学教育发展的背景

改革开放以来,北京市民办中小学教育不断发展壮大,在增加教育供给、满足社会多样化教育需求、激发教育活力、促进改革创新等方面发挥了积极的作用。在京津冀协同发展及北京定位对民办中小学教育提出了更高的要求,首都功能疏解和京津冀一体化不断推进,"全面二孩"政策实施,基础教育综合改革不断深化,《中华人民共和国民办教育促进法》修订,民办学校营利性和非营利性分类管理相关政策相继出台的背景下,北京民办中小学教育未来发展面临机遇,也面临挑战。

(一)北京市民办中小学教育发展面临的机遇

1. 基础教育领域教育需求及选择性教育需求依然旺盛

近年来,北京市中小学学龄人口不断增长,在"全面二孩"政策下,在未来一段时间内，北京市出生人口将进一步增长。据测算，北京市符合全面两孩政策可生育第二个子女的常住育龄妇女数量约增加236万；预计2017～2021年将累计新增常住出生人口58万，年均新增出生人口约11万，年度出生人口总量将达到30万[1]。随着更多新生儿的降生，北京市基础教育阶段的教育需求将进一步增长，基础教育阶段学位缺口的形势将更加严峻。研究显示，北京市中小学教育学位需求红色预警年份（学位需求极度紧张）分别为：小学阶段2022～2027年，初中阶段2025～2031年，高中阶段2029～2031年；橙色预警年份（学位需求一般紧张）分别为：小学阶段2017～2021年、2028～2030年，初中阶段2017～2024年，高中阶段2021～2028年；其余各阶段年份为蓝色预警年份（学位需求较为安全）[2]。京津冀学龄人口预测研究也表明，2017～2025年，在义务教育阶段，北京市学龄人口呈持续增长态势，高中阶段学龄人口也有一定的增长[3]。北京市积极统筹城乡义务教育资源均衡配置，严格执行学区制改革与免试就近入学政策，教育薄弱地区积极引进优质教育资源，提高义务教育质量和学校办学水平，扩大优质教育资源等。但是在一定时期内，区域教育发展不平衡的情况依然存在，优质教育资源供给与需求之间的矛盾依然突出。在不断推进义务教育基本公共服务均等化发展思路下，选择性教育需求依然旺盛，北京市民办中小学教育仍有较大发展空间。

2. 民办教育发展的外部环境逐步改善

《国家中长期教育改革和发展规划纲要（2010－2020年）》《中共中央关于全面深化改革若干重大问题的决定》等对民办教育的发展进行了规划，为教育综合改革指明了新方向，为民办教育发展注入了新动力。2016年国家出台《国务院关于鼓励社会力量兴办教育促进民办教育健康发展的若干意见》，在民办教育发展原则、创新体制机制、完善扶持制度、提高教育质

---

[1] 《北京新增可生育两孩育龄妇女236万》http://bj.people.com.cn/n2/2016/0108/c82840-27492608.html, 2016-01-08。
[2] 王善迈、王骏：《优化基础教育资源配置》，《北京日报》2018年11月26日。
[3] 赵佳音：《京津冀人口分布与学龄人口预测》，《京津冀教育蓝皮书：京津冀教育发展研究报告（2017～2018）》，社会科学文献出版社，2018，第60页。

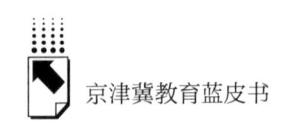

量和管理服务水平等方面确定了相应的制度和措施。新修订的《中华人民共和国民办教育促进法》已实施，《中华人民共和国民办教育促进法实施条例》正在制定之中，国家关于民办学校营利性和非营利性分类管理等相关政策已经出台，北京市民办学校分类管理相关政策也正在制定之中，民办学校分类管理新政已进入实施阶段，民办教育发展的法律制度体系已基本形成。随着新的《中华人民共和国民办教育促进法实施条例》及更多相关政策出台，北京市民办中小学教育发展的法制环境将进一步完善。

（二）北京市民办中小学教育发展面临的形势

首都功能疏解和京津冀一体化发展不断推进，"全面二孩"政策实施，基础教育综合改革不断深化；《中华人民共和国民办教育促进法》修改及相关政策出台，义务教育阶段民办学校限定为非营利性学校，民办普通高中可以选择办营利性学校或者非营利性学校；民办学校营利性和非营利性分类管理的相关政策相继出台，北京市民办中小学教育发展面临着新的形势。

1. 义务教育均衡发展不断深入，民办中小学面临较大竞争压力

近年来北京市基础教育综合改革不断深入，积极统筹城乡义务教育资源均衡配置，积极进行教育集团、教育集群发展探索，严格执行学区制改革与免试就近入学政策，教育薄弱地区积极引进优质教育资源，积极实施公办中小学向民办培训教育机构购买服务项目等，努力提高义务教育质量和学校办学水平，扩大优质教育资源。在满足广大人民群众对优质教育资源的迫切需求的总体思路下，围绕"减负、均衡、公平"等关键词，积极进行教育综合改革，促进义务教育均衡发展。在这样的背景下，民办中小学定位于差异化发展、特色发展的空间仍然较大。但是，在基础教育均衡发展和整体水平不断提升的形势下，民办中小学发展的竞争压力越来越大，一部分发展形势不佳的民办学校将面临较大的发展挑战。

2. 外部政策环境变化给民办中小学未来发展带来不确定性

新修订的《中华人民共和国民办教育促进法》已实施，民办学校营利性和非营利性分类管理已进入实施阶段，分类管理具有一定的复杂性。法律

明确了营利性民办学校的准入领域，义务教育阶段民办学校不得设立实施义务教育阶段的营利性民办学校，学前教育和高中阶段的民办学校可以选择为营利性或者非营利性。在营利性和非营利性分类管理政策下，厘清民办学校的法人属性和法人财产权等，都是较为复杂的事情；虽然法律没有硬性设定过渡期，但是对部分民办学校而言，能否平稳过渡，还存在较大变数。招生政策的变化也是影响民办中小学教育发展的重要因素。2018年教育部发布《关于做好2018年普通中小学招生入学工作的通知》，提出要将民办学校招生入学工作纳入当地教育行政部门统一管理。北京市规定：民办中小学要以招收其审批机关所在区域内学生为主，对于报名人数超过招生人数的民办学校，各区在现有工作基础上，可以引导学校采取电脑随机派位方式招生；全市民办学校要与公办学校同步招生，要在规定的时间内完成等。这些新的政策与环境，都需要民办中小学不断调整和适应。

3. 民办中小学引入国际课程的政策环境面临较大调整

学校教育是十分重要的价值堡垒，因为有关主权、政府与国民等概念的价值解读需要通过学校教育这种规模性的、系统化的教育方式来传播和普及。近年来，从中央到地方各级政府关于国际课程相关的各项管理政策不断收紧，2013年教育部明确表示要对各种形式的公办高中"国际部"和"国际课程班"进行规范，并出台《高中阶段国际项目暂行管理办法》草案，从招生、收费等多方面进行规范，对部分不符合规定的"国际课程班"进行清理或转制。2014年北京市等地陆续暂停审批高中中外合作办学项目。2016年上海市着手规范民办国际课程学校，对课程和教材进行多级审查；北京市也启动对民办中小学国际课程实施及教材使用情况的摸底和相关政策起草等工作。这一系列的政策信号表明，民办中小学引入国际课程政策环境正面临较大调整，引入国际课程的民办中小学未来发展也面临一定的不确定性。

二 北京市民办中小学教育事业发展状况

在优质教育资源供给与需求之间的矛盾依然突出的背景下，北京市民办中小学积极探索，丰富了中小学教育资源的供给形式和服务类型，为满足社会选择性教育需求做出了积极贡献。截止到2017年，全市共有民办普通中小学156所，占全市普通中小学校的比例为9.55%；民办普通中小学在校学生8.2万人，占全市普通中小学在校学生人数的比例为6.28%。[①] 北京市民办中小学教育事业发展的具体情况如下。

（一）民办小学教育发展情况

北京市民办小学教育的规模一直比较小，在全市小学教育中所占的比例也不大。近年来，北京市民办小学的机构数没有明显变化，招生人数和在校学生人数在逐年减少。从2013~2017年，民办小学招生数从1.4万人减少到0.76万人，几近腰斩；在校学生人数从7.5万多人减少的5.1万多人，减少了近1/3。五年来，民办小学在校学生人数占全市小学在校学生人数的比例也逐步减少，从2013~2017年，北京民办小学在校学生人数所占比例从9.5%下降到5.9%。从表3可以看出，在民办小学中，非京籍学生所占比例较大；2013年民办小学毕业生数、招生数、在校学生数中，非京籍学生占比接近90%，之后这一比例逐渐减少。一方面，北京市中小学招生政策更加严格，不符合相关政策条件的学龄儿童无法取得学籍；另一方面，在严格的就近入学政策下，更多的京籍学生选择进入民办小学就读，每到招生季，一批受到社会认可的民办小学招生非常火爆，竞争也非常激烈（见表1、表2、表3）。

表1 2013~2017年北京市民办小学基本数据情况

年份	机构数（所）	毕业生（人）	招生数（人）	在校学生数（人）
2013	61	10502	14120	75238
2014	65	10771	9372	71512
2015	60	10306	7386	67258
2016	61	10889	6866	59788
2017	59	11052	7599	51350

[①] 此数据及后面各表格的数据均来自2013~2017年各年度的《北京市教育事业统计资料》。

表2 2013~2017年北京市民办小学教育各数据在全市普通小学教育中所占比例情况

单位：%

年份	机构数	毕业生	招生数	在校学生数
2013	5.6	9.4	8.5	9.5
2014	6.3	9.5	6.1	8.7
2015	6.0	9.9	5.1	7.9
2016	6.2	9.8	4.7	6.9
2017	6.0	8.5	4.8	5.9

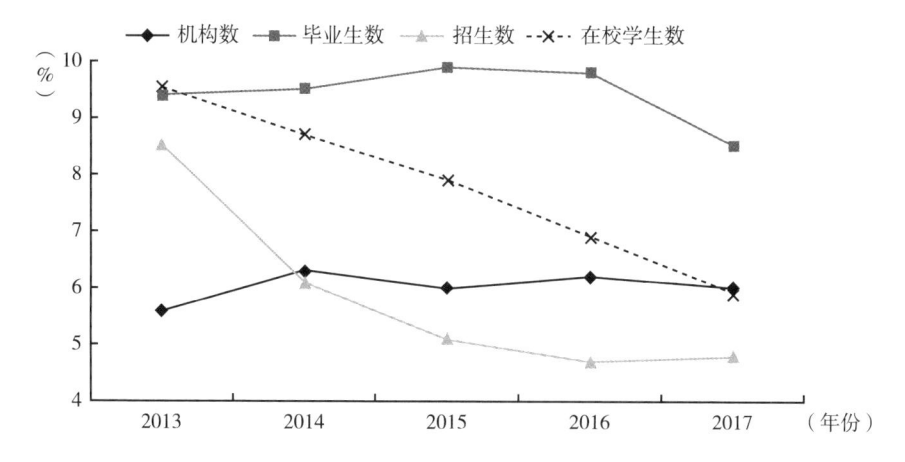

图1 2013~2017年民办小学教育各数据在全市普通小学教育中的占比变化情况

表3 2013~2017年北京市民办小学中非京籍学生数及所占比例情况

单位：%

年份	非京籍毕业生数及在民办小学毕业生人数所占比例		非京籍招生数及在民办小学招生人数所占比例		非京籍在校学生数及在民办小学在校学生数所占比例	
2013	9309	88.6	12609	89.3	67507	89.7
2014	9381	87.1	7552	80.6	62646	87.6
2015	8988	87.2	5252	71.1	56672	84.3
2016	9332	85.7	4721	68.8	47927	80.2
2017	9050	81.9	4931	64.9	37107	72.3

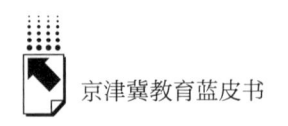

（二）民办普通初中教育发展情况

多年来，北京市民办普通初中教育发展都较为稳定，规模较小，学校数、招生数、在校学生数及所占比例都没有大的变化。2013~2017年，北京市民办普通初中机构数增加7所，招生数和在校学生人数有小幅变动，其中在校学生人数出现小幅下滑。相对民办小学而言，在民办普通初中的招生数和在校学生人数中，非京籍学生所占比例比民办小学小一些，也有半数以上的学生为非北京市户籍，可见，非北京市户籍的学龄儿童是义务教育阶段民办中小学的主要生源，民办中小学为解决非京籍儿童的义务教育做出了积极贡献（见表4、表5、表6）。

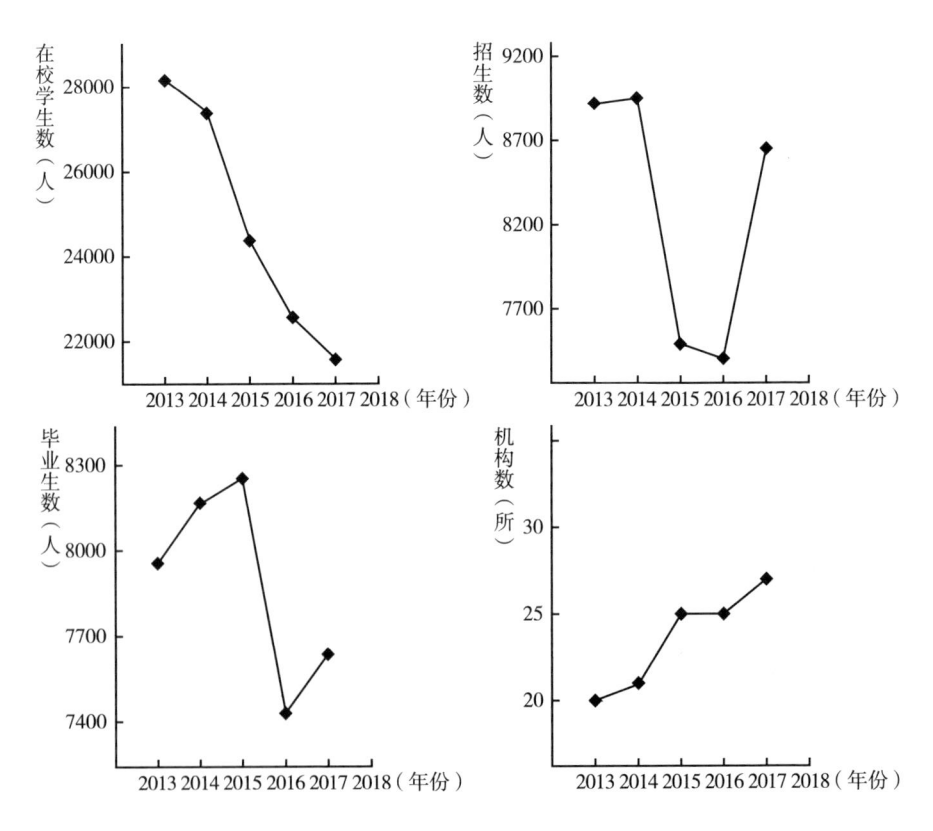

图2　近五年北京市民办初中教育基本数据

表4 2013~2017年北京市民办初中教育基本数据情况

年份	机构数(所)	毕业生(人)	招生数(人)	在校学生数(人)
2013	20	7882	8905	26515
2014	21	8052	8929	26086
2015	25	8120	7817	24391
2016	25	7462	7756	23382
2017	27	7627	8709	22857

表5 2013~2017年北京市民办初中教育各数据在全市普通初中教育中所占比例情况

单位：%

年份	机构数	毕业生	招生数	在校学生数
2013	5.8	8.5	8.3	8.5
2014	6.2	8.9	8.7	8.5
2015	7.4	8.6	8.8	8.6
2016	7.3	8.6	8.4	8.7
2017	7.8	9.3	8.4	8.6

表6 2013~2017年北京市民办初中非京籍学生情况

单位：%

年份	非京籍毕业生数及在民办初中毕业生数所占比例		非京籍招生数及在民办初中招生数所占比例		非京籍在校学生数及在民办初中在校学生数所占比例	
2013	3928	49.8	5215	58.6	15036	56.7
2014	4160	51.7	4971	55.7	14477	55.5
2015	4267	52.5	4494	57.5	13220	54.2
2016	3727	50.0	4422	57.0	12624	54.0
2017	3596	47.1	4282	49.2	11568	50.6

（三）民办普通高中教育发展情况

2013~2017年，北京市民办普通高中机构数有所增长，招生数先增加，再大幅减少；在校学生人数也出现了先增加再减少的情况。2013~2017年，北京市民办普通高中教育的机构从56所增加到70所；招生人数和在校学生人数都出现大幅减少，从2013~2017年，北京市民办普通高中招生数从7323人减少到2728人，在校学生人数从20743人减少到7790人。招生数和在校学生数占全市普通高中招生数和在校学生数的比例也逐年下降，招生数所占比例从12.2%下降到5.1%；在校学生人数所占比例从11.1%下降到4.8%。从户籍方面的数据情况看，在北京市民办普通高中学校的招生数和在校生人数中，非北京市户籍学生大幅减少。这与北京市中小学学籍管理政策的调整有直接关系，在新的招生政策和学籍管理政策下，一些民办普通高中面临较大的生源危机（见表7、表8、表9）。

表7 近五年北京市民办普通高中基本数据情况

年份	机构数（所）	毕业生（人）	招生数（人）	在校学生数（人）
2013	56	4631	7323	20743
2014	63	4926	3000	16809
2015	68	5972	2871	12323
2016	69	5393	2173	8122
2017	70	2581	2728	7790

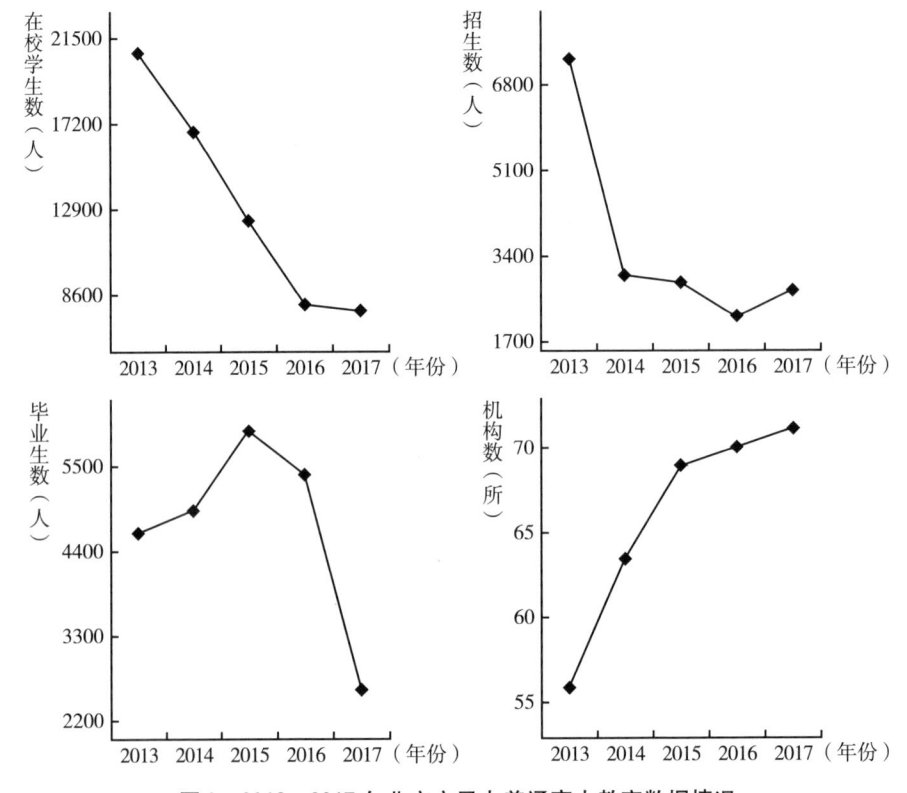

图3 2013~2017年北京市民办普通高中教育数据情况

表8 2013～2017年北京市民办高中教育各数据在全市普通高中教育中所占比例情况

单位：%

年份	机构数	毕业生人数	招生数	在校学生数
2013	19.2	8.0	12.2	11.1
2014	20.6	8.5	5.4	9.5
2015	22.4	10.3	5.1	7.3
2016	22.6	18.3	4.9	5.0
2017	23.0	5.2	5.1	4.8

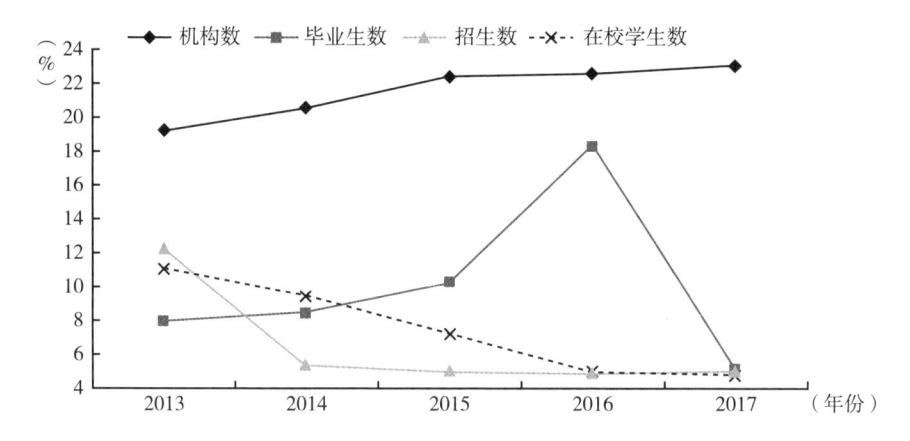

图4 2013～2017年北京市民办高中教育各数据在全市普通高中教育占比

表9 2013～2017年北京市民办高中非京籍学生情况

单位：%

年份	非京籍毕业生数及在民办高中毕业生数所占比例		非京籍招生数及在民办高中招生数所占比例		非京籍在校生数及在民办高中在校学生数所占比例	
2013	1233	26.6	2689	36.7	6665	32.1
2014	1290	26.2	433	14.4	4965	29.5
2015	1745	29.2	122	4.2	2522	20.5
2016	1673	31.0	136	6.3	641	7.9
2017	249	9.6	142	5.2	385	4.9

（四）北京市民办中小学教育的学段分布情况

2017年北京市共有民办普通中小学156所，其中民办小学59所，民办普通初中27所，民办普通高中70所；民办普通中小学共有在校生81997人，其中民办小学在校生51350人，民办普通初中在校生22857人，民办普通高中在校生7790人。具体情况如表10所示。

表10 2017年北京市民办中小学各学段教育数据分布情况

	学校数(所)	毕业生数(人)	招生数(人)	在校生数(人)	非京籍在校生数(人)
民办小学	59	11052	7599	51350	37107
民办初中	27	7627	8709	22857	11568
民办高中	70	2581	2728	7790	385
合计	156	21260	19036	81997	49060

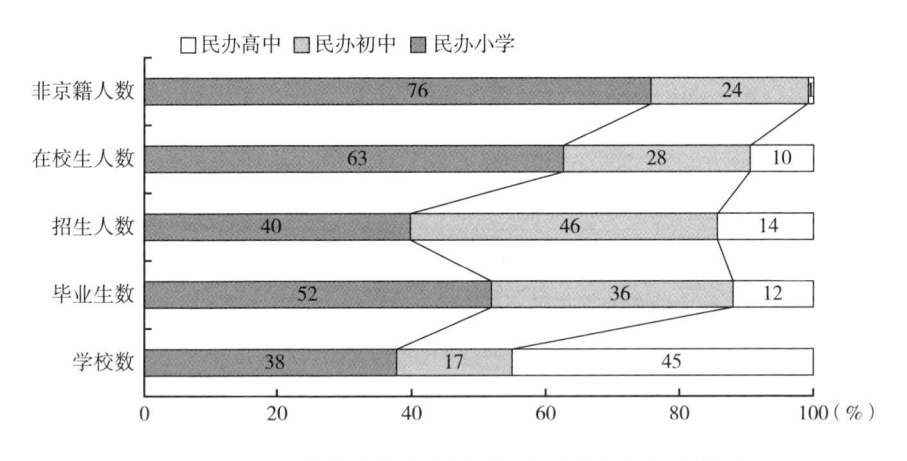

图5 2017年北京市民办中小学各学段教育数据分布情况

（五）民办中小学开设国际课程情况

截至2016年底，北京市开设国际课程的民办学校共有39所（不含外籍人员子女学校），从区域分布来看，开设国际课程的民办中小学主要分布在朝阳区、海淀区、丰台区；另外通州区、顺义区、大兴区、昌平区也有一定数量的民办中小学开设了国际课程。

北京市民办中小学开设的国际课程主要是三大主流课程：IB课程、AP课程和A-Level课程，除了这三大课程之外，还有部分民办中小学开设美国高中课程、加拿大课程、澳大利亚课程等。IB课程是国际文凭组织IBO开设的国际预科证书课程，共开设初级教育课程项目（PYP）、中级教育课程项目（MYP）和国际文凭预科项目（DP），学生可通过参加IBDP考试获得大学入学资格。北京市引入IB课程的民办中小学主要有北京市私立汇佳学校、北京世青国际学校、北京青苗国际双语学校、北京乐成国际学校、北京市海嘉国际双语学校等。AP课程是美国大学的先修课程，由美国大学理事会为高中学生研制的大学先修课程，课程成绩是美国大学重要录取依据。虽然不能和A-Level课程、IB课程一样可以通过考试直接获得大学的入学资格，但是合格的AP考试成绩可在大学折抵学分。北京市开设AP课程的民办中小学有北京拔萃双语学校、北京市二十一世纪国际学校、北京王府学校、北京市人大附中朝阳分校等。目前，北京王府学校是开设AP课程科目最多的民办学校。A-Level课程是英国普通教育证书高级水平课程，与普通中等教育证书（简称GCSE）直接衔接，是英国学生进入大学前的主要测试课程。北京市引入A-Level课程的民办中小学主要有北京爱迪学校、北京市新英才学校、北京王府学校、北京拔萃双语学校、北京潞河国际教育学园、北京市海嘉国际双语学校、北京私立树人·瑞贝学校等。

三 北京市民办中小学积极进行创新与探索的突出表现

北京市民办中小学教育在北京基础教育领域所占规模较小，但是民办中小学积极创新体制机制和育人模式，提高办学质量，办出特色，办好一批高水平、有特色的民办学校，为社会提供了一定的教育资源供给，满足人民群众多样化的教育需求，为教育改革与创新发展积累了一定的经验。

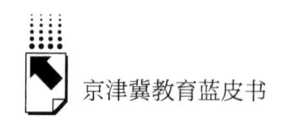

（一）实践先进的教育理念

教育理念是学校办学的指导思想，是学校全体人员的共同价值观，是促进学校和学生发展的思想保障，用先进的理念引领学校发展是民办学校特色创新的突出表现。

其一，突出"以人为本"的理念，营造尊重、信任、平等的育人环境。"以人为本"理念强调，要把重视人、尊重人、肯定人的价值，提升和发展人的精神，贯注于教育过程之中。如北京市建华实验学校提出"以学生为中心，为学生的终生发展奠定基础"，北京世青国际学校提出"尊重学生，重视他人的权利、观点、贡献、文化和情感"，北京精诚文化学校提出"对孩子的一生负责"等，强调"尊重学生""以学生为中心"，积极营造尊重、信任、平等的师生关系和良好的文化氛围。

其二，重视"个性化教育"，促进学生个性化发展。个性化教育强调尊重个性，重视个体差异，承认学生的差异性，主张针对学生的差异进行教育，把"培养完善个性"的理念渗透到教育教学的各个要素与环节之中，让每个学生的潜能得到有效开发。民办学校在办学中积极实践个性化教育理念。例如，北京市第二实验小学怡海分校提出"面对差异的学生，实施差异的教育，促进学生个性化发展"；北京市礼文中学践行"对每一个学生负责"的理念，积极营造"教得有效""学得愉快""考得满意"的"成功教育"氛围，尽可能发掘每个学生的潜能，发挥优势，获得成功。

其三，突出"素质教育"理念，促进学生全面发展。民办中小学积极进行素质教育实践，突出学生综合素质的培养与提高，同时强调关注个体发展的完整性和全面性，强调个体在身心健康、知识结构、适应环境等方面得到全面的发展。北京培基双语学校通过实施"快乐教育"实践素质教育，充分认识学生的独特性，以"基础扎实、特长明显、适应力强、体格健壮"为培养目标。北京市建华实验学校积极实践"全课程、育全人、全程育"的教育理念，强调关注整体生命，关注生命全过程。

（二）引入国际课程，积极进行国际交流与合作

随着经济社会快速发展，社会对国际课程的教育需求日益强烈，越来越多的民办中小学适应社会发展需要，积极引入国际课程，探索营造中西文化融合的教育环境。

其一，积极引入国际课程，进行双文凭探索。民办中小学开设的国际课程主要是三大国际课程——IB 课程、AP 课程和 A-Level 课程，除此三大课程之外，还有部分民办中小学开设美国高中课程、加拿大课程、澳大利亚课程等。一些民办普通中学积极与国外学校合作，进行双文凭探索，北京市海淀外国语实验学校提出培养学生具有国际视野、全球胸怀，与国际社会对接、交流、沟通的能力，跨文化生存能力，解决问题、创造价值的能力；让每位学生都成为最好的自己。学校与美国密歇根州湖岸公立高中（Lakeshore High School）合作，开设了中美双语双文凭高中国际班，将美国高中课程与中国高中及美国大学预备课程整合，学生在本校学习两年，再到美国学习一年，毕业时学生可获得中美两国高中文凭。北京市二十一世纪国际学校提出培养具有中国灵魂、国际视野和跨文化交流能力的世界公民。学校与美国加州费尔蒙特私立学校合作开设中美高中课程合作项目，学生学完相关课程，考试合格可获得中美两国高中毕业证，为学生的进一步发展奠定基础。

其二，开展丰富多彩的国际交流活动。很多民办学校与国外教育机构建立了良好的合作关系，积极开展教师国际交流培训活动和学生国际交流活动。在教师交流培训方面，学校为中外教师交流搭建平台，组织教师赴国外相关机构进行交流培训。例如北京市新英才学校每年都组织多次教师沙龙，邀请外国的教育专家与学校教师一起研讨教育教学问题。在学生国际交流方面，学校通过交换生项目、国际冬夏令营、双文凭高中等，为学生提供亲身感受异国的生活教育及文化环境的机会；北京市私立汇佳学校实施了赴澳大利亚、德国、加拿大、新加坡等发达国家的跨国学习项目，每年都有多批学生赴海外进行学习和交流，培养学生的国际视野和综合能力。

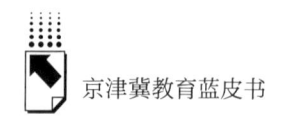

（三）积极进行课程开发与探索

课程是学校教育教学活动的基本载体，课程开发和实施是民办中小学实践教育理念、促进学生全面发展的重要途径，也是民办中小学进行特色创新的重要途径。

其一，开设丰富的特色课程。民办中小学在开设国家规定的课程基础上，结合学校的实际开设大量的特色课程，丰富学生生活，促进学生发展；例如北京市海淀外国语实验学校实施"2+2"工程，开设了游泳、击剑、羽毛球、钢琴、书法等二十几门特色课程，保证每一位学生有两门文体必修课的基础上，再选择两项文体活动，适应学生身心发展的需求，形成了"人人有特长"的良好氛围。

其二，积极构建学校的特色课程体系。北京市金色摇篮全程实验小学以潜能发展心理学为基础，提出"让普通的学生群体获得超常发展"的办学目标和"培养影响和改变世界的创新人才的苗子"的培养目标。学校对语文、数学、英语等科目进行改革，在国家教学大纲的基础上积极进行教材开发，并大胆进行教学改革。为实现学生潜能开发和全面发展，学校还开设了快速阅读课、记诵课、口才课、思维训练课、轮滑课、游泳课、科技课等特色课程。北京市建华实验学校在实施二四（中学）、五三四（中小学）学制的基础上，以课程的实施空间和课程功能为维度，构建学校的课程体系，实践"人生中心教育"理论。学校在开设国家规定课程的基础上，开设了诸多拓展性课程，在发展语言智能、数理逻辑智能、空间智能、肢体运动能力、自然观察智能、人际交往能力等方面开设了丰富的校本课程。

（四）举办体育艺术类学校，进行专业类人才培养

举办体育和艺术类特色学校，探索体育艺术类人才培养的育人方式，为有特长发展需要的学生提供教育服务，是民办中小学特色发展的重要方面。北京市少林武术学校是一家全国连锁的武术类特色学校，在全国开设有11家以武术为特色的学校。学校除了开设国家教学大纲要求的课程外，还开设

了散打、擒拿、搏击、硬气功、太极拳、跆拳道等武术类课程。为拓宽学生的发展空间，学校成立了"彪侠影视公司"，开设了影视特色班，实施明星打造计划，培养影视表演人才；成立了"少林武术表演团""武术散打专业队""武术套路专业队"等，组织学生参加国内外各类表演活动和比赛活动，锻炼学生的武术技能和心理素质。北京市军乐艺术学校针对小学四年级至初中三年级的有音乐、舞蹈等艺术教育需求的学生进行办学，学校开设器乐、声乐、流行音乐、音乐理论、国标舞、中国舞、美术等多种专业类课程。学校与中央音乐学院、天津音乐学院等多所院校进行合作或者建立友好关系，为学生的发展提供丰富的教育资源，为学生的升学提供多种选择路径。

（五）开设职业教育实验班，探索与职业院校合作的育人方式

在普通中学进行职业教育渗透，为学生的职业发展打下一定的基础，是我国教育提倡的一种育人思路。《国家中长期教育改革和发展规划纲要（2010－2020年）》提出，要推动普通高中多样化发展，鼓励有条件的普通高中根据需要适当增加职业教育的教学内容。多年来，北京市礼文中学积极与北大方正软件技术学院等进行合作，在普通中学进行职业教育的探索。其一，开设具有大学预科性质和具有一定专业方向的"数码娱乐高中实验班""旅游管理高中实验班"。实验班除了开设部分普高必修课程外，还开设了一定的专业基础课程，将专业培养方案嵌入中学课程体系之中。北大方正软件技术学院派教师到礼文中学进行指导。其二，组织多种交流和学习活动。北京市礼文中学邀请北大方正软件技术学院各主要招生的系所和专业的教师到学校开展讲座，介绍新专业的招生和发展前景。学校利用寒暑假，组织学生到高职院校实地考察学习。其三，组织学生参加高职院校的考试，为学生的升学提供路径。学校组织有志学习高等职业教育课程的学生参加自主招生考试，为学生提供升学途径。

（六）建立寄宿制学校，为学生提供寄宿制教育服务

建立寄宿制学校，为学生提供寄宿制教育服务，满足社会多样化的教育需求，是北京民办中小学发展的突出特点。民办寄宿制中小学以其自身的特

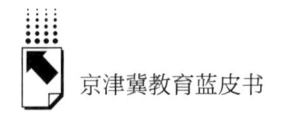

点,受到部分家长的欢迎。其一,很多寄宿制学校拥有众多的现代化教育设施和良好的教育环境。例如北京第二实验小学怡海分校配备了优越的教育设施,北京市新英才学校提出"打造中国的伊顿公学,为精英家庭延续成功",为学生提供中西文化融合的发展环境。其二,寄宿制中小学在培养孩子的独立性、良好的生活习惯和良好的伙伴关系等方面有一定的优势。其三,很多寄宿制学校拥有先进的教育理念,开设丰富的课程,营造更加开放、平等、愉快的文化氛围,强调学生的个性化发展和全面素质的提升。

四 北京市民办中小学教育发展存在的主要问题

北京市民办中小学教育发展过程中,一直存着各种问题;近年来北京市基础教育综合改革不断深入,一系列政策相继出台,新的形势下,民办中小学教育发展面临更加复杂的问题。

(一)民办中小学教育发展的整体水平还难以满足社会需求

随着基础教育综合改革不断深入,尤其是义务教育均衡发展力度不断加大,公办中小学教育发展将更加均衡,整体发展水平不断提升。义务教育阶段免试就近入学政策的实施,选择性教育需求无法通过公办学校得到满足,北京市民办中小学成为满足社会选择性教育需求的重要途径。但是经过二十多年的发展,除了少部分民办中小学得到较高的社会认可、生源充足、发展势头良好外,一些民办中小学面临严重的生源危机,学校发展形势不容乐观,尤其是民办高中,还难以形成竞争优势。全市民办中小学教育发展的整体水平还难以适应社会发展和教育改革的要求,难以满足群众对优质教育资源、有特色教育服务的需求,还需要民办中小学进一步探索实践,不断提升整体发展水平。

(二)民办中小学教育发展的政策环境还有待进一步改善

一方面,民办中小学教师社会保障体系需要进一步完善。尽管《中华人民共和国民办教育促进法》及《中华人民共和国民办教育促进法实施条例》明确规定，民办学校的教师与公办学校的教师具有同等法律地位；民办学校教职工在业务培训、职务聘任、教龄和工龄计算、表彰奖励、社会活动等方面依法享有与公办学校教职工同等权利。但是北京市民办中小学教师的社会身份、职业发展、工作稳定性、福利待遇、专业能力提升等诸多方面，与公办中小学教师存在较大差异。另一方面，民办中小学的办学自主权及相关优惠政策落实不够。民办中小学的招生自主权和招生政策等受到外部政策环境的影响，民办中小学的用地、用水、用电等方面，也没有享受到相应的优惠政策。这些都是影响北京民办中小学教育发展的因素。

（三）建立一支稳定且高素质的教师队伍存在一定的难度

教师队伍问题一直是影响民办学校发展的重要问题，民办中小学教师队伍问题突出表现在四个方面。其一，民办学校难以吸引优秀的教师，教师流动性较大。这不仅影响学校的教育教学质量和学校发展，而且影响学生的发展和家长对民办学校的信任。其二，教师队伍结构在职称结构和年龄结构上存在不合理的现象，离退休老教师多，年轻教师偏多，具有较为丰富经验、年富力强的中年骨干教师偏少。其三，在民办学校，教师与学校组织的关系也较为特殊，教师在学校的主体地位难以形成，教师安定感和组织归属感难以建立。其四，近年来，民办中小学对外籍教师和教授国际课程的中国教师需求量较大，相关人才培养和储备不足，流动性较大，学校发展的人力成本较高，管理难度较大等现象也较为普遍。导致民办中小学教师队伍问题的根本原因是民办学校教师的法律地位和社会保障体系与公办学校教师不同，尤其是退休待遇存在较大差异。2018年国家出台了《关于全面深化新时代教师队伍建设改革的意见》，公办学校教师的地位和待遇将进一步提升。民办中小学吸引优秀人才方面将处于更加劣势的地位。

（四）办学特色不够突出，存在同质化发展现象

虽然北京市民办中小学在体制机制等方面积极探索，取得了一定的成

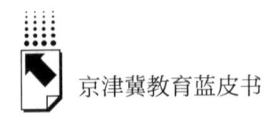

就,但是民办中小学特色建设的整体水平还不高,还难以满足社会对优质、多样化教育的需求。引入国际课程是很多民办中小学发展的共同选择,提供的国际课程主要是 AP 课程、A-Level 课程、IB 课程等。各学校间国际课程体系搭建和管理体制也大同小异,学校的国际课程教育教学体系也较为单一,同质化发展的现象较为普遍,中西方文化与课程融合发展还需要进一步探索。

(五)民办中小学引入国际课程的政策与管理尚不健全

北京有近 40 所民办中小学引入了国际课程,除了几所中外合作办学机构和几个政府审批的中外合作办学项目外,其他民办中小学都是自行与国际课程组织或国外相关机构合作,引入国际课程。民办学校引入课程内容、课程实施的质量、民办学校与国外相关机构合作等方面政策与监管还不够完善。很多民办学校引入国际课程多年,发展情况并不乐观,办学规模相当有限,社会认可度也不高。不仅如此,越来越多的北京市民办中小学开始与外省市的政府或教育机构合作,开展合作办学、拓展办学,引入国际课程,开设国际班等。总之,北京市民办中小学引入国际课程方面尚未形成政府部门统筹规划、统筹管理的局面,也尚未形成良好的办学环境和发展秩序。

五 北京民办中小学教育发展思考

在京津冀协同发展及新修订的《中华人民共和国民办教育促进法》实施的背景下,北京民办中小学教育需要进一步统筹规划,加强区域交流合作,优化发展环境,打造品牌,增加优质教育资源供给,更好地满足社会多样化的教育需求。

(一)统筹规划,合理布局,协同发展

进一步认识民办中小学教育在首都基础教育综合改革及在京津冀教育协同发展中的意义,在对未来北京中小学教育需求进行科学预测的基础上,对

全市民办中小学教育的规模和类型进行统筹规划,加强京津冀区域民办教育的合作与交流,加大对优质民办中小学的扶持,创建资源共享、各具特色的民办中小学教育与公办中小学教育协同发展的局面。

(二)进一步优化民办中小学教育发展的外部环境

完善民办中小学教师同等待遇政策和人事管理制度,保障民办中小学教师继续教育,提升民办中小学教师专业水平。各级政府协调并出台具体的方案,完善和落实民办中小学教师职称评定政策,促进民办中小学教师队伍建设。以实施新修订的《中华人民共和国民办教育促进法》及民办学校营利性和非营利性分类管理为契机,制定民办中小学收费管理政策、税收优惠政策、补偿和奖励政策、财政扶持政策、政府向义务教育阶段民办中小学购买服务政策等,进一步优化民办中小学教育的外部环境,促进北京民办中小学教育发展。

(三)加强京津冀民办中小学的交流与合作,提升区域民办教育水平

为深入贯彻落实京津冀协同发展战略,推动京津冀教育协同发展,2019年初北京市、天津市和河北省三地教育部门联合印发了《京津冀教育协同发展行动计划(2018-2020年)》,提出今后将优化提升教育功能布局,推动基础教育优质发展,推动京津优质中小学通过多种方式开展跨省域合作办学。进一步加强和引导三地民办中小学开展交流与合作,通过品牌输出、文化交流等,建成一批优质、特色民办中小学,共同提升区域民办中小学教育发展水平,满足社会多样化的教育需求。

(四)加强扶持与管理,实现民办中小学分类管理的平稳过渡

以民办学校营利性和非营利性分类管理和分类扶持为契机,加强宣传,完善法律和政策环境,推进民办中小学依法办学,依法治校;加强民办中小学规范管理和扶持力度,引导和促进非营利性民办中小学优质发展。实施新

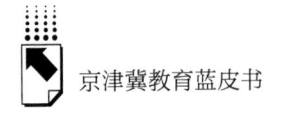

修订的《中华人民共和国民办教育促进法》和配套政策，进一步明确相关职能部门的职责，协调发挥各相关职能部门的职能，提升民办中小学教育治理水平，实现民办中小学营利性和非营利性分类管理的平稳过渡，促进北京市民办中小学教育稳步发展。

参考文献

［1］《北京市教育事业统计资料》，2013~2017年共5年的统计资料。

［2］方中雄主编《京津冀教育蓝皮书：京津冀教育发展研究报告（2017~2018）》，社会科学文献出版社，2018。

［3］王文源：《破解三大发展难题，培育民办教育发展新动力》，《人民政协报》2015年11月25日，第010版。

［4］董圣足：《教育现代化，民办教育大有可为》，《中国教育报》2018年4月2日，第012版。

［5］董圣足：《新法新政下民办学校的定位与治理》，《教育发展研究》2017年第3期，第54页。

［6］袁利平、武星棋：《民办学校营利性与非营利性分类管理的制度逻辑》，《教育学术月刊》2018年第5期，第54页。

［7］吕贵珍：《北京民办中小学教育发展形势与思路对策探讨》，《中国校外教育》2017年第11期，第1页。

［8］吴金珂：《民办中小学开设国际课程的现状、问题与建议——以北京市为例》，《黄河科技大学学报》2016年第5期，第16页。

［9］刘建银、尤网：《重庆民办教育发展问题及对策研究——基于我国四个直辖市民办教育发展状况对比》，《黄河科技大学学报》2018年第3期，第1页。

［10］李曼、王磊：《民办教育分类管理如何制度化：基于新制度主义视角》，《教育与经济》2018年第6期，第79页。

B.9
京津冀协同背景下首都高等教育的地位、作用与变革趋势

王 铭　杨振军*

摘　要： 新时代、新背景下，首都高等教育在京津冀地区，具有历史上的领先地位、现实中的引领地位和区域发展中的中心地位。为了应对发展所需，首都高等教育需要在建设世界一流区域高等教育、支持中心建设疏解相关资源、支援帮扶弥补区域高教短板、助力区域行业高端顶尖发展、引领全国高等教育改革创新这五方面发挥作用。因此，首都高等教育未来应向着：在国际坐标下达到一流水平、以高度的政治意识建设"四个中心"、实施对口帮扶扩展高校社会服务职能、突出行业特色打造高端产教融合、加大综合改革步伐率先实现教育现代化这五个发展趋势变革。这五个变革趋势之间相互融通，总体方向与首都、国家发展保持协调一致。

关键词： 京津冀协同　首都高等教育　教育协同发展

一　京津冀高等教育协同发展的新形势

2014年以来，习近平总书记两次考察北京，提出将首都建设成为"四

---

* 王铭，高等教育科学研究所助理研究员；杨振军，高等教育科学研究所副所长、副研究员。

个中心",即全国政治中心、文化中心、国际交往中心、科技创新中心,处理好"都"与"城"的关系,努力把北京建设成为国际一流的和谐宜居之都。"以疏解北京非首都功能为'牛鼻子'推动京津冀协同发展"上升为国家战略,党的十九大报告进一步强调区域协调发展,高起点规划、高标准建设雄安新区。随着中国特色社会主义进入新时代,社会主要矛盾已经转化人民对美好生活向往同发展不平衡不充分之间的新矛盾,要通过新的发展理念和发展目标逐渐实现"三步走"新征程,建成社会主义现代化强国实现中华民族伟大复兴。在高等教育领域,"加快一流大学和一流学科建设,实现高等教育内涵式发展"也成为发展的战略重心。

首都是一个国家的首要城市和行政首府,具有特殊的历史使命和政治意义。首都发展建设关系到国际形象、国内环境,起到区域引领、行业示范作用。由党中央、国务院批复的《北京城市总体规划(2016年-2035年)》,成为首都未来发展的法定蓝图(以下简称《总体规划》),《总体规划》要求深刻把握好"舍"与"得"、疏解与提升、"一核"与"两翼"的关系,将"四个中心"建设作为核心任务。"城六区以外的平原地区,是首都功能疏解承接地和新增首都功能的主要承载区",是首都"四个中心"建设的重要集聚区。2017年4月,党中央、国务院设立雄安新区,作为北京非首都功能疏解的集中承载地,雄安新区与北京城市副中心共同形成北京发展新的"两翼"。《河北雄安新区规划纲要》指出,雄安是继深圳经济特区和上海浦东新区之后又一具有全国意义的新区,要构建具有雄安特色、国内领先、世界一流的教育体系。

约翰·布鲁贝克在《高等教育哲学》[①]中指出,高等教育存在并确立其合法地位的哲学基础有两种:一是认识论,以"闲逸的好奇"追求知识作为目的;二是政治论,探讨深奥的知识不仅是出于"闲逸的好奇",而且是因为其对国家发展有深远的影响,高等教育必须服务国家社会发展的需要,特别是随着其从社会的边缘逐渐走向社会的中心,高等教育服务国家社会发

---

① 〔美〕布鲁贝克:《高等教育哲学》,浙江教育出版社,2001,第13~15页。

展的功能越来越凸显。潘懋元提出高等教育需要适应社会经济大的环境和形势而发展,张楚廷认为除了适应外,高等教育发展还需要适度的哲学思辨和超前意识①。

北京市委书记蔡奇指出,首都教育是"政治中心"的基本保障,是"文化中心"的核心要素,是"国际交往中心"的重要载体,是"科技创新中心"的有力支撑。审视当今经济社会现状和未来发展,一方面,社会经济区域提升越来越需要人才、知识、技术和创新;另一方面,高等教育除了人才培养、科学研究之外,在文化传承创新、服务社会、国际交往等方面的职能不断扩大。国家和地区对高等教育更加倚重,高等教育为了适应自身和经济社会发展的需要也在不断扩充职能和角色定位。因此,高等教育成为国家和地区支柱性、战略性、先导性、全局性的基础和产业,而发挥日益重要的作用并受到前所未有的关注。

由此可以发现,首都发展处在新时代之启、新征程之初、"疏解协同"新背景之中、"四个中心"新目标之下。首都高等教育,要在上述新的环境和局面中谋求自身的改革发展,要对首都实现建设目标起到引领支撑作用。因此,在新的发展形势下,明确自身定位,突出京津冀协同发展的目标,结合实际,不断提升优势、弥补不足,充分挖掘能够发挥作用之处,根据党和国家的要求及实际发展状况,向着首善之区、协同发展的目标不断迈进。

二 首都高等教育在京津冀地区独占鳌头

地位是人或团体在社会关系中所处的位置。不论从我国高等教育发展的历史跨度来看,还是从当前的现实状态来看,在京津冀区域,首都高等教育总体实力仍处于独占鳌头的地位,天津、河北短期难以望其项背。首都高等教育在大众化、普及化、现代化建设各阶段均领先全国,"双一流"建设再

---

① 张楚廷:《潘懋元的贡献》,《大学教育科学》2015年第5期,第9~12页。

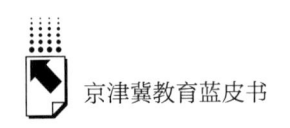

次突显首都高等教育整体实力，首都高等教育发挥政治引领、改革引领、理念引领的关键作用，在京津冀地区具有中心、龙头地位。

（一）首都高等教育在大众化、普及化、现代化建设各阶段均领先全国

2009年，中华人民共和国成立60周年之际，时任北京市教委主任郭广生回顾了首都高等教育发展的四个阶段：1949~1965年体系初建探索发展，1966~1976年遭受重创，1977~1998年全面恢复改革发展，1999年以后的扩招加快发展和质量提升[①]。清华大学何晋秋教授指出，经典的马丁·特罗高等教育三阶段理论——毛入学率小于15%精英化阶段、15%~50%大众化阶段、大于50%普及化阶段——存在局限，应在普及化阶段后增加现代化阶段[②]。

从历史来看，1952年的院系调整、改造和创办若干所新大学，"基本确立首都高等教育全国领军地位"，到1965年，首都高等教育学校数、在校生、师资均出现多倍增长。据测算，"八五"末、20世纪90年代初期，首都高等教育毛入学率已经超过20%，达到29%，在全国率先进入大众化阶段。1999年扩招后，首都高等教育加速发展，于2003年达到毛入学率52%的水平，再次领先全国进入普及化阶段。2004年提出现代化建设目标，具有极为领先的前瞻性，教育现代化建设是一项"永无止境"的工程，《北京市"十三五"时期教育改革和发展规划（2016-2020年）》指出，"十三五"时期是首都实现教育现代化的决胜阶段。首都教育发展战略目标是"到2020年总体实现教育现代化，到2035年全面实现教育现代化"。首都高等教育在现代化建设目标引领下保持了全国排头兵的位置。

---

① 郭广生：《首都高等教育60年发展的回顾与展望》，《北京教育（高教版）》2009年第10期，第10~12页。
② 何晋秋：《论高等教育发展的新阶段》，《清华大学教育研究》2017年第4期，第13~18页。

（二）"双一流"建设再次突显首都高等教育整体实力

始于2015年的"双一流"建设国家工程，是对以往"985""211""2011协同创新"等工程的继承与创新，经过两年遴选出了一流大学、一流学科建设的国家队，这既是对现有高校、学科发展水平、科研能力、综合实力的认可，又是对未来学校、学科勇攀世界高峰的期许与支持。与国内发达省市比较，如表1所示，在A类B类全部42所一流大学建设高校中，北京有8所占19%；98所（地矿油分别计2所）一流学科建设高校中，北京有25所占26%；全部140所"双一流"建设高校中，北京有33所占24%；在全部465个一流学科建设中，北京有161个占35%；首都高等教育在"双一流"建设中的四项指标均领先全国。

表1 "双一流"建设中首都高等教育地位

单位：个，%

	北京	上海	江苏	湖北	浙江
一流大学建设高校	8	4	2	2	1
占比	19	10	5	5	2
一流学科建设高校	25	10	13	5	2
占比	26	10	13	5	2
"双一流"建设高校	33	14	15	7	3
占比	24	10	11	5	2
一流学科建设学科	161	57	43	29	20
占比	35	12	9	6	4

资料来源：根据教育部公布"双一流"建设名单整理计算。

在京津冀地区，如表2所示，上述四个指标，北京在三地合计的占比均达到80%以上，天津为7%～20%，河北在7%及以下。从全国"双一流"建设名单来看，北京拥有独一无二的巨无霸地位，天津处于第二或第三梯队，河北居末。令河北略微尴尬的是，两所一流学科建设高校，一是华北电力大学，校部设在北京、分设保定校区；二是河北工业大学建有天津校区和廊坊分校。各省市都在大力推进"双一流"建设的背景下，首都高等教育启动了高精尖创新中心、一流专业建设计划等一系列政策措施，保障和提高首都高等教育质量与竞争力，确保在竞争中保持和发挥自身独特优势。

表2 首都高等教育"双一流"在京津冀地区分布情况

单位：个，%

	北京	天津	河北
一流大学建设高校	8	2	0
在三地占比	80	20	0
一流学科建设高校	25	3	2
在三地占比	83	10	7
"双一流"建设高校	33	5	2
在三地占比	83	13	4
一流学科建设学科	161	12	2
在三地占比	92	7	1

资料来源：同表1。

（三）首都高等教育发挥政治引领、改革引领、理念引领的关键作用

首都作为政治中心，除做好服务保障外，离中央最近，首都各条战线牢固树立"四个意识"，时刻向中央看齐，第一时间传达贯彻中央的指示精神。首都高校全面贯彻党的教育方针，坚持社会主义办学方向，坚持党对一切工作的领导，不断完善党委领导下的校长负责制，办好中国特色社会主义大学；坚定地贯彻落实党和国家的重大决定和政策，坚决服从和服务于京津冀协同发展、"一带一路"、冬奥会、"双一流"建设等国家战略和政治任务；坚持立德树人的根本任务，始终牢记培养德智体美劳全面发展的社会主义建设者和接班人的重任。首都高校积极培育和践行社会主义核心价值观，引导学生树立正确的价值观、民族观、国家观、历史观，培养担当民族复兴大任的时代新人。首都高校已成为马克思主义的重要研究和宣传阵地，并建立起各级各类高端智库，积极为国家政治制度建设、国家内政外交重大决策、全国科技教育事业改革发展、为改善国计民生建言献策。

首都高等教育注重改革引领，坚决贯彻落实党中央、国务院及相关部门的政策措施。从中华人民共和国成立之初的院系调整到 20 世纪 80 年代初的后勤社会化改革探索，再到 20 世纪 90 年代高校管理体制改革等，北京高等教育始终勇立潮头，为全国高等教育改革发展贡献了宝贵经验。近年来，在国务院简政放权背景下，教育部等五部门发布《关于深化高等教育领域简政放权放管结合优化服务改革的若干意见》，破解束缚高校发展在专业设置、教师评聘等方面体制机制的限制。首都启动高校取消教师编制管理等一系列改革试点工作。

首都高等教育始终坚持首善标准，保持先发先进的发展理念上。近年来，北京教委实施的"一流专业遴选建设""高精尖创新中心""高水平人才培养""高质量就业创业"等政策，把握了高等教育发展的重点。2018 年 6 月发布的《关于统筹推进北京高等教育改革发展的若干意见》，更是在"四个中心"建设背景下，进一步明确了北京高等教育内涵发展、特色发展和差异化发展的理念。在高等教育督导方面，首都高等教育更是处于全国领先地位。北京研制的《本科教学审核评估方案》，研究生、本科生等系列质量督导评价标准，"立足北京实际、彰显首善标准"。原教育部副部长林蕙青到北京专项督导时对各项工作给予充分肯定，国务院教育督导委员会、上海市、辽宁省、南京市等督导部门均来京调研考察，认为北京教育督导走在全国前列，并形成"北京督导经验"。

（四）首都高等教育在京津冀地区具有中心地位

从京津冀地区高等教育的布局和实力对比来看，首都高等教育优质资源富集，辐射能力强、影响力大，处于无可争议的中心地位。2017 年，北京有本科高校 67 所、天津 30 所、河北 61 所，如上文所述，"双一流"高校基本聚集于北京地区，另外如北京工业大学、中国音乐学院、北京舞蹈学院等市属高校同样具有一定的国内外知名度。如表 3 所示，首都高等教育拥有的"两院"院士、高校科研经费，均大幅超过天津、河北。首都的科技创新以中关村为例，中关村已经转型成为北京科技创新高地，"2015 年，技术合同成交额达 3453 亿元、占全国 35.1%，80% 以上技术辐射京外地区。"北京逐渐显现出全国科技创新中心地位，将科技成果转化、生产制造流通等环节转移到京津冀周边地区，发挥辐射带动引领作用。2015 年，在京国际学生规模近 12 万人次，北京高校学生出国交流、联合培养，教师出国访问学习等规模均保持在较高水平。

表3 京津冀地区首都高等教育的中心地位

项目	北京	天津	河北
"两院"院士(人)	401	38	3
在三地占比(%)	91	8	1
科研经费(亿元)	172	42	16
在三地占比(%)	75	18	7

资料来源：《北京高等教育质量报告 2017》《2017 年天津市国民经济和社会发展统计公报》《天津市教委关于 2014 年度天津市普通高校科技、人文社科统计情况的通报》《中共河北省委高校工委河北省教育厅 2017 年工作总结》。

三 新背景下首都高等教育应发挥的作用

教育作用是教育系统对相关客体产生的影响。高等教育作用与高等教育功能、职能既有联系又有区别。高等教育功能和高校职能是高等教育的基本理论问题[1]，高等教育作为系统其功能包括"社会功能"与"个体功能"，其中社会功能又涵盖政治、经济、社会、文化等，也有学者提出第三种知识功能。高等教育其与生俱来的职能是"人才培养"，洪堡宣扬"教学与科研相结合"后高校拥有了"科学研究"的职能，威斯康星大学介入社会经济发展后高校又承担起"社会服务"的职能，在这三大职能之外衍生出"文化传承创新、国际交往"等职能。潘懋元指出，不同时期因历史、社会等

---

[1] 邬大光、赵婷婷：《也谈高等教育的功能和高校的职能——兼与徐辉、邓耀彩商榷》，《高等教育研究》1995 年第 3 期，第 57~61 页。

客观条件不同而对各教育功能有所侧重[①],高等教育职能始终在丰富创新,这使得高等教育对相关客体产生和发挥的作用也在不断增加和改变,下文主要阐述新背景下首都高等教育对京津冀区域高等教育协同发展应起到的作用。

在京津冀协同发展背景下学界对于首都高等教育和区域高等教育改革发展问题的认识在不断深入。吴岩等人在提出"三关系、四模式"高等教育区域发展理论的基础上,认为京津冀应实施"政府主导、科教驱动"模式,"北京、天津应扮演积极的倡导者、真诚的合作者、务实的行动者角色"。[②] 方中雄等指出,首都教育站在京津冀三地最高处,"不仅意味着荣耀,也意味着责任"。[③] 线联平认为首都高等教育应扩大社会服务,提升贡献力和影响力,具体着力于以下三点,满足国家和北京需求,在京津冀发挥优势带头作用,打造国际竞争力和影响力的品牌。[④] 桑锦龙指出"拥有高度发达的高等教育体系是世界各国首都的普遍特征,京津冀地区优质高等教育资源的分量远超过其经济总量在全国的分量,应鼓励在京高校加强与津冀高校的合作"。[⑤] 高兵指出首都教育在全国起到引领示范作用,在全市展示承载支持作用,在功能区起到要素配置作用,在京津冀起到响应国家战略作用。[⑥] 在新时期、新背景下,首都高等教育对京津冀地区协同发展中的作用表现在以下五个方面。

---

① 潘懋元:《新世纪高等教育思想的转变》,《中国高等教育》2001年第Z1期,第23~25页。
② 吴岩、王晓燕、王新凤、王俊、杨振军:《探索京津冀区域高等教育发展新模式——学习〈国家中长期教育改革和发展规划纲要(2010-2020年)〉的思考》,《中国高教研究》2010年第8期,第1~7页。
③ 方中雄、高兵:《京津冀协同发展战略下首都基础教育地位、作用与变革趋势研究》,《中国教育学刊》2017年第12期,第6~13页。
④ 线联平:《首都高等教育发展的重要任务》,《北京教育(高教)》2016年第1期,第9~12页。
⑤ 王俊、郭伟:《深化高等教育综改 助力北京新发展——访北京教育科学研究院副院长桑锦龙》,《世界教育信息》2015年第21期,第7~9、71页。
⑥ 高兵:《耗散结构理论视角下首都教育功能疏解研究》,《国家教育行政学院学报》2016年第10期,第72~77页。

（一）建设世界一流高等教育强区

"双一流"建设是配合我国社会主义现代化建设"三步走"新征程的重大国家战略，对应的时间节点分别是2020年、2035年和21世纪中叶。伴随着大学和学科不断进入世界一流行列和前列，我国将从高等教育大国成为高等教育强国，而国家整体则经历全面建成小康社会、基本实现现代化和建成现代化强国。由于上述高等教育的社会、个人、知识功能与五大职能，以及高等教育涉及领域的广泛性，使得其在国家创新体系、创新驱动、经济建设、政治建设、文化建设、社会建设、生态文明建设等方面具有重大作用。在国际坐标下，大学和学科向上攀登，将引领和支撑国家各个行业、各项事业迈向现代化，因此"双一流"建设具有重要的战略意义。国家对京津冀地区做出了以首都为核心的世界级城市群、区域整体协同发展改革引领区、全国创新驱动经济增长新引擎、生态修复环境改善示范区四大功能定位，也必然要求有实力强大且富有国际竞争力和影响力高等教育与之匹配。打造以首都为核心的世界级城市群，要求京津冀地区高等教育作为一个整体崛起于世界版图。首都高等教育应在"双一流"建设中一马当先，应发挥辐射带动京津冀地区的作用，在师资队伍、创新人才培养、科学研究水平、文化传承创新、科研成果转化等方面达到世界一流水平，并引领带动京津冀地区建设成为世界一流大学的高地，成为世界一流的高等教育强区。

（二）支持中心建设疏解有关资源

以疏解北京非首都功能为'牛鼻子'推动京津冀协同发展，与落实北京"四个中心"功能定位，建设国际一流和谐宜居之都，是相辅相成的两项中心工作。疏解是"舍"，是将与首都功能无关的行业、产能迁出首都、迁入承接地，或进行转型改造升级。习近平总书记指示，要把北京建设成为全国的政治中心、文化中心、国际交往中心、科技创新中心，即"四个中心"为首都的核心功能。迁出地与迁入地通过各种手段和方式共同发展为协同。"先建设、后疏解、再协同，先疏解、后建设、再协同，边疏解、边建设、边协同"，是首都今后一个时期的工作重点。

首都高等教育是疏解控制的重要领域，同时，"四个中心"建设是落实京津冀整体定位的重要组成部分，首都高等教育要在疏解和中心建设中发挥重要作用。北京市委书记蔡奇指出，必须有发达的教育作为支撑，必须始终把教育摆在基础性、先导性、全局性的重要地位切实抓紧抓好，教育是"政治中心"的基本保障，是"文化中心"的核心要素，是"国际交往中心"的重要载体，是"科技创新中心"的有力支撑。首都高等教育要在"四个中心"建设、疏解非首都功能等方面发挥应有的作用，具体表现在：贯彻落实习近平新时代中国特色社会主义教育思想，要增强高等教育对政治中心的可靠保障；全面推动社会主义文化繁荣兴盛，要突显高等教育在文化中心的核心要素地位；不断提升高质量国际化水平，要促进高等教育国际交往中心重要载体作用发挥；建设首善之区的创新高地，要发挥高等教育对科技创新中心的有力支撑作用。

（三）支援帮扶弥补区域高教短板

京津冀协同发展是破解区域发展不平衡、促进区域协调大发展的国家战略。京津冀三地明确了不同的定位，在产业上要实现错位发展，在高等教育上则突出协同发展。河北省本科院校从2008年的33所发展到2017年的61所，高等教育得到较为快速的发展，但同时也存在院校整体以新建本科院校为主，教育教学质量亟待提升等问题。目前，京津冀高等教育协同发展主要以高校联盟的形式，以学科专业为核心建立了10个左右的高校联盟，如建筑类、工业大学等联盟。高校联盟在"促进学生教师交流、加强教学科研合作、共享优质资源等方面取得了一定的进展"[1]。但是由于高校管理条块分割、缺乏有效的激励与协调机制、三地积极性和需求不对等的多方面原因，有学者指出"目前京津冀高校联盟建设发展情况已与现实需求脱节严

---

[1] 张雪、静丽贤、孙晖、陈岩：《基于大学联盟视角的京津冀区域高等教育合作》，《河北联合大学学报（社会科学版）》2015年第3期，第88~91、95页。

重,无论是联盟数量、联盟层次还是联盟效果都处于落后的地位"。[1] 因此,大学之间处于平等地位的高校联盟未必是弥补区域高等教育短板、提升区域高等教育整体质量的有效办法。

早在2001年教育部就启动了"对口支援西部地区高校计划",在支援的高水平学校全方位努力下,西部受援高校质量明显提升,实现了跨越式发展,开启了我国高等教育区域协调发展新模式,达到了区域协调发展新水平。[2] 京津冀地区高等教育协同发展可以"对口支援"为参照,进一步加大高校之间协同发展力度,在高水平大学与相对低水平之间建立联系,深化不同水平高校、学科之间帮扶支持的程度,实现更加深入的协同发展。以清华大学对口支援青海大学为例,围绕人才培养质量,清华大学着力于支援学科、课程、实验室、队伍建设,几年时间使青海大学的志愿录取率、就业率、高级职称教师占比等各方面指标达到较高水平,并进入211工程重点建设大学行列。[3] 从实际效果来看,以高校主管部门推动的高校对口支援帮扶政策更加具有执行力和影响力。以首都一流高校、一流学科为重点开展对口帮扶、弥补区域高教短板或许是响应国家大政方针、扩大社会服务职能、体现社会主义核心价值、促进区域协调可持续发展的可靠方式。

(四)助力区域行业高端顶尖发展

《京津冀协同发展规划纲要》明确三省市定位分别为:北京市"全国政治中心、文化中心、国际交往中心、科技创新中心";天津市"全国先进制造研发基地、北方国际航运核心区、金融创新运营示范区、改革开放先行区";河北省"全国现代商贸物流重要基地、产业转型升级试验区、新型城镇化与城乡统筹示范区、京津冀生态环境支撑区"。三省市的整体定位突出

---

[1] 张亚、王世龙:《京津冀高校协同发展的战略模式和路径探索》,《国家教育行政学院学报》2015年第12期,第3~7页。
[2] 清华大学课题组、岑章志、钟周、赵琳:《东西部高校对口支援的实践与经验》,《清华大学教育研究》2007年第2期,第34~43页。
[3] 钟周、赵琳、李越:《清华大学对口支援青海大学的研究与实践》,《清华大学教育研究》2009年第5期,第109~113页。

了互补和错位发展。按照规划，包括雄安新区在内的京津冀、环渤海地区将成为继深圳领衔的珠三角和上海领衔的长三角之后中国经济第三增长极。

经济第三极的特点是高端、高科技、智能、绿色、创新，北京以"智能制造、生物医药等8个领域为重点，在新一代信息技术、能源、轨道交通等产业实施八大技术跨越工程，打造高端金融、服务、设计产业，推动科技、产业、金融、经济的深度融合"。[①] 天津在"大飞机、大火箭、大炼油、大机车"为代表的高端项目引领下形成八大优势支柱产业。《河北省全国产业转型升级试验区规划（2016 – 2020年）》提出，到2020年，形成装备、钢铁、石化"三足鼎立"，纺织、食品、建材等多点支撑的工业结构。高端、高科技行业的发展离不开高端人才引领，离不开高层次青年人才的投入，离不开以一流大学、一流学科为代表的高水平高等教育的支撑。除了上述规划实施的行业领域外，每个行业产业都面临转型升级、智能改造、互联网化的发展再造。在这一过程中，区域内各类型高校都可发挥各自独特的作用，如研究型大学在区域高端研究型人才供给和高水平科技创新方向着力；应用型、技术技能型大学在技术人才供给和应用技术创新方面发挥作用。面向不同行业和热门领域，首都各类高校可结合自身优势，可以形成梯次发展、错位发展、特色发展的局面，带动区域各行各业实现技术换代和产业升级。

（五）发挥区域高等教育合作的率先示范作用

自京津冀协同发展上升为国家战略之后，北京市开始将首都高等教育纳入京津冀协同发展大局进行通盘考虑。在北京市的积极推动和参与下，京津冀三地签订了多项协作框架协议，涉及思想政治教育、督导评估等多个领域，鼓励在京高校通过合作办学、学科共建、教师交流挂职等多种模式开展区域教育合作。北京市还支持京津冀高校联盟组建，截至2016年，共组建"京津冀建筑类高校协同创新联盟""京津冀高校新媒体联盟"等7个高校联盟，促进高校优质教学科研资源共享。首都高等教育在区域合作、资源共

[①] 参见《国务院关于印发北京加强全国科技创新中心建设总体方案的通知》，国发〔2016〕52号。

享、体制机制改革方面的改革与创新等方面，对京津冀区域高等教育起到建设、改革、协调的示范作用。

四 首都高等教育变革趋势

"有为有位，有位有为。"正是因为首都高等教育不懈努力使其保持了一直以来的领先地位，面向未来发展目标和新的背景和阶段，首都高等教育同样需要不断改革和变革，并急需在以下五个方面发挥作用。

（一）对标国际一流，加快建设世界一流大学高地

加快建设世界一流大学高地是首都高等教育承担的艰巨历史使命。从世界范围来看，高等教育实力更多地体现在依靠师资和学生共同得到的声誉和成果，因此，高水平师资和具有潜力的学生成为高水平大学竞逐的对象。以新加坡国立大学和南洋理工大学为例，两所高校均圈定了与新加坡国家发展、产业和未来创新紧密相关的重点学科和领域，建设了"诺奖获得者－中年砥柱－青年英才"的梯队式师资队伍并进行全球选聘，"筑巢引凤"给予师资与水平相对应的、具有国际竞争力的薪酬待遇、管理评价制度、教学科研条件和文化环境氛围。"得天下英才而育之"，对国内外生源使用同样标准选拔出测量评价排名前1%～2%的学生。加快建设世界一流大学高地需要首都高等教育以国际一流标准来对标：优化各区高校布局，将良乡、沙河高教园区打造成世界一流的高教园区；提高学校管理者、治理体系、评价体系的开放度和国际化，加快建立国际一流水平的科研评价、教学评估、产教融合、质量保障体系等。

（二）实现分类发展，增强贡献力，服务"四个中心"建设

"四个中心"建设要求首都高等教育发挥更大的作用。政治中心建设需要高等教育回答好"培养什么样的人""办什么样的大学"这两个根本性问题，坚持正确的政治方向，成为人才培养的红色摇篮，马克思主义的重要研

究和宣传阵地，国家新型高端智库云集之地，保障国家政治中心的政务畅通，提升国际交往中心的国际交往能力。高等教育作为文化中心的核心要素，必须在提高国家文化软实力中有担当有作为，成为发掘、传承和发扬中华优秀传统文化的重要力量，社会文化潮流引领者，全国文化创新的重要策源地。发挥首都高等教育国际化优势，使首都成为国际生源的留学中国首选目的地，全球学术精英的聚集地，国际化人才的培养基地，高等教育双向国际化的引领者。充分发挥首都高等教育科研优势，建设全国基础性研究的中心，企业孵化、产业孵化的强大基地，及全球拔尖创新人才的重要汇聚地和全国拔尖创新人才的培养主要基地。首都高等教育应在分类管理、分类指导、分类支持、分类评价的基础上，研究并明确高校办学定位，推动其在不同层次、不同学科和不同领域办出特色、争创一流，增强对于首都经济社会发展的贡献力。

（三）坚持开放办学的思路，大力疏解非首都功能，实施对口帮扶

坚定走国际化道路，结合"一带一路"及国际交往中心建设需求，优化"外培计划"实施方式，加快培养具有国际视野、通晓国际规则、能够参与国际事务和国际竞争的国际化人才。加快高等教育资源有序疏解，从课程、师资队伍、学科专业建设、科研合作指导等重要方面入手，采取更强有力措施，研究制定首都高等教育、特别是部属一流大学、一流学科对口帮扶河北高教政策，将京津冀高等教育协同发展推向深入。

（四）推进深度产教融合，助力区域产业转型升级

2017年，国务院办公厅印发《关于深化产教融合的若干意见》，提升专业学科与行业的契合度，加强人才培养与产业需求的有效衔接。《关于统筹推进北京高等教育改革发展的若干意见》指出，引导高校主动服务战略性新兴产业及民生需求，着力优化学科专业结构和人才培养层次结构，动态调整一批与首都城市发展契合度不高的学科和专业，促进学科布局、专业设置、培养规模及结构与首都经济社会发展相适应。在互联网+、工业4.0、

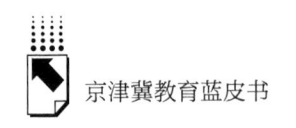

中国制造 2025 等产业转型升级，向着网络化、智能化、高端化方向发展的背景下，首都高校应明确办学定位，形成央属高校和市属高校错位发展的态势，突出自身行业优势，按照国家有关深化产教融合的意见要求，从区域行业发展趋势入手，适度超前储备知识、建设师资队伍、培养相关人才、开展科学研究，改革完善内部治理结构，在教育教学各环节形成与企业相关信息通畅流通的开放组织，在人才培养设计与实施、教师知识技术丰富发展、科学研究方向与应用、经费资助与成果转化等方面，高校与企业发挥各自优势，争取形成"两台发动机之间，燃料的相互供给"，实现 1 加 1 大于 2 的效果。

（五）完善高等教育治理体系，率先实现高等教育现代化

高等教育现代化是当前世界高等教育改革发展的主题，当前首都高等教育落实立德树人根本任务，更好地服务"四个中心"城市战略定位的必然要求。然而，首都高校还不同程度地存在着办学活力不足，办学体制、人事制度、经费投入制度、招生考试制度与高等教育现代化发展要求不相适应等问题，其中很多问题不是教育内部或者单项改革能够解决的，需要多部门协同配合综合施策，因此，全面深化高等教育综合改革势在必行。首都高等教育作为全国高等教育的领头羊，高等教育现代化的条件得天独厚，应加强顶层设计，通过系统推进育人方式、办学模式、管理体制、保障机制改革，不断完善中国特色现代大学制度，在全国率先实现高等教育治理体系和治理能力现代化。

B.10
京津冀协同背景下天津职业教育地位、作用与发展趋势

杨 延*

摘 要： 本文从京津冀协议发展背景下天津职业教育的发展定位出发，全面梳理了 2015~2017 年，在一系列相关政策的推动下，天津充分利用国家现代职业教育改革创新示范区的教育资源与优秀成果，在师资培训、专业建设、产教合作以及科研引领等方面所取得的显著成就。以制约京津冀三地职业教育协同发展的核心问题为依据，分析在当前京津冀协同发展的新形势下，天津职业教育面临的新需求，提出未来天津职业教育服务京津冀协同发展的三个主要任务：加强顶层设计，为首都北京集中疏解地雄安新区职教发展服务；合作办学增强河北职教发展内生动力；深化产教融合，发挥跨区域职教联盟影响力。同时，研究还围绕目前职教协同发展过程中存在的问题，从资源流动机制创新、财政经费与税收政策改革以及创设京津冀现代职业教育体系方面提出相应的对策建议。

关键词： 天津职教 京津冀协同 教育地位 发展趋势

2014 年京津冀协同成为国家战略以来，伴随《京津冀协同发展规划纲要》《"十三五"时期京津冀国民经济和社会发展规划》等相关的发展规划、

---

* 杨延，天津市教育科学研究院研究员。

配套政策的相继出台，京津冀协同发展进入全面实施阶段。天津作为国家现代职业教育改革创新示范区，是服务京津冀协同发展重要的力量之一，在京津冀协同发展的深入推进的过程中，其职业教育的区域服务功能正在日益增强，在创新协同发展机制、资源共享共建等方面正在进行突破性地探索实践。

一 天津职业教育的发展定位

2015年教育部与天津市政府联合签署共建"国家现代职业教育改革创新示范区"的协议，在协议中明确提出通过五年的创新实践，天津将在健全职业教育体制机制、建设现代职业教育体系方面走在全国前列，并努力实现职业教育与经济社会的同步规划，在推进现代职业教育体系建设、加快应用技术类型高校建设、加强现代职业教育制度建设、推动京津冀职业教育协同发展、提高职业教育国际化水平等11个方面取得突破。由此可见，服务京津冀协同发展，为京津冀协同发展创建新机制、新模式是天津国家现代职业教育改革创新示范区建设的重大使命，一方面为北京非首都功能向外疏解服务，另一方面承担着为河北省的职业教育发展引领示范，输送优质职业教育资源，帮助河北省职业教育水平提升，培养高素质技术技能人才的任务。

二 京津冀职业教育发展的现状分析

京津冀三地职业教育的协同发展在系列政策的推动下，京津冀在职业教育规模教育结构、师资队伍建设、科研合作等方面的发展都发生了显著的变化，其中天津的服务职能、河北省的职业教育发展变化尤为明显，京津冀协同发展的成效正在逐步显现出来。

（一）职业教育规模调整显著

随着京津冀协同发展各项政策的逐步实施，北京职业教育的规模逐年下降，天津职业教育的规模基本持平，河北省职业教育的规模实现了稳步提升。如图 1 所示，2015~2017 年，三年的统计数据显示，北京高职的招生规模 2016 年较 2015 年减少 14%，2017 年较 2016 年减少 4.9%；而河北省的招生规模相反形成了稳定的持续增长态势，特别是 2016 年较 2015 年的招生增长率达到了 8.6%。

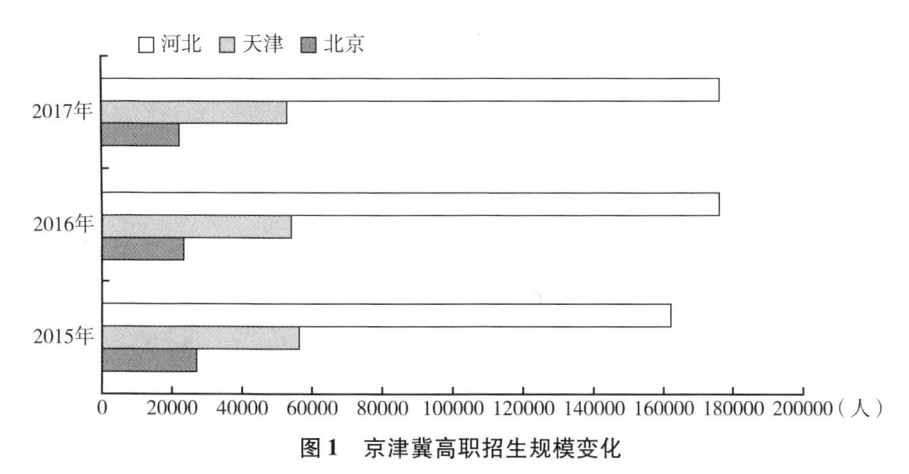

图 1　京津冀高职招生规模变化

资料来源：2015~2017 年《中国教育统计年鉴》。

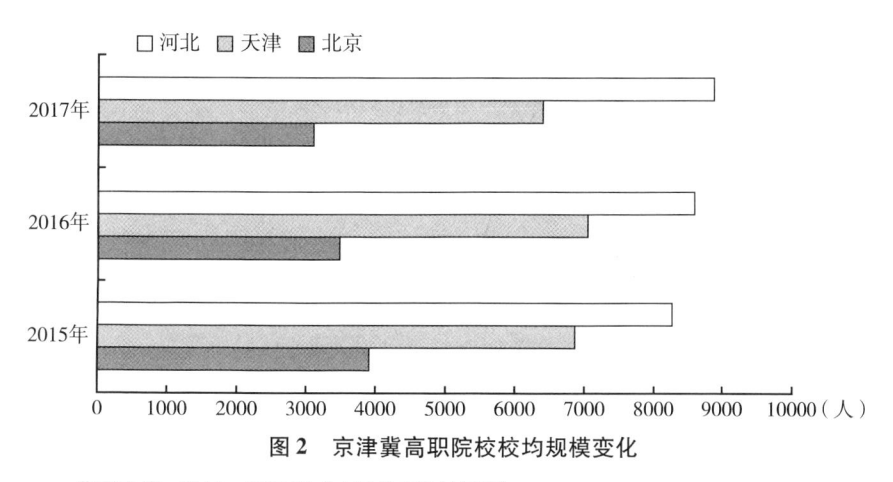

图 2　京津冀高职院校校均规模变化

资料来源：2015~2017 年《中国教育统计年鉴》。

在中等职业教育层面。京津冀三地的中等职业教育的调整成效更为显著，招生规模和校均规模的变化也证明了这一结论。北京的中职教育校均规模进入持续下降状态，如图 3 所示，北京中职 2016 年招生规模比 2015 年减少13.6%，2017年比2016年减少17%。而河北省和天津市均呈现持续上升态势，天津市为了提高中等职业教育的办学效益，提高服务能力，近几年不断整合学校，2015~2017年天津每年减少3所中职学校，在京津冀三地的中职教育中，天津学校的校均规模始终是最高的，且还在呈现上升趋势，2016年比2015年校均规模增长7.5%，2017年比2016年增长1.4%。在减少学校数量，提高规模效益的同时，天津职业学校的办学特色日益突出，优势专业群的数量不断增加，京津冀协同发展急需的紧缺专业建设不断完善。

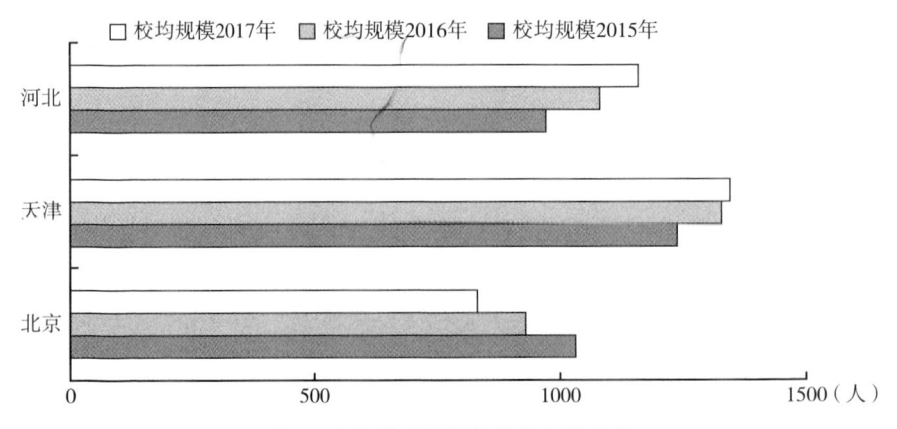

图3　京津冀中职学校校均规模变化

资料来源：2015~2017年《中国教育统计年鉴》。

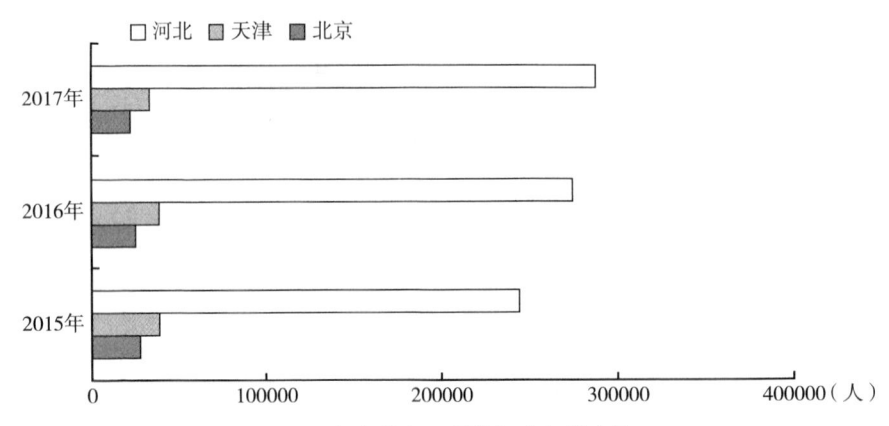

图4　京津冀中职学校招生规模变化

资料来源：2015~2017年《中国教育统计年鉴》。

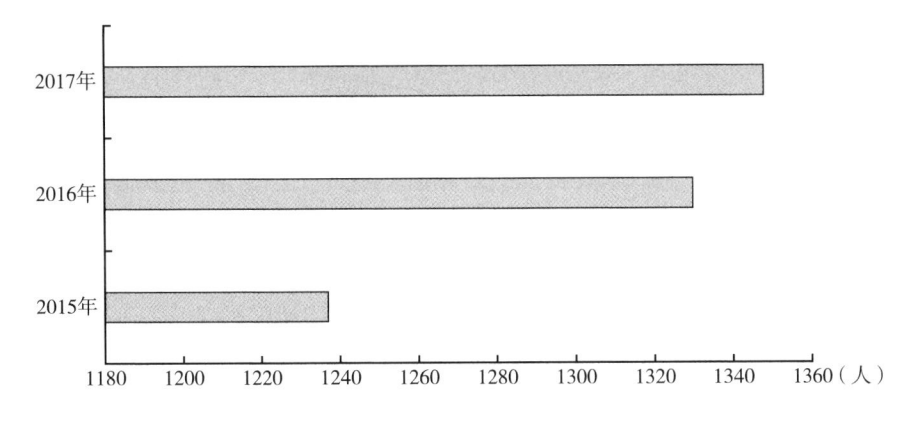

图5 天津中职教育校均规模变化（2015~2017年）

资料来源：2015~2017年《中国教育统计年鉴》。

（二）职业教育基础能力共享共建成果初现

在职业教育的基础能力建设方面，京津冀三地之间借助多种方式进行优质教育资源的共享共建，有力地促进了基础发展能力的提升。首先是师资水平的提升，鉴于河北职教师资在职称结构与学历结构方面水平较低的问题，天津与北京充分利用其自身拥有的国家职业教育师资培养培训基地，北京的基地包括北京理工大学等五所高校和公司，天津则充分利用天津大学、天津职业技术师范大学和天津中德应用技术大学三个国家培训基地，以及职业院校的专业优势，面向河北省职业教育专业教师和管理人员实施专项培训，为河北省师资队伍整体水平的提升提供支持，2015~2017年，河北省职教师资无论在职称结构方面，还是在学历结构层面都有了一个显著的提高。

教育投入不断增加，职业教育的自我发展能力不断提高。天津市政府近几年不断增加对职业教育的经费投入，改善实训基地的教学条件，提高双师型教师的培训及企业兼职教师队伍的建设，全面提高职业教育的自我发展能力。河北省也同样全面提高了省内中职和高职的生均教育经费支出，虽然其投入水平受到自身经济发展能力的制约，与天津北京相比差异巨大，但是持续增长的投入为河北省职业教育的发展带来了巨大的推动力。

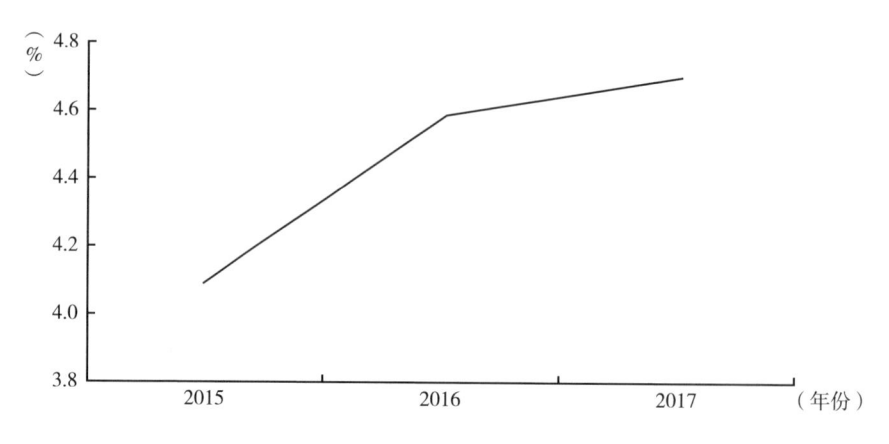

图 6　河北省中职师资副高职称结构变化

资料来源：2015～2017年《中国教育统计年鉴》。

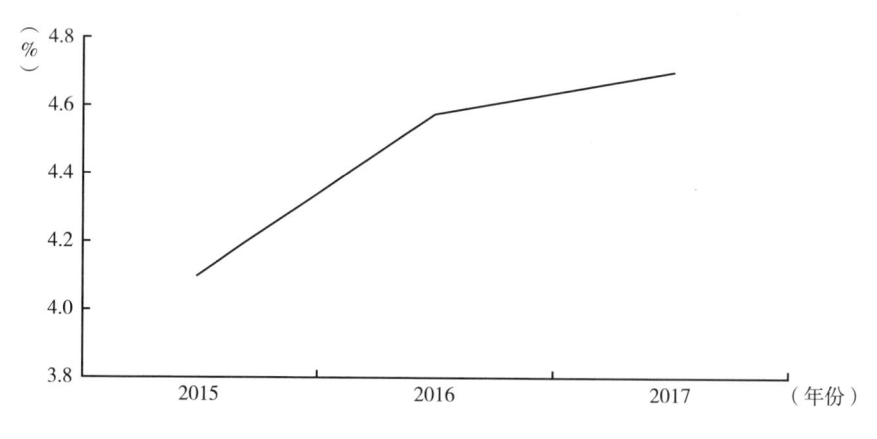

图 7　河北省中职师资硕士学历结构变化

资料来源：2015～2017年《中国教育统计年鉴》。

（三）合作开发与共建平台，促进实现三地专业教学标准的逐步统一化

天津市近几年在职业教育教学资源开发建设方面取得了显著的成效，2012年承担教育部的试点任务，对接职业教育国际先进经验和技术标准，开发了50余个国际化专业教学标准，这些标准代表了目前该相关专业的最

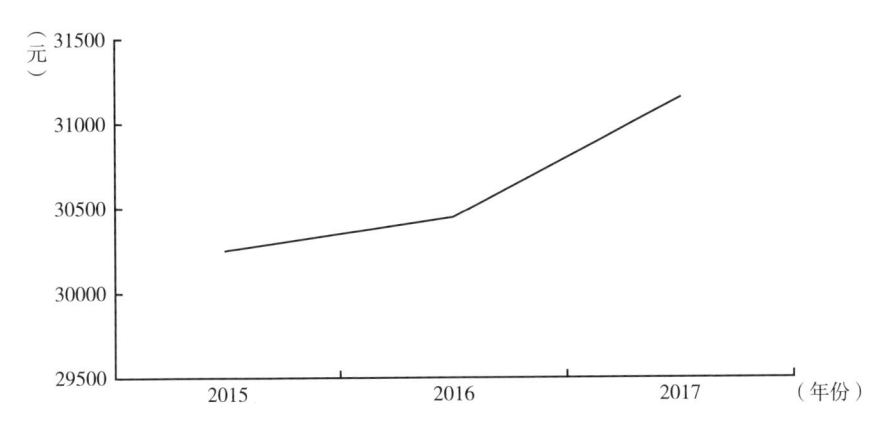

图 8 天津中职生均教育经费支出

资料来源：2015~2017 年《中国教育统计年鉴》。

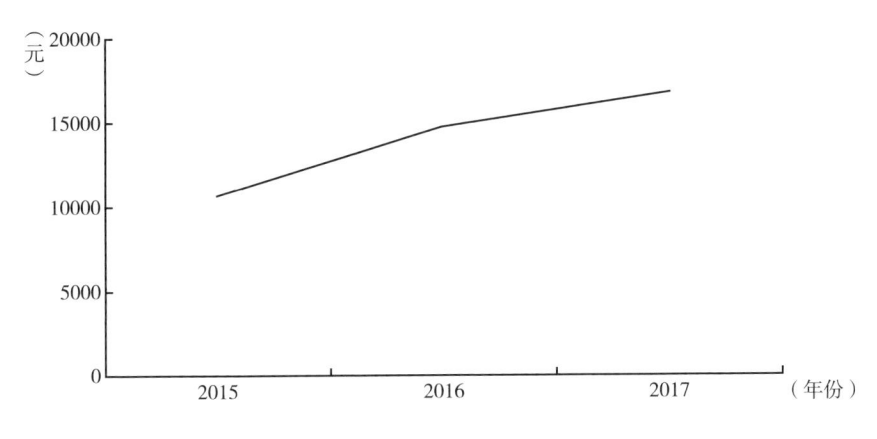

图 9 河北省中职生均教育经费支出

资料来源：2015~2017 年《中国教育统计年鉴》。

新技术标准，是具有国际竞争力的技术技能人才培养标准。为了能够与京津冀三地之间实现教学资源的共享共建，2016 年京津冀三地合作共建了职业教育教学协同发展联盟，联盟的发起单位是北京教育科学研究院职成教研中心、天津教育委员会职教中心及河北省职教研究所。

京津冀职业教育教学协同发展联盟的创立的目的在于：一是借助三地共同进行教学资源合作开发，实现专业课程、专业教育教材的共享共建；二是

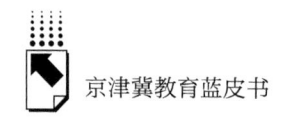

借助教学资源共享平台的建设，实现三地职业院校之间在专业教育、实训资源等方面的共享共建，提高天津、北京的职业教育资源的利用率，解决河北职业教育资源匮乏的问题。

（四）五方携手，建立跨区域的职教联盟

源于天津职业教育的发展历程，职业院校普遍具有行业背景，在专业建设、人才培养等方面都建立了产教融合、校企合作的紧密关系。"五业联动"是天津市基于自身的发展特点逐步形成的一种办学模式，是以综合职业能力的培养为出发点，将专业建设与产业、行业、企业和职业的要求与发展紧密地联系起来，注重职业标准与专业标准、工作过程与教学活动之间的相互对接、相互融合，最终实现职业教育办学结构、办学效益的最优化。在推进京津冀职业教育协同发展过程中，天津以这一发展模式作为与北京、河北实现职业教育相互协同发展的主要方式之一，将三地的职业教育与相关产业紧密地联系在一起。

从2014年开始天津市以京津冀协同发展现代职业教育系列对接会等形式，在现代服务业、先进制造等产业中进行了深度探索，2015年借助养老服务业产教对接活动，在政府行政部门、科研院所的大力支持下，天津市联合京津冀的相关职业院校、养老企业，成立了京津冀养老专业人才培养产教协作会，其宗旨是通过整合统筹京津冀三地养老产业和相关学校的各种教育资源，实现在养老人才、智力、技术、设备等方面的资源共享和优势互补。接下来还成立了京津冀卫生职业教育协同发展联盟，这一联盟的最大优势在于，将京津冀三地的卫生职业院校、医疗机构和企业联合起来，有效地保障了相关专业的学生学历教育、实习实训及就业后继续教育的顺利实施。2016年京津冀模具现代职业教育集团正式成立，不同于其他职教集团，这一集团成功地将京津冀三地的模具协会、院校及训练（培训）中心、企业及科研院所共65家单位联合起来，实现了京津冀三地模具专业教学标准、职业培训标准以及就业标准的对接，有力地促进了三地这一产业的高水平发展。

伴随京津冀职教联盟的发展,通过与全国的行业协会对接、扩大与京津冀周边省份之间的对接,其影响力不断增强。2016 年,"京津冀协同发展现代职业教育·养老服务产教对接会"召开第二次会议,"中国养老产教联盟(中国养老职教集团)"在天津成立,参加联盟的单位达 340 家,为了更好地发挥联盟对全国养老专业的教学指导工作,会议期间组建了"全国民政行指委京津冀养老专业人才培养产教协作会",借助这个平台京津冀院校的教育资源实现了和全国养老产业企业之间的对接。另一个比较典型的成果是,围绕京津冀新能源产业发展的需求,在原有京津冀协同发展的基础上,将甘肃、内蒙古等中西部省份引入进来,形成更大的领域的协同发展,2017 年的"京津冀·晋甘蒙职业教育与新能源汽车产业对话高峰论坛"上,建立了中国北方科教科普仪器产业创新联盟,这是新能源产业一个大范围的联盟,其在北方地区的影响力巨大。

2014~2017 年,天津市紧密结合京津冀产业发展变化的特点,重点围绕先进制造业、现代服务业及新能源、交通行业等优势产业,石油化工等传统产业,打破三地之间的行政区域壁垒,举办了十余次产教对接会议,创立了十几个基于行业发展需求,京津冀三地共建的职业教育集团或产教联盟组织,参加的成员单位既有三地的职业院校、行业、企业、科研单位,也包含已经建立的职业教育集团,借助跨区域的职教集团或者产教联盟,形成充分发挥三地职业院校、行业企业及机构组织职能的共享共建机制、合作对话机制、协同创新机制。

目前主要的产教对接成果包括:举办现代服务业产教对接会达成京津冀三地在电子商务、现代物流类专业教育领域的合作共建;举办养老服务业产教对接论坛达成京津冀三地在护理类专业教育领域的合作共建;举办健康服务业人才培养产教对接论坛达成三地在卫生类相关专业教育领域的合作共建;举办石油和化工行业产教对接会达成三地在石油化工生产技术、应用化工技术等专业教育领域的合作共建;举办环保产业协同发展产教对接会达成三地在环境监测与治理技术、水环境监测与保护专业教育领域的合作共建;举办京津冀"十三五"新能源创新论坛、食品安全与营养产教对接会及京

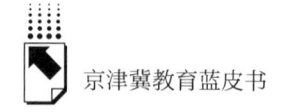

津冀现代制造业职教集团成立大会，达成三地在光伏发电技术及应用、节能工程技术专业、生物工程类专业及装备制造产业领域的合作共建。十余个产教对接会的召开对在专业层面开展京津冀产教融合，对促进三地专业教学标准的统一，全面提高专业实训实践教学质量产生了巨大的推动作用[①]。

（五）以三地职教科研合作团队为依托，联合开展有针对性的研究

2016年，天津教科院职成所、北京教科院职成所和河北省职教研究所共同签署了《京津冀职业教育协同发展科研组织合作协议》，并合作共建了京津冀职业教育协同发展研究中心。研究中心以京津冀职业教育协同发展的顶层规划设计问题、制度障碍及微观实施问题为研究对象，紧紧围绕国家战略部署，开展实证性的研究工作。同时，研究中心作为一个信息交流的大平台，广泛及时地搜集汇总北京、天津、河北三地职业教育在京津冀协同发展实施过程中取得的成就、出台的相关政策等，定期发布京津冀职业教育协同发展简报，为三地搭建信息交流与沟通的桥梁[②]。

三 制约京津冀职教协同发展的关键

分析影响京津冀职业教育协同发展的障碍需从教育协同的内在与外在两个方面去分析，三地职教的协同发展面临着消除行政壁垒，进行复杂的教育资源要素整合等诸多挑战，较为突出的障碍一方面是来自职业教育管理模式的问题，即如何打破地域限制，实现职业教育资源在京津冀三地之间顺畅地流动；另一方面则是来自于职业教育根据国家战略如何确立自身的发展定位，解决规划调整问题，顺应京津冀协同发展的整体建设目标，满足新时期新需求。

[①] 吕景泉：《职业教育推进区域协调发展的有效途径》，《中国职业技术教育》2017年第34期，第62页。

[②] 《河北雄安新区规划纲要》，2018年4月21日，http://www.gov.cn/xinwen/2018-04/21/content_5284800.htm。

1. 管理体制机制的问题

职业教育作为准公共产品，其经费来源主要是源自地方政府，由于京津冀三地的经济发展水平差异巨大，如图10~图12所示，北京在生均经费方面几乎达到河北省的三倍，生均占地面积和生均固定资产这些硬件指标的差异是非常显著的，这些巨大的差异势必导致每个地区职业院校的财政支持也存在巨大差异，三地政府在职业教育在管理机制与政策制定上更多的是从自身的发展需求出发，因此要实现职业教育的三地协同发展，就必须要求北京天津河北三地都要打破地域之间的行政割裂，站在京津冀一体化的视角去规划管理职业教育，突破只限于京津冀三地各自的局部发展观，从三地一盘棋的视角去解读国家发展战略，制定相应的法律法规和制度策略。

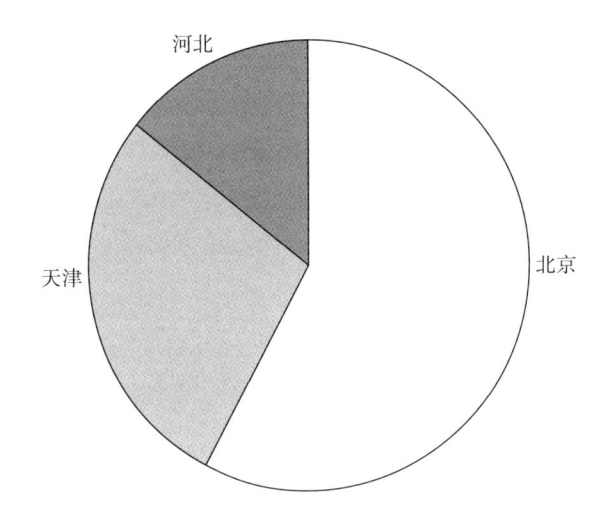

图10 2017年京津冀中职教育生均经费比较

资料来源：2015~2017年《中国教育经费统计年鉴》。

2. 整体布局与结构调整的问题

京津冀三地职业教育发展的功能定位与合作分工是与国家对京津冀三地的功能定位紧密联系的。按照京津冀协同发展的总体规划，在京津冀产业协同发展的定位中，京津冀三地产业协同发展的格局定位在于建立"三二一"产业布局，其中第二产业的三地合作主要是产业梯度转移和建构跨行政区产业链，第

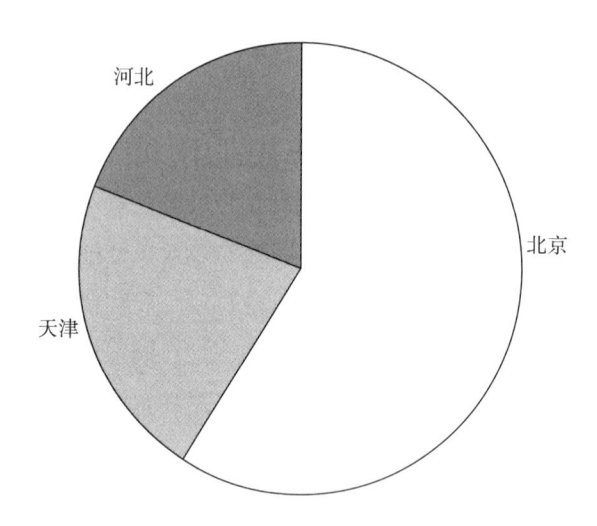

图 11　2017 年京津冀高职教育生均经费比较

资料来源：2015～2017 年《中国教育经费统计年鉴》。

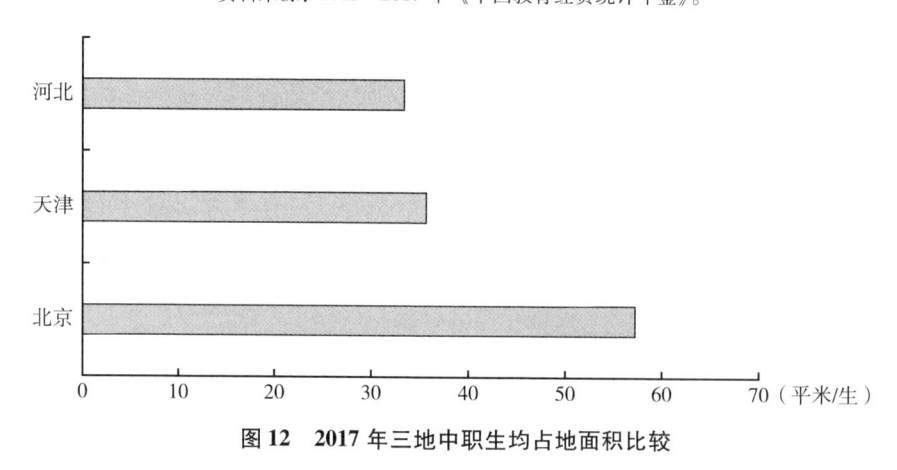

图 12　2017 年三地中职生均占地面积比较

资料来源：2015～2017 年《中国教育经费统计年鉴》。

三产业是要优先发展的产业，这是推动京津冀区域经济发展的主导力量，其次要推动工业和服务业的产业结构升级，再次是要发展高新技术产业。在三地产业的分工方面，除了对接产业的协同发展的需求之外，还要对接京津冀协同发展总体规划的要求，与京津冀三地整体功能的定位相适应，即要与北京的"四心一都"、天津的"一基三区"、河北的"一基三区"相适应。与产业协同发展相对应，当前京津冀三地职业教育需要重新规划相关的专业设置，围

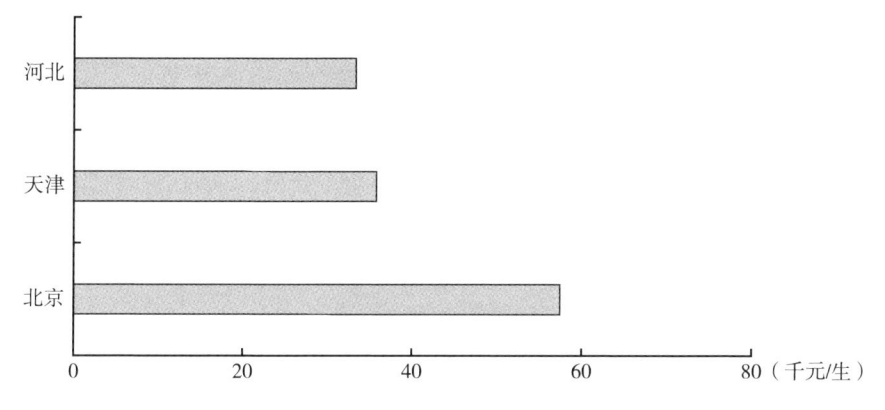

图 13 2017 年三地中职生均固定资产比较

资料来源：2015~2017 年《中国教育经费统计年鉴》。

绕国家战略重新规划职业院校的发展与布局，规划专业的设置与结构，使职业教育在人才培养的结构与规模上能够顺应京津冀三地产业的发展与变革。

四 京津冀协同发展对天津职业教育的新要求

（一）发展水平严重不平衡应制定整体性与针对性规划

职业教育作为准公共产品，其经费来源主要是源自地方政府。但是由于京津冀三地的发展水平差异巨大，导致三地职业教育的财政支持与发展环境存在巨大差异。2017 年的统计年鉴显示，目前北京和天津的人均 GDP 都已达到 1 万美元以上，分别是河北省的 2.69 倍和 2.49 倍，经济差距仍然较大。

表 1 京津冀经济发展水平比较

地区	北京	天津	河北
GDP（亿元）	28000.40	18595.38	35964.00
人均 GDP（元）	128992	119440	47985
城镇化率（%）	86.5	82.9	55.0

资料来源：《2017 中国统计年鉴》。

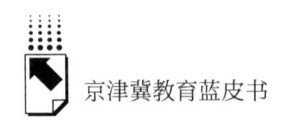

在职业教育发展环境方面,京津冀三地的城镇化率差异很大,其中北京和天津的城镇化率要远远高于河北省的城镇化率,相差接近30%,北京、天津目前的城镇化率均已达到发达国家的水平,而河北省的城镇化率还不及全国的平均水平,因此京津冀三地内部发展水平上存在着严重的不均衡现象。

受到经济发展水平及城镇化发展水平的双重影响,京津冀三地职业教育的投入差距及外部环境的差距也必然是显著的,要实现职业教育的协同发展,就要打破地域之间的行政割裂,站在京津冀一体化的视角去规划管理京津冀的职业教育,突破自身的局限从三地整体发展的国家战略来制定精准的职业教育发展规划与政策制度。

(二)产业转移与结构调整对教育的结构与布局提出新的要求

天津职业教育的布局与结构调整必须建立在对京津冀产业转移与结构调整的科学分析基础之上,必须要聚焦具体的产业发展变化,制定科学的发展规划。

在《"十三五"时期京津冀国民经济和社会发展规划》中提出,未来京津冀产业协同发展涵盖九个方面的重点发展任务,其中对产业协同发展的任务为转型升级,构建现代产业发展体系。京津冀三地将重点发展现代服务产业,提出现代服务业的两个转变方向,一是要促进生产性服务产业向专业化和高端价值方向转化,二是促进生活性服务业向精细化和高品质化转变,同时还要大力培育新兴的服务业。在制造业领域,则提出建设五条产业带,培育和建设六条优势产业链,具体为:京津廊高新技术产业带,主要包括高端装备、电子信息等产业;沿海临港产业带,主要包括成套装备、精品钢铁等产业;京广线先进制造产业带,主要包括发展汽车、生物医药等产业;京九线特色轻纺和高新技术产业带,主要包括纺织服装、绿色食品;张承绿色生态产业带,主要包括清洁能源、农副产品加工。在承接方式上将采取以示范产业园区为基础,通过建立健全产业配套和公共服务体系等方式,实现京津冀产业之间的协同发展。

统计显示,2017年京津冀三地生产总值8.058万亿元。从地区的情况来看,北京产业结构进一步优化,动能转换明显提速,创新驱动逐步发力;河北转型升级成效明显,新动能支撑增强;天津质量效益稳步提升,转型发展成效显现。

表2 京津冀三地产业结构比较（2017年）

单位：亿元，%

地区	北京	天津	河北
第一产业产值	120.42	168.96	3129.98
第一产业占比	0.43	0.90	9.20
第二产业产值	5326.76	7593.59	15846.21
第二产业占比	19.00	40.90	46.60
第三产业产值	22567.76	10786.64	15040.13
第三产业占比	80.60	58.20	44.20

资料来源：《2018中国统计年鉴》。

从上述分析可以看出，京津冀的协同发展离不开产业的协同，目前在北京已进入后工业化时期，天津处于工业化后期，河北省处于工业化中期的情况下，京津冀协同发展的新特征之一就是在产业结构调整上已经初具规模，未来将进一步调整逐步形成完整的上下游产业链。

与之相对应，当前天津职业教育将面临重新规划职业院校的发展与布局，规划专业的设置与结构的挑战，使职业教育在人才培养的结构与规模上能够顺应京津冀三地产业布局与产业链发展的需求。

（三）产教融合深化要求跨区域设计职业教育办学模式与培养机制

京津冀一体化发展的基本原则是优势互补、互利共赢、区域一体，协同推进基础设施相连相通、产业发展互补互促、资源要素对接对流、公共服务共建共享、生态环境联防联控等是京津冀协同发展的重点工作。2014年以来经过4年多的积累，京津冀协同发展已经取得了一定的突破，《区域蓝皮书：中国区域经济发展报告（2017~2018）》的研究显示，在京津冀三地协同发展的过程中，交通、生态、产业三大重点领域的协同发展进展迅速，比较突出的成就是"轨道上的京津冀"正在形成，随着区域交通一体化规划和政策体系逐步完善，交通运输管理政策、执法、信息、标准逐步统一，并建立联合执法机制。按照网络化布局、智能化管理和一体化服务要求，多节点、网格状、全覆盖的互联互通综合交通网络加速构建。

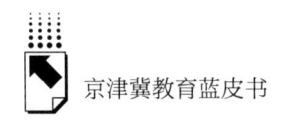

与京津冀一体化发展相对应的是产教融合校企合作的一体化，即职业教育所培养的技术技能人才的教育标准、就业范围是京津冀全域性的，三地校企合作的职业院校是全域性的，因此迫切需要创新职业教育的办学模式与育人机制，将产教融合、校企合作在更大的空间开展。

（四）围绕集中疏解地，构建天津职教服务雄安新区的新模式

2018年天津与北京市、河北省分别签署了《进一步加强京津战略合作框架协议（2018-2020年)》《落实津冀〈进一步加强战略合作框架协议〉重点事项任务分解方案（2018-2020年)》两个文件，目的在于一方面要推动新一轮京津冀合作向深层次拓展，协同推进区域功能布局优化，深化"通武廊"一体化；另一方面要加强产业和科技创新对接，建设高水平创新平台，推进产业转移体制机制创新、共同推进雄安新区建设。为此，京津冀协同发展需要在整体规划发展的同时，还要进行重点突破，以点带面实现更大的发展。

2018年4月，中共中央正式批复《河北雄安新区规划纲要》，在这个纲要中确立了雄安新区是北京非首都功能疏解集中承载地，是北京发展的新两翼之一。其建设定位在于，要建设成为高水平社会主义现代化城市、京津冀世界级城市群的重要一级、现代化经济体系的新引擎以及推动高质量发展的全国样板。

中共中央、国务院在批复中明确提出，要以《河北雄安新区规划纲要》为指导，推动雄安新区实现更高水平、更有效率、更加公平、更可持续发展，建设成为绿色生态宜居新城区、创新驱动发展引领区、协调发展示范区、开放发展先行区，努力打造贯彻落实新发展理念的创新发展示范区。基于此，在2018年下半年国家发改委召开的京津冀协同发展工作现场会上，将在雄安新区建设上取得突破，高标准建设北京非首都功能疏解集中地，列为当前京津冀协同发展的一个重要任务[1]。

---

[1] 中共中央国务院关于对《河北雄安新区规划纲要》的批复，2018年4月20日，http://www.gov.cn/home/2018/04/20/content_5284578.htm。

与这一国家发展计划相适应,天津职业教育需研究制定相应的策略,从制度层面、资源供给层面等方面探索服务雄安新区的新模式和具体路径,综合上述分析,本报告认为,天津在京津冀职业教育协同发展现阶段的工作重点应集中在两个方面:一方面是形成职业教育协同发展的内生动力机制,承接北京的职教资源,示范引领河北的职教发展;另一方面紧密对接北京非首都功能疏解集中地雄安新区的发展需求,进行职业教育的协同建设①。

五 天津职教服务京津冀协同发展的主要任务

(一)顶层规划,对接北京集中疏解地雄安新区职教建设

2018年4月,中共中央、国务院在批复的《河北雄安新区规划纲要》中明确提出,要统筹利用国内外教育资源,开展与国际高端职业教育机构的深度合作,规划建设新区职业院校,建设集继续教育、职业培训、老年教育等功能为一体的社区学院。天津作为国家现代职业教育改革创新示范区,拥有优质职业教育资源丰富,高等职业院校26所,中等职业学校73所,其中国家级示范高职院校4所,骨干校3所,另外还有几十所国家级重点中职,在京津冀协同发展中承担着为雄安新区的职业教育改革与发展提供引领示范的功能。同时,天津职业教育在过去的十余年中还积累形成了丰富的先进经验、研究开发了诸多的优质教学成果,2018年全国职业教育教学成果奖的评选中,天津就取得了3个一等奖,7个二等奖的优异成绩,在职业教育的国际化、全国职业院校技能大赛资源成果转化、区域性职业教育集团化发展模式、产教融合及现代学徒制人才培养模式等方面都形成全国领先的发展理念与发展模式,这些都是京津冀协同发展的重要资源。

为了更好地服务雄安新区,2018年5月天津市教育委员会与雄安新区

---

① 吕景泉:《职业教育推进区域协调发展的有效途径》,《中国职业技术教育》2017年第34期,第62页。

管理委员会签署职业教育战略合作协议，按照协议双方将在终身职业技能培训、职校校际合作、职教数字资源应用、职校干部教师培养培训、职教规划领域五个方面开展深度合作，为雄安新区高质量发展提供源头支撑。第一阶段的合作实施期限为五年，从2018年到2023年。

天津与雄安新区职业教育战略合作所要解决的主要问题是雄安新区高标准、高起点建立职业教育与职业培训体系的建设资源不足。天津市在战略协议中的总定位是要充分发挥天津市作为国家现代职业教育改革创新示范区优势，建立完善高素质技术技能人才培养培训体系，构建京津冀职业教育协同发展体系，探索现代职业教育区域发展新模式，创造职业教育的"雄安质量"，助力雄安新区高端高新产业发展。为了更好地落实战略规划，目前天津市正在探索采取由高职院校组团的方式在雄安新区开展社会培训。

在高职层面，由高职示范校天津职业大学牵头在雄安新区开展社会培训，着力解决雄安新区在职业培训与职业教育学历教育方面资源不足的问题，具体的内容如下。

表3　天津与雄安新区高职层面合作的主要内容

解决问题	主要举措	服务目标群体
职业培训不足问题	以天津职业大学雄安新区培训基地为依托，开展多类型多层次的职业培训与继续教育活动，以及职业技能鉴定	雄安本地的劳动力输出群体、职业院校的教师群体、在学学士群体
职业教育学历教育不足问题	根据学习需求，以就地就近、输出就业为原则，实施成人高等教育学历教育	成人群体
新区建设紧缺人才培养问题	面向雄安新区，采取增加单列招生计划的方式	学生群体
重点产业技术技能人才储备问题	以雄安新区的产业布局和人才需求规划为依据，采用订单式人才培养计划，整合新区与天津市的优质职业教育资源共同培养	学生群体
雄安新区职业教育水平整体提升问题	天津市与雄安新区采取联合共建、资源共享方式，在人才人才培养、教学改革、实训基地建设、师资水平提升、社会服务等方面实现整体提升	雄安新区的职业院校

资料来源：吕景泉：《职业教育推进区域协调发展的有效途径》，《中国职业技术教育》2017年第34期，第62页。

为了使高职层面的合作制度化，天津市教委与河北省教育厅从职业教育学历层面与职业培训层面，对影响相互合作的关键问题进行了深入探讨，共同签署了《天津市河北省关于加强津冀两地职业教育与职业培训合作协议框架》，为两地之间的深度合作创造条件。

在中职层面，则由天津市第一商业学校、天津市经济贸易学校、天津市第一轻工业学校三所国家示范校，牵头对接雄县职业教育中心、安新职业教育中心和容城职业教育中心，分别建设三个雄安协作校区，借助天津职业院校的专业优势，帮助雄安的职业学校开发新的专业，建设高标准的实训室，引入国家职教示范区模式，试点中高职"3+2"衔接，延伸职业教育链条，打通中职教育的上升通道，构建津冀两地优势互补、互利共赢的职业教育协同发展格局。

在师资能力建设方面，由天津机电职业技术学院承接的国家中西部地区职业教育师资培训中心服务总平台牵头开展面向雄安新区职业学校的专业骨干教师、学校管理干部、技能培训师等培训，计划每年培训60人，连续培训5年；依托天津大学、天津职业技术师范大学、天津中德应用技术大学开展面向新区职业学校专业教师的学历教育专项培养。

（二）深化产教融合，增强跨区域产教联盟的服务功能

基于前期的探索，天津在跨区域产教联盟方面已经取得了显著的成效，为京津冀职业教育之间搭建起对话交流、项目协同、校企合作的桥梁。下一步天津将继续深化产教融合，扩大区域性产教联盟的服务功能和影响力，一方面要使合作的产业领域更广泛，另一方面则要使合作的企业、学校及相关机构的规模越来越大，不断提升平台的服务能力，着力解决好五个方面的问题：京津冀三地人力资源需求信息缺乏的问题、区域性产教融合校企合作不足的问题、现代服务业创新创业型人才培养能力不足的问题、京津冀三地师生交流交换水平较低的问题、有关现代服务业研究缺失的问题。[1]

---

[1] 《京津冀职业教育协同发展中的天津实践》，2017年3月1日，http://edu.enorth.com.cn/system/2017/03/01/031603360.shtml。

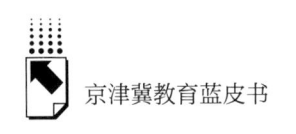

（三）合作办学，为河北职业教育发展增强内生动力

天津从 2010 年成为国家职业教育改革创新示范区已经有 8 年的时间，无论在职业教育的体制机制，还是教育模式、教育资源等方面都取得了突破性的成就，拥有丰富的职业教育优质资源，是京津冀的协同发展的重要基础，经过前期的充分准备，目前，天津与河北省的合作已经进入实质的输出阶段，在河北承德建设中德应用技术大学承德分院，在邢台市威县建设天津职业大学威县分校，在雄县建设天津第一商业学校雄县分校等。天津市与河北省借助合作办学不仅可以将天津的优质职业教育资源输送到河北，同时也把先进的管理理念、教育思想带入进来，为全面提升河北的职业教育能力与水平提供支持。

1. 中德应用技术大学承德分院

中德应用技术大学承德分校是天津市政府与河北省承德市政府共建项目，起源于 2016 年 3 月河北省政府与天津市政府达成由天津帮助河北省承德市建设一所高水平高职院校的初步计划，2016 年 11 月天津市与承德市签署《关于对口支援建设高等职业院校框架协议》，开始实施分院建设。

①建设背景

首先，建设天津中德职业应用技术大学承德分校，是京津冀区域协同发展，特别是承德市经济社会发展和产业转型升级的迫切需要。承德市现代产业体系，以文化旅游、钒钛制品、装备制造、食品医药、清洁能源五大主导产业，以及现代物流和高新技术两大战略新兴产业为主导，处在产业转型升级的关键阶段，仅"十三五"期间，全市对高端技能人才每年就会产生数千人的需求。但是承德市人力资源开发落后问题严重，劳动者素质偏低和技术技能人才紧缺的问题尤为突出。目前，承德技术人才紧缺，情况更为严重，全市企业职工中，技术工人不到 50%，且技术等级偏低。全市规模工业企业 11.72 万工人中，技师和高级技师占全部工人的比例不足 3.5%。其次，建设天津中德应用技术大学承德分校，是贯彻落实精准扶贫战略的重大举措和必然选择。承德市平坤面积大，贫困人口多，贫困程度深，高于河北省十个百分点，脱贫攻坚任务十分艰巨，该项目是深入贯彻党和国家战略部署，认真落实教育部六部门教育扶贫攻坚"十三五"规划，充分体现精准意识，在建立对口扶贫工作长效机制推进教育扶贫思路举措方法上的创新，真正做到了扶贫与扶智相结合，输血与造血相结合，强化的内生动力。

②建设目标

作为天津市的重点项目，天津中德应用技术大学承德分校的建设具有重大的意义，是天津职业教育服务京津冀协同发展的重要举措，其建设定位是将天津中德应用技术大学的优质教育资源向承德输送，提升承德职业教育的发展水平和服务能力。因此，其建设目标在于立足承德、面向京津，培养与承德自身的经济社会发展需求、与京津冀协同发展经济结构调整、产业升级和创新发展相适应的生产服务一线的应用型、复合型的"学历＋技能"的高级技能人才，为承德本地经济社会发展服务、为河北省和京津的社会经济发展服务。建设以承德市和京津冀发展急需的专业为基础，合力设置相关专业，建设系列专业群，在促进学生就业的同时，也为承德市转型升级、绿色崛起提供了技术技能人才支撑。

2. 天津职业大学威县分校

天津职业大学威县分校是天津职业大学与河北省邢台市威县人民政府在威县产教融合职教园区的共建项目，分校以学前教育、汽车运用与维修等专业探索"五年一贯制"人才培养模式，以学前教育和汽车运用与维修专业为试点，带动专业建设、课程体系改革、师资建设和实训基地建设；结合威县产业发展需求，在旅游管理、树脂工艺等专业，开展帮扶专业建设和技术技能人才培养，搭建中高职衔接桥梁[①]。

3. 天津市第一商业学校雄县分校

天津市第一商业学校雄县分校是天津市第一商业学校与河北省雄县职业

---

① 《天津职业大学将建威县分校》，《天津工人报》2018年4月25日，http://www.tjtc.edu.cn/info/1354/6000.htm。

技术教育中心的共建项目，天津一商学校将充分发挥自身在新能源、财经商贸等专业大类的专业优势，帮助雄县职业技术教育中心开发新专业，并引导相关企业参与建设专业实训室。同时，借助天津的优质资源，为雄安新区打造适应其产业发展的职业教育专业组群，从2018年开始，在分校增设包括市场营销、机电一体化等专业在内的一批中高职衔接班；筹划开设面向雄安新区经济社会发展急需的智能制造、现代服务、生态旅游、轨道交通类专业布局。此外，双方还将共同设立培训中心，开展技术技能培训，服务雄安新区农民培训和市民转型[1]。

六 发展策略

京津冀职业教育的协同发展目前已经进入加快推进阶段，未来的发展应当是在现有发展的基础之上进行深度推进，职业教育协同发展的核心任务是要根据京津冀三地各自的功能定位的要求，强化三地的分工，进一步调整布局与结构，建构三地职业教育一体化发展模式。因此，京津冀职业教育的协同发展除了围绕重点工作设计相关任务之外，还需要制定相应的创新机制。

（一）建立促进京津冀职业教育资源流动创新机制

目前京津冀职业教育之间虽然建立了一些合作与交流平台，推进了教育资源的流动，但是三地之间职业教育资源的流动与共享的问题仍然还很严重，还是缺乏系统的区域合作与互联互通的机制，而这种流动机制的创立不能单靠学校之间、地方之间的自我调控，而是必须借助政府的引导与支持。因此，要着眼于京津冀三地职业教育的未来发展需求，探索创立能够促进优质职业教育资源在三地流动，使其得到充分利用，形成巨大效益的运营管理机制。

---

[1] 《津冀签署协议 共建天津市第一商业学校雄县分校》，2017年9月9日，http://www.cnr.cn/tj/jrtj/20170909/t20170909_523941420.shtml。

本报告认为，根据三地职业教育协同发展的实际需求，从天津的职业教育特点与服务功能的角度，建立具有实际指导和应用推广功能的职业教育资源服务中心，并形成建立统一管理、开放应用的优质职教资源中心应成为一个有力举措。

第一，建立优质职业教育资源中心，借助天津国家职业教育质量发展研究中心的平台，将天津的优质职业教育资源进行梳理总结，开发建立模块化的职业教育资源库，将全国职业院校大赛的赛项资源、国际化专业教学资源等方面的职业教育优秀成果整合起来，分类别、分层次设立特色鲜明、形式多样的丰富的职业教育资源库。

第二，建立若干开放型的优质职业教育交流培训中心。将天津目前已经建成的能够体现天津职业教育发展水平的综合性、专业性实训中心、体验中心等职业教育资源进行分类、分层模块化组合，面向京津冀三地的职业院校开放，承担培训、参观和研讨交流的职能。目前比较有影响力的资源涉及职业教育国际化、全国职业院校技能大赛等多个方面，以职业教育国际化资源为例，围绕天津探索出的职业教育创新型国际化项目——鲁班工坊，已经建成了鲁班工坊体验馆、工程实践创新项目体验馆等实体中心，以此为基础可以开发建设职业教育国际化培训中心；其他的培训中心如以全国职业院校大赛博物馆、大赛成果转化中心为基础，开发全国职业技能大赛交流培训中心等等。充分利用现代信息技术将线上线下的软件资源与职业院校的硬件资源紧密地结合起来，发挥整体服务的功能。

（二）制定配套经费管理与税费减免政策，鼓励跨区域产教协同校企合作

按照京津冀产业协同发展的规划要求，未来京津冀的产业将是上下游产业链相互衔接，现代服务业与先进制造业、现代农业结构优化、布局合理的现代产业体系。为此，职业教育人才培养无论是在培养对象还是就业地域方面都将是以京津冀三地为基础来进行设计。如前文所述，天津在近几年以产业为中心，联合京津冀三地的职业院校、行业、企业及科研院所，建立了

12个京津冀产教联盟，其核心目的就是借助跨区域的产教联盟这个平台将三地的职业教育与相关产业结合起来，开展跨地区的校企合作，京津冀三地的职业院校与企业合作共同培养急需的技术技能人才。

企业实习实训是职业教育人才培养最重要也是最关键的一个环节，现有的职业教育校企合作促进办法都是以京津冀三地各自的地域为限来制定的，其中所包含的校企合作的实训补贴政策、双师型师资队伍建设政策，对开展校企合作企业的职责、义务和权益及享受的税收优惠政策，相关行业组织的职责，职业院校的管理制度等方面都是相互独立的。协同发展下的产教融合校企合作的重要特征就是学生跨区域完成实习实训，天津由于在先进制造领域有着诸多的优势企业，可以为京冀职业院校的学生提供较丰富的实习实训资源，但是这些以行政区域划分的政策制度的实施将极大地阻碍京津冀职业教育的协同发展，制约了天津企业招收京冀职业院校学生实习实训。

因此，当前迫切需要加强京津冀三地校企合作的激励机制与保障机制建设，出台基于京津冀协同发展下的校企合作促进办法或者管理条例。突破原有按照行政区域划分而制定校企合作相关条例的实施范围，在京津冀三地探索制定相关的财政与税收政策，保障三地的职业院校在跨区域企业进行实习实训时，能够在学生的培养制度、权益保障等方面，在企业的税收优惠与政府补贴等方面，在学校的师资建设、管理制度等方面享受同等待遇或者统一管理标准。同时制定相应的激励机制，京津冀三地探索共同建立专项资金，给予跨区域实习实训的学生一定的生活补贴，并为其购买相应的保险；对跨区域接受实习实训学生的企业，给予相应的财政补助；对于相关的职业院校给予补贴，提高实习指导教师的待遇等等。

除了激励与保障机制之外，还需要建立转移支付机制。三地学生跨区域完成企业实习实训教学教育势必要求，公共教育经费在不同区域之间的转移，而要实现转移支付就必须打破不同区域之间的管理体制，建立标准化的学分体系，建构以学分为基础的转移支付平台，而这些改革都不是北京、天津和河北一个地方能够实施的，必须由京津冀三地统筹研究制定。

（三）以专业群的建设为支点，构建京津冀现代职业教育体系

京津冀职业教育协同发展的重点在于围绕"五区五带五链"，合理配置三省市职业教育资源，调整三地的专业结构，使职业技术技能人才的培养规模与结构、层次与产业结构、层次相适应；围绕三地职业教育的优势专业，建立与产业发展结构、上下游产业链发展相对应的专业群，并以此为基础搭建三地之间不同层级职业教育之间相互衔接相互沟通的桥梁，创建京津冀现代职业教育体系。

分析2016年京津冀三地高职院校不同专业的招生数据，结果显示目前阶段京津冀三地在专业教育结构方面，河北省在医药卫生（19.9%）、财经商贸（16.8%）两个方面比较突出，天津市在土木建筑（8%）、装备制造（16.7%）、交通运输（12.7%）、电子信息（12.6%）和财经商贸（20.9%）方面比较突出，北京市在装备制造（8.7%）、交通运输（8%）、电子信息（11.26%）、医药卫生（11.56%）和财经商贸（20.2%）方面比较突出。

表4 京津冀三地高职教育不同专业招生结构分析

单位：%

专业	招生结构		
	河北	天津	北京
农林牧渔大类	1.10	0.20	3.10
资源环境与安全大类	5.70	2.50	0.90
能源动力与材料大类	0.17	1.37	0.01
土木建筑大类	9.30	8.00	4.40
水利大类	0.60	0.04	0.16
装备制造大类	0.15	16.70	8.70
生物与化工大类	1.00	1.45	0.38
交通运输大类	1.70	12.70	8.00
电子信息大类	1.20	12.60	11.26
医药卫生大类	19.90	5.70	11.56
财经商贸大类	16.80	20.90	20.20
旅游大类	1.80	3.20	5.10

资料来源：《中国教育统计年鉴2016》。

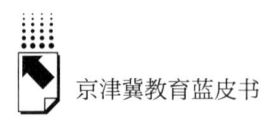

由此可见，在京津冀三地之间建立专业错位发展已经具备一定的基础，可以围绕三地各自的优势专业和影响力大的专业群，充分利用其具备比较优势的专业建设基础，建立中高本之间的升学通道，为三地学生跨区域升学提供条件，以满足京津冀三地职业院校学生自我发展的需求，满足京津冀协同发展对不同层次高素质技术技能人才的需求。

B.11
京津冀协同背景下河北省基础教育精准扶贫现状与对策

河北省教育科学研究所课题组*

摘　要： 河北省教育厅历来高度重视教育精准扶贫工作，在省委、省政府的坚定领导下，健全扶贫政策体系，开展了中小学校舍提升工程、农村义务教育学生营养改善计划、乡村教师生活补助等多项行动，教育扶贫工作取得了丰硕成果。但由于河北省域贫困地区数量多、底子薄等原因，教育精准扶贫面临一些问题和不足：一是城乡学校办学条件存在差距，农村学校基本办学条件有待提高，农村学校多媒体、图书馆、功能教室使用率不高。二是学生营养改善计划未全面展开，贫困学生建档立卡精准度不高，农村留守学生心理健康未得到重视。三是贫困地区教师队伍结构不合理，培训进修机会少，职称晋升空间小，教师教学素养能力有待提高等。针对问题和不足，我们提出了以下对策及建议。一是继续加强农村学校基本办学条件改善；二是保障贫困地区学生全面发展；三是加强贫困地区教师队伍建设；四是充分发挥教育科研扶贫力量。

关键词： 基础教育　精准扶贫　学生发展　教师发展

---

* 本文系河北省教育科学研究"十三五"规划2017年度重大委托课题"河北省教育精准扶贫专项调查研究（项目编号：1701023）"的阶段性成果。项目主持人：马振行，河北省教育科学研究所所长；项目组顾问：褚宏启，北京开放大学党委副书记、校长；主要成员：河北省教育科学研究所闫春江、张磊、李静。

打赢脱贫攻坚战是党中央、国务院做出的重大决策部署,也是实现全面建成小康社会目标的重要标志。为深入贯彻中央扶贫开发工作会议精神,全面落实《中共中央国务院关于打赢脱贫攻坚战的决定》和教育部等六部委印发的《教育脱贫攻坚"十三五"规划》,完成发展教育脱贫一批重要任务,必须坚持因村因户因人施策,扶到点上、扶到根上。

河北省第九次党代会提出,把教育扶贫作为脱贫攻坚的优先任务和教育事业发展的重点工作,以张承坝上地区和深山区的10个深度贫困县、206个深度贫困村为全省脱贫攻坚的重点区域,建立定点帮扶制度,对10个深度贫困县实行"五包一"帮扶、对206个深度贫困村实行"三包一"帮扶、对贫困户实行"一包一"帮扶,整合资源力量实施攻坚突破。在此背景下,开展河北省教育精准扶贫工作显得尤为重要。

一 河北省推进精准扶贫的重要意义

(一)教育精准扶贫是摆脱贫困的根本之策

扶贫先扶智,治贫先治愚,教育扶贫具有根本性、基础性、先导性的重要作用。只有大力发展贫困地区教育,提高教育扶贫精准度,为贫困地区培养更多优秀劳动者和创新人才,才能从根源上摆脱根除贫困的产生和代际传播。

(二)教育精准扶贫是产业扶贫的助推剂

产业扶贫是最快速、最直接的贫困方式,但从近几年的成效来看,效果并不理想,根本原因在于贫困地区缺少产业人才,无法支撑扶贫产业长效发展。结合贫困地区特色产业,加快发展贫困地区职业教育,培养大批能够胜任产业发展需求的产业人才,产业扶贫的成效才能真正充分发挥,长效良好发展。

(三)教育精准扶贫是促进教育均衡的重要手段

贫困地区贫困的原因很多,其中教育资源不均等尤其突出,是致贫的主要因素。教育精准扶贫就是消除教育不均衡的重要手段，通过加大教育投入，合理调整学校布局，新建、改扩建一批贫困地区学校，提高贫困地区教师待遇等方式，有效促进贫困地区教育均衡化发展，逐步建立自我内生发展动力，从根本上摆脱贫困奠定坚实基础。

二 教育精准扶贫调研情况

为贯彻落实国家《教育脱贫攻坚"十三五"规划》，全面系统了解和把握河北省基础教育精准扶贫的现实情况，深入分析河北省基础教育精准扶贫工作存在的问题，为研究制定《河北省教育脱贫攻坚"十三五"规划》做必要的材料支持和数据支撑，不断丰富扶贫开发相关理论，指导教育扶贫工作实践，确保2020年完成统一脱贫目标，河北省教育厅成立专项研究组，对教育精准扶贫开展了深入研究。

调研组选取河北省最具代表性的4市7县（其中贫困县4个，非贫困县3个）作为调研对象，发放问卷2000多份，座谈、访谈300多人。主要涉及市县教育局教育扶贫负责人员、校长及管理人员、教师、学生、学生家长、建档立卡贫困家庭社会劳动力等六类人员。

三 河北省基础教育精准扶贫现状及存在问题

统筹推进县域内城乡教育一体化，就是要加快城乡义务教育协调、均衡发展，整体提升教育质量和水平。到2020年，基本消除城乡二元结构壁垒，教育发展与新型城镇化发展基本协调，大班额基本消除，县域教育均衡发展和城乡基本公共教育服务均等化基本实现。在城乡教育一体化背景下，河北省基础教育精准扶贫工作的现状及存在问题如下。

（一）农村学校基本办学条件

1. 城乡学校办学差距

城乡学校之间的办学差距依然存在且差距较大。经过调查发现，认为城乡学校办学"差距很大"的占29%，认为"有差距"的占63%，认为"没差距"的仅占8%，表明县域内城乡学校之间办学差距依然存在，而且差距较大，统筹推进县域内城乡教育一体化，缩小城乡教育差距任重道远。

城乡学校之间办学的最主要差距是师资配备。城乡学校之间办学差距表现在多个方面，从图1可以看出，差距最大的是师资配备，其次是学校装备、校舍建设、教师进修培训机会等。加强贫困地区教师队伍建设，改变农村学校师资配备薄弱的现状是推进城乡教育一体化的重要任务之一。

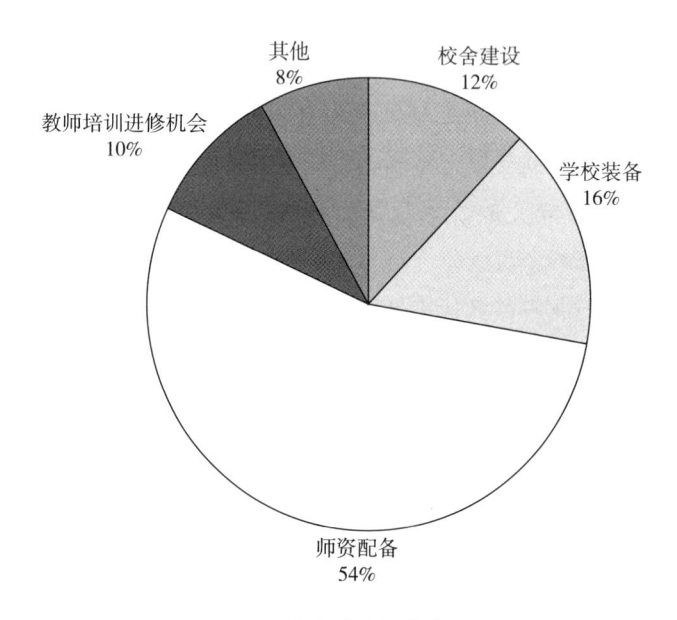

图1 城乡学校办学差距

2. 农村学校基本办学条件改善的总体情况

农村学校基本办学条件已有改善且改善较为明显。经过调查发现，认为农村学校基本办学条件"改善明显"的占43.43%，认为"有改善"的占52.02%，认为"没改善"的仅占4.55%，表明农村学校基本办学条件已有改善，而且改善较大。

农村学校基本办学条件改善最大的是学校装备。农村学校基本办学条件改善表现在多个方面，从图2可以看出，农村学校基本办学条件改善最大的是学校装备，其次是校舍建设、教师专业素养、师资配备等。继续加强农村学校校舍建设、教师专业素养提升、完善师资配备等方面的改善，有利于农村学校发展和教育质量提升。

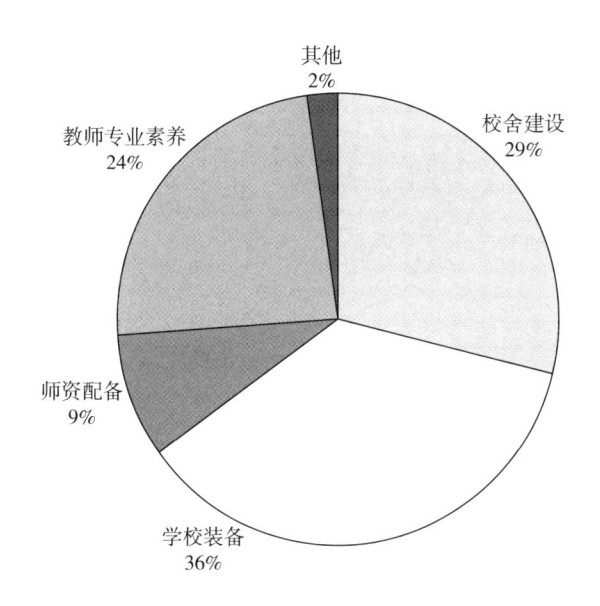

图 2　农村学校基本办学条件改善情况

3. 农村学校多媒体配备及使用

学校多媒体配备齐全，使用率高，效果较好。认为"使用率高，效果明显"的占 71.46%，认为"时常使用，效果一般"的占 24.75%，认为"有，但基本不用"的占 3.28%，认为"无多媒体设备"的占 0.51%。这表明农村学校多媒体设备已基本配齐，而且使用情况良好，效果较为明显。

教师办公电脑配备不足，尚未实现"一人一机"。从图 3 可以看出，未配备办公电脑的教师占 21.69%，几人合用一台办公电脑的教师占 30.51%。这表明尚有一半以上的教师没有属于自己的办公电脑，教师办公电脑配备不足。

4. 农村学校图书馆和图书室配备及使用

学校图书馆和图书室配备齐全，使用率不高。经调查发现，认为"使用率高，效果明显"的占 53.33%，认为"时常使用，效果一般"的占

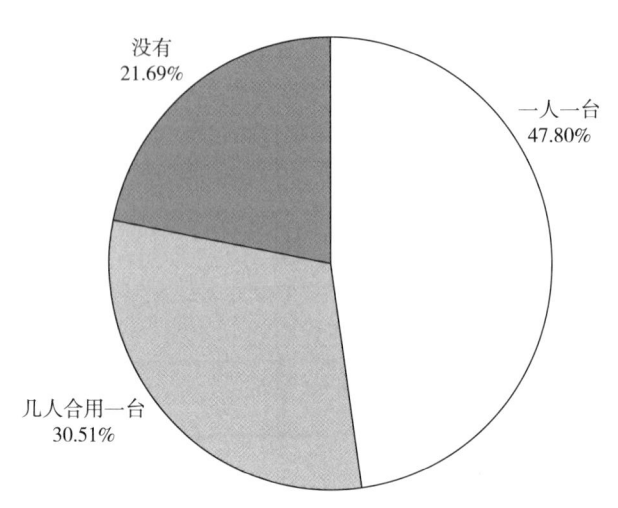

图3 农村学校教师电脑配备情况

26.06%，认为"有，但基本不用"的占14.55%，认为"无图书馆和图书室"的占6.06%。这表明农村学校图书馆和图书室建设已基本完成，但仍有部分边远乡村学校无图书馆和图书室；约半数图书馆和图书室使用情况不理想，使用率不高，效果一般。

5. 农村学校学生宿舍条件

学校宿舍居住条件较好且学生满意度高。经过调查发现，寄宿制学生对学校居住条件比较满意的占77.27%，一般的占19.39%，不太满意的占0.61%，不太清楚的占2.73%。这表明农村寄宿制学校居住条件较好，学生宿舍建设较好，学生对宿舍的满意程度较高。

6. "全面改薄"资金和土地使用

"全面改薄"并不全面。经过访谈调查发现，"全面改薄"资金的使用范围只限用于主体工程，很少向辅助工程配备资金。在学校改建时，由村集体用地变更为建设用地程序过于复杂、用时太长，并且学校建设项目资金限期较短。

（二）学生发展

1. 学生营养改善计划

贫困地区学校提供的午餐完整程度，较非贫困地区差距较大。按照农村义务教育阶段学生营养改善计划要求，学校应为学生提供完整的午餐，包括主食、副食、汤（粥）等，副食中考虑肉、蛋、奶、水果的供应。但从图4可以看出，贫困地区学校不提供午餐的现象较为普遍，非贫困地区学校基本都提供午餐；从学校提供的午餐完整程度上看，贫困地区不及非贫困地区。

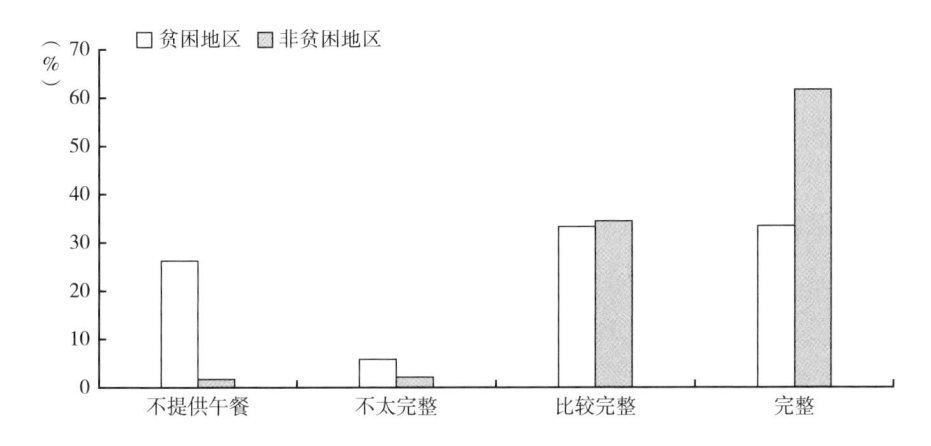

图4　学校午餐的完整程度

学生营养改善计划实施范围和深度不足。学生在访谈中发现，部分非寄宿制学校并未建设餐厅，住所距离学校较远，存在学生中午就餐困难等问题。农村地区义务教育阶段学生营养改善计划并未覆盖到农村贫困地区的每一所中小学，其实施范围相对较小；同时，部分农村学校营养改善计划未真正落实，监管力度不足。

2.贫困学生建档立卡精准度

贫困学生建档立卡精准度有待提高。从表1可以看出，认为贫困学生建档立卡公平度和精准度高的教师分别占51.78%和45.45%，认为贫困学生建档立卡公平度和精准度不高的教师分别占48.22%和54.55%。这表明贫困学生建档立卡精准度不高，需要继续加大对贫困学生困难程度的调查，提高建档立卡贫困学生精准帮扶的力度。

表1 教师对贫困学生建档立卡公平度精准度的看法

单位：%

程度	低	一般	高
公平度	5.08	43.14	51.78
精准度	4.55	50.00	45.45

通过实地调研发现，个别学校在班级内部普通贫困生评定方面存在不合理之处。有的班级对学生贫困程度识别能力不足，缺少对贫困生家庭经济状况的实地核查，评定程序的科学、公开、透明程度不够。

3. 贫困学生资助范围

贫困学生资助范围较小。经过访谈调查发现，义务教育阶段一些非寄宿贫困学生，没有享受生活补助；调研还发现，中等职业院校部分贫困学生接受教育产生的各项费用，也给家庭带来了很大压力。

4. 学生心理健康水平

学生心理健康水平整体情况较好，但部分学生依然存在异常心理现象。经过调查发现，87.66%的学生经常感到开心愉快，还有12.34%的学生经常感到烦躁不安和闷闷不乐；同时，当遇到烦恼时，80.1%的学生会找同学、老师或家长帮助，还有19.9%的学生选择闷在心里，不会寻求帮助。

5. 农村中心学校走读学生交通安全

农村中心学校走读学生交通安全隐患大。大部分农村中心学校没有配备校车，往返车辆通常由附近村的家长自行选取，多以"联合拼车"方式实现，自己承担租车往返费用，对贫困家庭负担大；部分学生每天骑电动车上下学，学生上学、放学途中存在一定的交通安全隐患，冬天下雪天山区的学生上学困难大。

6. 农村留守儿童问题

农村留守儿童生存状况令人担忧。经过问卷和访谈调查发现，由于家庭教育、亲情抚慰、监督管护等缺失，留守儿童在身体素质、心理素质和环境安全方面存在严重问题；家庭贫困依然是阻碍留守儿童完成学业的主要因素，对于特殊家庭中留守儿童的生活补助额度有待提高。由于家庭劳动力的缺失，留守妇女需要承担更重的劳动强度、更大的经济压力和精神压力。由于收入来源少、子女陪护少，留守老人存在生活质量低、精神状态差的问题。

（三）教师发展

1. 贫困地区教师队伍结构

教师性别比例不合理。通过问卷调查发现，贫困地区教师男女教师比例失衡，大约比例为1:3。而35岁以下的青年女教师，占女教师人数的一半左右。这不仅会导致学校"阳刚之气"不足，不利于学生的心理健康，还会在"二孩"政策全面落实后，由于老师大面积保胎、休产假而造成师资紧缺，影响学校正常教学。

教师年龄比例不合理。从图5可以看出，25岁及以下的教师占9.38%，26～30岁的教师占21.61%，31～35岁的教师占16.67%，36～40岁的教师占17.19%，41～45岁的教师占19.27%，46～50岁的教师占7.55%，50岁以上的教师占8.33%，教师年龄结构基本呈现纺锤形。可见，河北省教师招聘工作尤其是"特岗计划"的开展落实，为贫困地区的教师队伍注入了大量青年力量，使教师队伍的年龄结构得到优化。

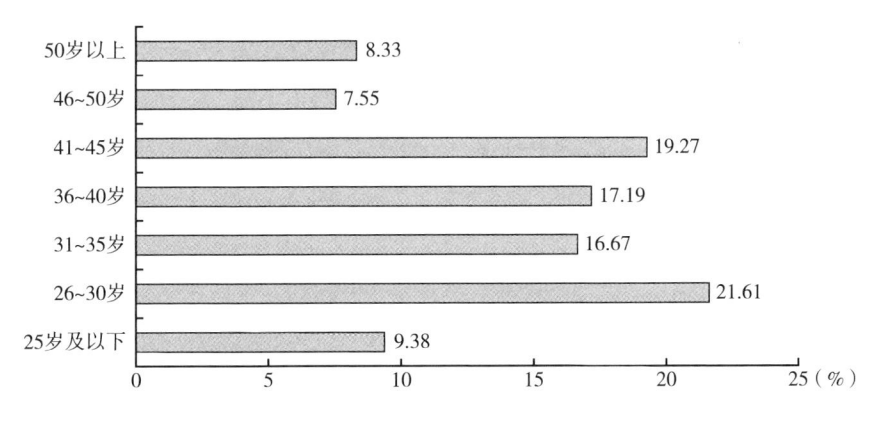

图5 教师年龄比例

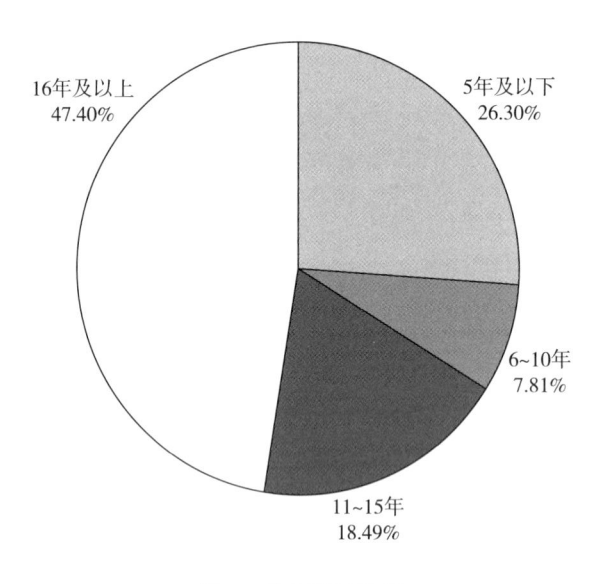

图6 教师教龄比例

然而,这种纺锤形的结构并不稳定,从图6也可以看出,从教5年及以下的教师占26.30%,从教6~10年的教师仅占7.81%,从教11~15年的教师仅占18.49%,从教16年及以上的教师占47.40%之多。因此,随着45岁以上的教师退休,未来5~10年河北省贫困地区的教师队伍将面临大面积的"老龄化"问题。

2."特岗计划"

特岗教师是贫困地区教师队伍的生力军。通过问卷调查发现,特岗教师占贫困地区教师队伍的23.50%,另有69.50%的正式在编教师,0.5%的支教教师以及6.5%的代课教师,而占35岁以下青年教师队伍的25.68%。由此可见,"特岗计划"确实为贫困地区的教师队伍注入了大量新生力量,在一定程度上缓解了贫困地区教师紧缺的现状。

特岗教师对提升当地师资力量的实效性作用有限。通过问卷调查发现,认为"特岗教师能非常有效的提升当地师资力量"的仅占33.24%,认为"特岗教师对当地师资力量当地提升有帮助但是不明显"的占52.13%,认为"特岗教师不能提升当地师资力量"占14.63%。究其原因,在访谈校长的过程中了解到，一些特岗教师虽然有教师资格证，但不是师范院校的毕业生，不会备课与组织课堂，需要学校花时间成本进行培养；一些特岗教师在敬业方面相对于老教师差，缺乏吃苦精神；一些特岗教师不满意被分配学校，或者考走，或者辞职，或者任教不到半年就被借调到条件好一点的学校。从图7也可以看出，边远农村的特岗教师仅占27.66%，部分特岗教师没有留在最需要他们的地方，为提高当地师资力量增砖添瓦。

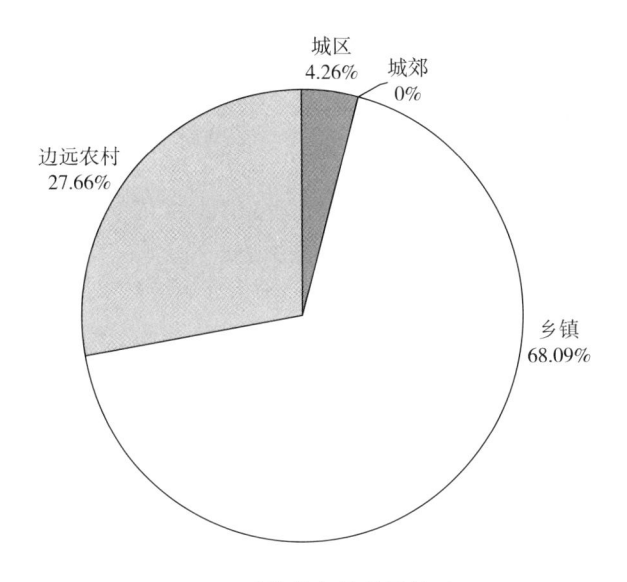

图7 特岗教师的分配情况

特岗教师的工资待遇吸引力不足。通过问卷调查发展，工资水平为1500元/月以下的特岗教师占2.13%，1501~2000元/月的占8.51%，2001~2500元/月的占29.79%，2501~3000元/月的占51.06%，3001~3500元/月的仅占6.38%，3500元/月以上的为0。并且，从图8可以看出，在对教师流失原因进行调查时，有56.45%的教师认为学校教师流失的原因是"工资待遇低"，认为"生活条件差""交通不便利""晋升空间小"的分别仅占20.21%、15.33%和8.01%。可见，工资待遇是影响特岗教师的一个重要因素。

3. 职称晋升

教师职称评定机会名额少。通过问卷调查发现，认为对职称晋升"非

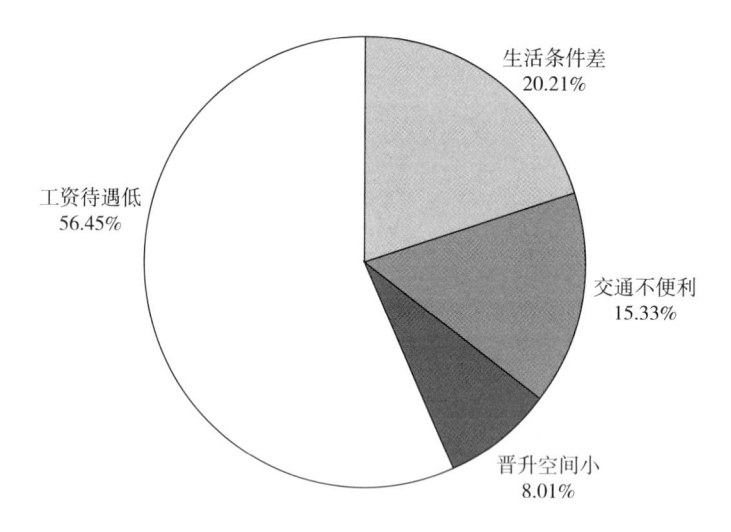

生活条件差 20.21%
工资待遇低 56.45%
交通不便利 15.33%
晋升空间小 8.01%

图8 教师流失原因

常满意"的仅为5.99%，"满意"的占25.78%，"不满意"的占34.12%，34.11%的教师态度中性。而对阻碍职称晋升最大原因的调查中，认为"机会名额少"的占64.72%，认为"职称评定要求高"的占9.81，认为"自身业务水平不够"的仅占2.92%，认为是其他因素的占22.55%。在访谈教师的过程中，多位教师也谈到，精力有限，名额有限，评到中级职称就满意了，只想专注教学，做一个让学生满意的好老师。可见，贫困地区职称晋升机会名额少是影响贫困地区中小学教师职业发展晋升积极性的重要因素。

高级职称名额比例向贫困地区倾斜不明显，各学段职称比例差异大。从图9可以看出，小学阶段初级职称的教师占37.37%，中级职称的教师占35.35%，高级职称的教师占5.05%；初中阶段初级职称的教师占34.29%，中级职称的教师占42.86%，高级职称的教师占12.00%；高中阶段初级职称的教师占20.83%，中级职称的教师占43.06%，高级职称的教师占25.00%；中职院校初级职称的教师占23.68%，中级职称的教师占26.32%，高级职称的教师占18.42%。

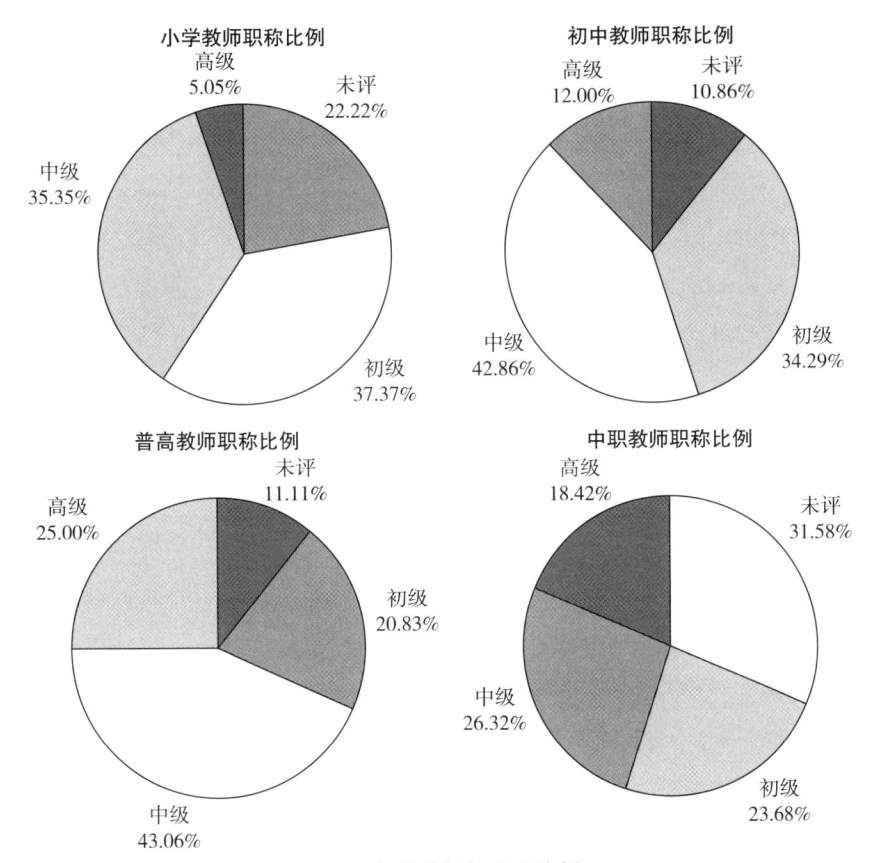

图 9　各学段教师职称比例

这与规定的教师职称名额比例相比（见表2），高级职称没有向贫困地区倾斜，初中的高级职称名额比例偏低。此外，教师职称评聘制度中小学一体之后，规定的小学阶段高级职称比例只有5%，与中学差距大。

表 2　教师职称名额比例标准

单位：%

	高级	中级	初级
国家级、省级示范性高中	≤30	≤50	≥20
普通高中	≤25	≤45	≥30
初中	≤20	≤45	≥35
小学	≤5	≤45	≥50

4. 教师素养

教师信息素养有待提高。通过问卷调查发现，对教师教育资源平台的使用情况："经常使用"的仅为31.16%，大部分的老师"偶尔使用"，占49.32%，认为"有类似平台但是没使用"的占14.04%，认为"没有类似资源平台"的占5.48%；使用多媒体上课的频率情况："常态化"的教师仅占22.00%，"经常使用"的占54.00%；"偶尔使用"与"没有用过"的教师分别占到21.50%和2.50%。这些调查都反映出教师教学信息化意识不足。究其原因，在访谈教师的交流中也了解到，有的学校虽然给配了电脑，但是电脑系统陈旧不好用；有的学校网速慢；有的学校教师忙于对寄宿制学生的管理，没有精力使用网络资源丰富和提高自身的授课；有的教师由于年龄关系接受慢；有的教师家庭不具备上网的条件，一些网络资源平台使用受限。

教师素养提升方式有待改进。通过问卷调查发现，针对"最合适的培训天数"这一调查，"5~7天"是教师选择人数最多的，占46.88%，其次是"3天以内""15天以上"和"8~14天"，比例分别为35.42%、9.90%、7.81%。针对"最适合的培训方式"这一调查，按选择人数的比例大小排列依次是"优质学校跟岗实践""面授讲座，送教下乡""网络远程研修""校内集体研修"，其比例分别为36.05%、27.63%、27.11%、9.21%。针对"最愿意参加培训的时段"这一调查，认为"学期工作时间内"的教师比例最大，占57.32%，其次是"任何时间都可以""寒暑假""双休日"，分别占21.71%、18.05%、2.93%。以上均说明，贫困地区的教师需要更速成、更直观、更不影响休息的培训方式。

在最需要培训内容的调查中，从图10可以看出，"课堂教学技能指导""教学方法指导""班级管理技能""心理健康教育""网络信息与现代教育技术"这几项分别有超过100人选，所占比重大。在与访谈教师的交流中也了解到，有的教师学期内教学事务繁忙，不愿意占用假期时间培训；有的教师认为网络远程培训缺乏互动，所讲的内容偏重理论，实用性不强，不如去听课直观。

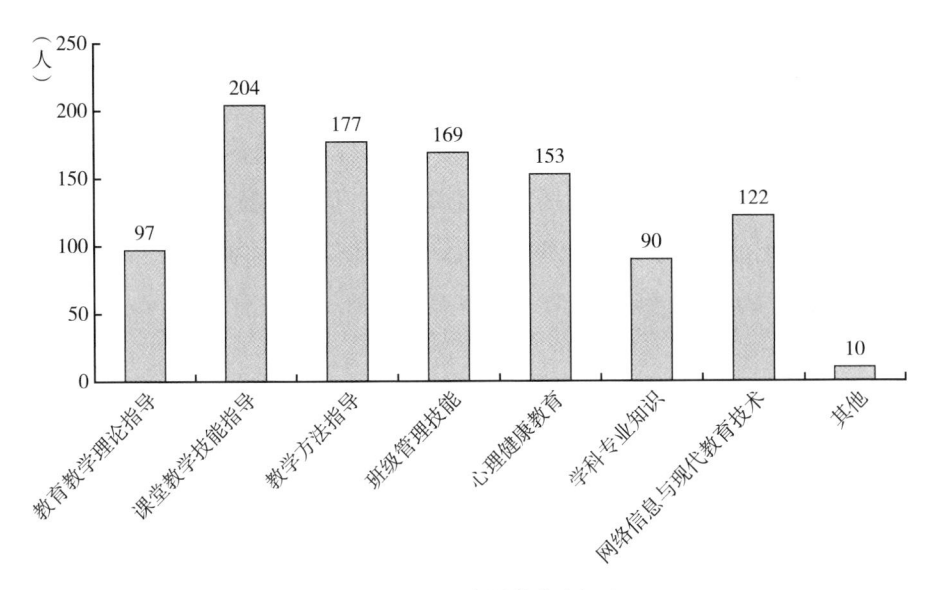

图10 最需要培训的内容调查

（四）教育科学研究

各级教研机构人员到校指导教研力度不够，学校教育科研状况不佳。从图11可以看出，最近一年各级教研机构人员到校指导教研次数较少，有77.95%的教师认为最近一年各级教研机构人员到校指导教研次数不足5次，有9.75%的教师认为最近一年各级教研机构人员从未到校指导教研。

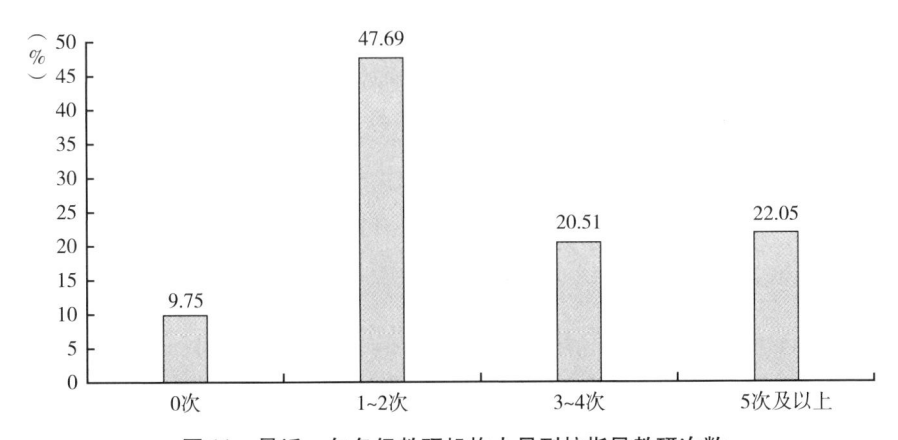

图11 最近一年各级教研机构人员到校指导教研次数

（五）乡风文明建设

1. 农村文化贫困

在访谈中了解到，贫困地区文化活动贫乏，信息不畅，难以接触先进的现代文明理念。贫困学生家庭难以配备网络媒体设备，获取信息和知识的渠道窄，难以与学校和教师进行互联网资源的互动。

2. 思想观念落后

贫困群体生活水平落后，文化素质较低，长期的贫困会使人形成随遇而安、与世无争的性格，思想觉悟有偏差，给精准帮扶增加了难度；"读书无用论"的落后观念充斥着一部分贫困地区，部分贫困家庭家长对教育的作用了解不够透彻，教学质量的落后影响了他们对子女的受教育期望，认为读书就是浪费时间，也让很多贫困地区孩子对教育的功能失去了原有的判断。在访谈贫困学生家长的交流中，一些家长表现为消极无为、听天由命的人生观；安守本分、重农轻商的生产观；懒散懈怠、好逸恶劳的劳动观；闭关自守、老守田园的乡土观。

3. 对政府过于依赖

在访谈中了解到，贫困地区需要政府救助的家庭及无生存能力需要通过教育培训掌握生存技能的群体，形成了对政府的依赖心理。特别是一些地方政府在教育扶贫中仅限于"输血式"扶贫，简单地给钱给物，极大地限制了贫困地区和贫困人口脱贫的意愿，更有甚者少数人反而以贫困为荣，不愿摘除贫困帽子。

四 河北省基础教育精准扶贫对策及建议

通过对河北省基础教育精准扶贫现状及存在问题的分析，探究解决基础教育精准扶贫问题的基本方法，结合河北省实际，现提出基础教育精准扶贫对策及建议如下。

（一）着力改善农村学校基本办学条件

1. 缩小城乡学校办学差距

加快推进贫困地区全面改善农村薄弱学校基本办学条件实施进程，重点改善教学设施、生活设施、文体设施，力争于 2017 年底前完成贫困县全面改善义务教育薄弱学校基本办学条件任务。

办好贫困地区必要的村小学和教学点，着力办好乡镇寄宿制学校，落实我省生均公用经费基准定额，适当提高寄宿制学校、小规模学校公用经费补助水平，建设食堂、学生宿舍、厕所等生活设施，保障寄宿学生每人一个床位。

同时，加强贫困地区教师队伍建设，着力解决乡村教师面临的具体困难，确保乡村教师工作好、生活好。

2. 做好农村教师办公电脑配备

继续实施全面改善农村义务教育学校办学条件计划，找准目前尚未配备齐全的教学设施。通过多种方式，拓宽引进渠道，着重解决农村教师办公电脑配备和使用问题，力争实现农村教师一人一台办公电脑。

3. 提高农村学校图书馆和图书室使用率

培养农村学校学生文献检索意识和阅读习惯，加强宣传工作。不断丰富图书馆和图书室藏书数量与质量，选购图书的时候把好质量关，做到采购图书时既要有可行性和选择性，又要有针对性和应用性，确保图书资源能够向重点学科和精品课程倾斜，兼顾一般学科。

4. 做好"全面改薄"资金和土地的使用与管理

在学校建设中，辅助工程也需要很大的资金，建议放宽资金使用范围，增加资金使用的灵活性和准确度，更有利于学校改进和发展。

在学校改建时，由村集体用地变更为建设用地，建议由专人办理，教育用地实行"联审联批制度"，遵循"特事特办、特事特批"原则，延长建设限期，开通绿色通道。

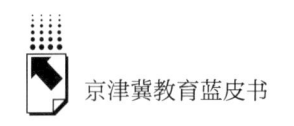

（二）切实保障贫困地区学生全面发展

1. 落实贫困地区学生营养改善计划

继续扩大农村义务教育阶段学生营养改善计划试点范围，基本实现贫困县义务教育阶段学生全覆盖。地方试点营养餐补助标准参照国家试点标准执行，每生每天4元，按每年供餐200天计算，每生每年补助800元，各县加大教育经费统筹力度，优先保障营养改善地方试点工作顺利实施，逐步提高营养改善计划生均标准。

参照有关营养标准，结合学生体质状况、当地饮食习惯和物产特点，科学选择供餐内容、制定供餐食谱，做到合理搭配、营养均衡，保证营养和质量，为学生提供完整的午餐，包括主食、副食、汤（粥）等，副食中考虑肉、蛋、奶、水果的供应，为学生提供早餐或课间餐，包括牛奶、鸡蛋、面包、水果等，确保每个学生每天一杯牛奶、一个鸡蛋。对少数民族学生，要尊重饮食禁忌。

结合实际，制定中小学食堂供餐规范，明确数量、质量和操作标准，制定原料采购、食品配送、招标投标和经费管理办法，确保规范化操作，精细化管理。开展食品安全风险评估，建立食品安全保障机制和食品安全事故应急预案，确保采购、储存、加工、配送、分餐等各环节的食品安全。

2. 提高贫困学生建档立卡精准度

按照精准扶贫要求，制定完善资助对象评定办法，建立与民政、财政、扶贫部门联动的学生资助监管体系。建立健全保障家庭经济困难幼儿、孤儿、残疾幼儿入园的学前教育资助体系。

完善贫困学生管理机制，制定贫困学生评定程序和监督办法，不断完善各类贫困学生动态数据库，提高学生资助工作的精准度和透明度。

3. 不断扩大贫困学生资助范围

义务教育阶段全面落实"两免一补"政策，完善控辍保学机制，保障建档立卡等措施保障贫困家庭学生顺利完成义务教育。普通高中阶段全面实施就读公办普通高中的建档立卡等贫困家庭学生免学费、免住宿费、免费提供教科书的政策。继续推进普通高中国家助学金政策，实现对建档立卡等贫困家庭学生全覆盖。各级财政采用多种方式，提高农村留守儿童生活补助额度。实施好中等职业学校学生免学费和享受国家助学金政策。实施贫困家庭在校大学生资助政策，通过发放国家助学贷款、助学金、奖学金、新生入学资助、研究生"三助"岗位津贴、困难补助、学费减免等实现学费、生活费、住宿费补助全覆盖。

4. 加强贫困学生心理健康教育

完善贫困学生心理管理机制，注重贫困学生核心素养培育和心理健康教育，坚持学生全面发展和素质教育。开展多种多样的心理健康教育活动，将心理健康教育的内容渗透到各学科的教学中，也可通过班、团、队活动进行。发挥"心理健康教育课"这一主渠道的主导作用，提高心理健康教育的实效性，并辅以心理咨询、心理测评、心理治疗等手段，才可收到满意效果。

5. 探索解决学生交通安全问题

关注学生寄宿期间和走读期间的安全问题，学校安排专人负责保障学生安全，与家长、村委会协调解决车辆选择、驾驶员聘用、费用分担等问题。

6. 重点关注和帮扶特殊群体

加大对贫困地区留守儿童生活和学习的帮扶力度，建立建档立卡等贫困家庭留守儿童的动态数据库，形成家庭、学校、政府和社会力量相衔接的留守儿童关爱服务网络。在农村留守儿童集中地区，加强农村寄宿制学校建设，提高农村留守儿童入住率。支持和指导中小学、幼儿园对农村留守儿童受教育情况进行全过程管理与监控，加强身体素质训练和心理健康教育。做好家校共育和家园共育工作，加强中小学、幼儿园与留守儿童监护人的沟通及合作，提升留守儿童监护人的责任意识和教育管理能力，共同促进留守儿童健康、快乐成长。发展特殊教育，加大对各类残疾人进入各类特殊教育学校的支持力度。提高贫困地区残疾儿童教育普及水平，按照"一人一案"的要求，确保建档立卡的未入学适龄残疾儿童接受义务教育。

（三）持续加强贫困地区教师队伍建设

1. 落实好农村教师培养和补充计划

省属和市属师院要加大对贫困地区特别是深度贫困县当地生源师范生的农村教师公费定向培养力度，形成适合农村学校发展的地方免费定向全科师范生培养体系，为全省贫困地区特别是深度贫困县的学校培养稳定性强的本科层次教师。优化教师招聘计划。教师招录的编制设置上对男性予以政策倾斜，争取实现男女 1 : 1 的录取比，倒逼更多优秀男教师加入教育事业，调整乡村教师男女结构。优化"特岗计划"，进一步扩大农村教师"特岗计划"实施规模，加大对本地户籍特岗教师的招聘力度，可以在招聘的时候优先满足贫困地区的需要，根据国家政策提高其工资性补助标准，服务期未满不允许流动或借调。省属和市属师院要完善顶岗实习、支教等形式的机制与模式，不断为贫困地区尤其是深度贫困县输送高质量的教师资源。

2. 完善教师培训制度

全面提升我省贫困地区教师的能力素质，"国培""省培"向贫困地区特别是深度贫困县中小学校倾斜。加强贫困地区师德教育，进一步提升贫困地区教师尤其是青年教师的思想政治素质和职业道德水平，围绕立德树人根本任务，把师德教育渗透到教师职前培养、资格准入、日常管理和职后培训的全过程，落实师德建设长效机制。按照乡村教师的实际需求改进培训方式，采取顶岗置换、网络研修、送教下乡、专家指导、校本研修等多种形式。进一步优化网络远程培训平台，积极实施教师培训推荐课程与自选课程相结合的学习模式，增添人际互动平台，及时调研教师的需求，着力解决教师在教学及班级管理上的困惑。

3. 改善贫困地区教师的待遇

进一步完善符合我省贫困地区实际的中小学教师职务（职称）评聘条件和程序办法，降低乡村中学教师职称申报评审条件，提高乡村中小学校中高级职称岗位设置比例，继教师职称评聘制度中小学一体后，推进中小学教师职称比例一体化。城镇中小学教师在评聘高级职称时，应有乡村学校或薄弱学校任教一年以上的经历。落实贫困地区中小学教师工资待遇政策和社会保障政策，全面实施集中连片特困地区和深度贫困县地区乡村教师生活补助政策，建立"越是基层，待遇越高"的激励机制。全面推进贫困地区特别是深度贫困县农村学校教师周转宿舍建设，改善教师的生活条件。

（四）充分发挥教育科研扶贫力量

深入调查研究，做好决策服务，找准贫困地区教育教学的薄弱环节与发展需要，为我省出台和改进精准扶贫政策文件提供智力支持与数据支撑。制定教育科研精准扶贫目标，明确各级教育科研机构扶贫任务，推动贫困地区教育内涵发展。送教送研到县，促进贫困地区基础教育改革深入推进。实施教育科学研究基地建设，促进教育科研成果转化，引领、带动周边学校同步发展。建好教育精品课程资源网，拓宽贫困地区教师学习途径。开展教育质量监测指导培训，促进贫困地区开展教育质量综合评价改革。

（五）统筹推进乡风文明建设

动员省内高校共青团、学生会、志愿服务组织、校友会等多方力量，通过暑期夏令营、送文化下乡等活动传播现代文明理念，帮助贫困地区群众树立积极的人生观、生产观、劳动观、乡土观，改变当地落后风俗习惯。

通过大学生村官、"三支一扶"计划、"农技特岗计划"等高校毕业生基层服务项目，引导鼓励高校毕业生到贫困地区农村服务，在支教、支农、支医和扶贫工作中促进农村精神文明建设。

丰富贫困地区群众文化生活，将现代理念融入当地民间艺术和传统技艺，借助新型传播手段传承推广。发挥学校作为乡村文化中心的重要功能，打造新农村传播知识、文化交流、科技推广的新平台。

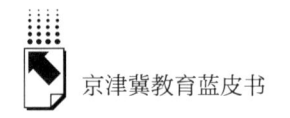

参考文献

［1］代蕊华、于璇：《教育精准扶贫：困境与治理路径》，《教育发展研究》2017年第7期。
［2］柴葳：《教育是最根本的精准扶贫——党中央国务院强力推进教育扶贫工作综述》，2016年3月3日，第1版。
［3］《广西教育精准扶贫实施方案》，《广西壮族自治区人民政府公报》2014年第17期。
［4］张翔：《集中连片特困地区教育精准扶贫机制探究》，《教育导刊》2016年第6期。
［5］王思斌：《社会工作概论》，高等教育出版社，2006。
［6］王嘉毅、封清云、张金：《教育与精准扶贫精准脱贫》，《教育研究》2016年第7期。
［7］祝建华：《贫困代际传递过程中的教育因素分析》，《教育发展研究》2016年第3期。
［8］陈光金：《反贫困：促进社会公平的一个视角——改革开放以来中国农村反贫困的理论、政策与实践回顾》，载景天魁、王颉：《统筹城乡发展》，黑龙江人民出版社，2006。
［9］肖立新：《扶贫研究概述》，《西昌学院学报》（自然科学版）2011年第1期。
［10］叶澜：《教育学原理》，华东师范大学出版社，2007。
［11］段从宇：《创业教育的内涵、要素与实现路径》，《新疆师范大学学报》（哲学社会科学版）2016年第6期。
［12］李晓嘉：《教育能促进脱贫吗——基于CFPS农户数据的实证研究》，《北京大学教育评论》2015年第4期。
［13］任友群、郑旭东、冯仰存：《教育信息化：推进贫困县域教育精准扶贫的一种有效途径》，《中国远程教育》2017年第5期。
［14］贾海刚：《职业教育服务精准扶贫的路径探索》，《职教论坛》2016年第25期。
［15］曾天山：《以新理念新机制精准提升教育扶贫成效——以教育部滇西扶贫实践为例》，《教育研究》2016年第12期。
［16］顾明远：《中国教育大百科全书（第四卷）》，上海教育出版社，2012。
［17］朱爱国、李宁：《职业教育精准扶贫策略探究》，《职教论坛》2016年第1期。
［18］郭广军、邵瑛、邓彬彬：《加快推进职业教育精准扶贫脱贫对策研究》，《教育与职业》2017年第10期。

借 鉴 篇

Reference

B.12
日本东京圈与地方圈教育协同发展政策研究

李冬梅*

摘　要： 随着京津冀区域协同发展战略的不断推进，京津冀三地在促进教育协同发展方面开展了许多工作，也取得了一定成效。基于"打造世界级城市群"这一京津冀协同发展的总体目标，借鉴国际经验是京津冀教育协同发展顺利并高质落实的必经之路。当前，邻国日本在推进东京都市圈向前发展过程中面临的"东京一极集中"问题、急需开展人口资源疏解对策等，均与建设京津冀都市圈存在相似之处。日本政府从教育政策视角出发，推出了振兴地方大学、抑制东京核心区大学扩招学生、鼓励东

---

* 李冬梅，北京教育科学研究院教育发展研究中心助理研究员，主要从事日本和东京教育政策研究。

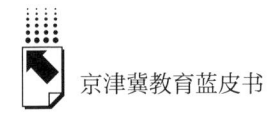

京圈大学到地方建分校、促进地方产学合作、在地方创造更多就业岗位等措施，意在合理布局人口和资源在整个日本的均衡分布、实现东京圈与地方圈的协同发展。日本的相关举措及经验对于京津冀教育协同发展目标的实现，具有重要的参考意义。

关键词： 京津冀教育　东京一极集中　人口资源疏解

自2014年习近平总书记提出京津冀协同发展战略以来，优化提升首都核心功能、疏解北京非首都功能成为牵引京津冀协同发展的顶层理念。根据《京津冀协同发展规划纲要》，京津冀区域的整体发展定位是"以首都为核心的世界级城市群，区域整体协同发展改革引领区，全国创新驱动经济增长新引擎，生态修复环境改善示范区"。打造世界级城市群是党中央、国务院对京津冀协同发展的总体要求。与我国一衣带水的日本，其太平洋沿岸城市群早已跻身世界公认的五大城市群[1]队列，其中的东京圈作为日本首都东京辐射最为强烈的区域，在牵引日本整体的经济社会发展、实现全国范围内的协同合作方面正发挥着重要作用。当前，日本正在面临着人口资源过度涌入东京圈的"东京一极集中"问题，以及由此引发的日本地方圈[2]因人口流失而发展乏力的"地方消亡"问题。为解决这些问题，日本政府立足教育政策视角，意图通过教育领域的协同合作及教育资源的合理布局消解"东京一极集中"问题、实现地方创生，进而助力日本整体经济社会的稳步持续发展。本文通过梳理分析日本东京圈与地方圈教育协同发展的背景、现状、措施与经验等，旨在为京津冀教育协同发展提供视角更为广阔的借鉴和启示。

---

[1] 当前世界上公认的五大世界级城市群包括了美国东北部大西洋沿岸城市群、北美五大湖城市群、日本太平洋沿岸城市群、英伦城市群及欧洲西北部城市群。

[2] 日本地方圈，也称为日本地方，是指除了东京圈以外的其他地区。

一 "东京一极集中"的现状与问题

日本东京圈是指以东京为核心的一都三县，其范围包括东京都、神奈川县、埼玉县、千叶县，是首都东京辐射最为强烈的区域，也被称为日本首都圈[1]或东京都市圈。东京圈占地面积13400平方公里，是日本国土面积的3.5%。2017年，东京圈人口总数达3643.9万，相当于日本总人口的30%，GDP更是占到日本全国的50%，城市化水平达到90%以上，是日本政治、经济、文化的核心地区。东京圈是世界上人口最多、最为密集的城市带，2016年，东京圈的GDP总量高达约1.55万亿美元，同样位于世界前列[2]。

近年来，日本人口虽然持续缩减，但首都东京及东京圈的人口却在逆势上涨。日本总务省公布的人口估算结果显示，截至2017年10月1日，日本包括外国人在内的总人口为1.26亿人，比上年减少22.7万人（0.18%），连续7年减少，而东京圈人口却逆势上涨了0.7%。2017年，东京圈净迁入约12万人，其中绝大部分为15~29岁的年轻人。人口涌入带来的是人力、物力及财力的"东京一极集中"。

"东京一极集中"指的是人口、资源等集中在以东京为核心的东京圈，并且这种集聚程度越靠近核心地带就越明显。

（一）人口的"东京一极集中"

在日本其他大都市圈的大阪圈（大阪府、京都府、兵库县和奈良县）和名古屋圈（爱知县、岐阜县、三重县）连续五年实现人口输出超过人口输入的情况下，东京圈（东京都、埼玉县、千叶县和神奈川县）却连续22

---

[1] 日本首都圈是指东京都、神奈川县、千叶县和埼玉县的一都三县，根据日本政府出台的《首都圈整备法》等相关政策，更为广义的首都圈还包括了东京圈外围的栃木县、茨城县、群马县和山梨县。

[2] 日本总务省统计局：《国势调查（2017版）》，http://www.stat.go.jp/data/kokusei/2010/users - g/wakatta.html，2018年8月3日。

年人口输入超量,2017年净迁入人口数约达到12万人(人口输出为36.2万人、人口输入为48.1万人)。而在东京圈内部人口净迁入更为明显的是东京都及其内部核心地带的东京23区,"东京一级集中"问题愈发严峻。

论人口向国内首都圈的集中程度,日本东京圈也是特例。图1表示的是主要发达国家首都圈人口占全国人口的比例及其变化情况。

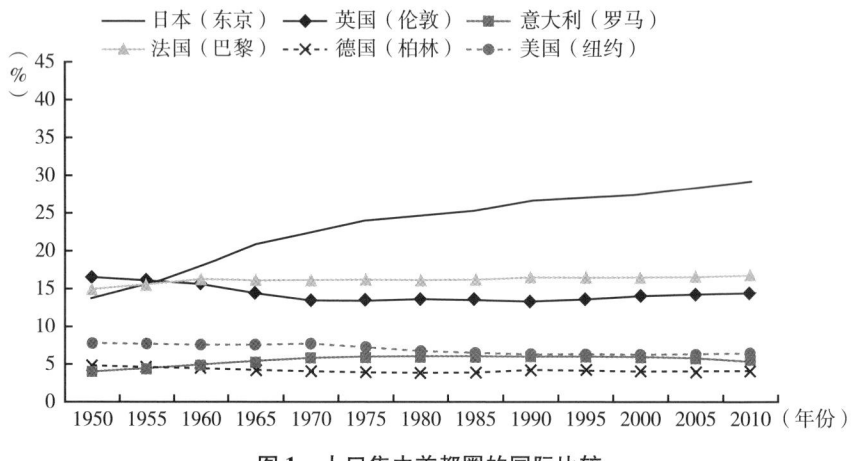

图1 人口集中首都圈的国际比较

注:各国都市人口均为都市圈人口。其中日本东京圈人口数值为2005年日本国势调查之"关东大都市圈"数值。

资料来源:联合国世界城市展望2011版(UN World Urbanization Prospects The 2011 Revision)。

可见,在发达国家,首都圈的一极集中已成定局,且保持相对稳定状态,唯独日本东京圈,不仅一直持续一极集中,而且未来预测也是显示一极集中状态不断持续。

(二)经济产业的"东京一极集中"

截至2016年,东京圈内聚集了57%的本金在10亿日元以上的大企业,更有60%的企业总部和88%的外资企业总部位于东京圈[①]。东京圈内82%

---

① 日本内阁府:《振兴地方大学及年轻人口就业相关的基本资料》,https://www.kantei.go.jp/jp/singi/sousei/meeting/daigaku_yuushikishakaigi/h29-02-06-siryou2.pdf,2018年5月26日。

的产业类型属于服务业和商业的第三产业。金融方面，东京都的股票买卖总值占据整个日本的97%。在世界四大顶级都市圈中，东京圈在人口聚集及域内生产总值（GRP）的高涨方面最为突出。

东京圈拥有世界城市东京，《财富》杂志2017年发布的"世界500强企业"结果显示，位于东京的上榜企业达到51家，在东京排名第一的丰田汽车公司位列全球第五、实力雄厚。汤森路透集团发布的2016年"全球百强创新机构"（Top 100 Global Innovators）显示，日本共有34家企业被纳入榜单，仅次于美国的39席，遥遥领先于世界其他国家，其中更有18家企业总部位于东京，持续发挥东京作为世界城市的竞争力并直接影响到日本的国际影响力。

（三）学术、技术与研究资源的"东京一极集中"

根据日本《学校基本调查》，2017年，东京圈的大学数量为225所，占全国总数（780）的约30%，东京圈大学生及研究生人数为1178081人，占全国大学生及研究生总数（2890880人）的约41%。并且，东京圈内大学生及研究生人数呈现逐年递增的态势。

东京圈内聚集了众多一流水准的学术与研究机构，技术能力对于技术立国的日本来说十分重要。作为技术能力评判指标的专利数量，东京圈的专利数量高达日本全国的半数以上，引领着全日本的技术提升。通过最大限度发挥专利价值，将技术与商业经济进行衔接进而输出海外等措施，东京圈始终保持着活力发展。

同时，东京圈占有了全国半数以上的学术研究相关人员，尤其聚集了生命科学、机器人、宇宙航空及环境等尖端领域的学科。东京圈内及东京圈周边更是拥有世界最高水准的研究基地，包括了东京大学科维理宇宙物理学与数学研究所（the Kavli Institute for the Physics and Mathematics of the Universe, the University of Tokyo，简称"Kavli IPMU"，位于千叶县柏市）、国立产业技术综合研究所（位于茨城县筑波市）。此外，筑波作为国家指定的研究学园都市，聚集了全国32个研究与教育机构，2016年G7科技部长会议更是在筑波举办。

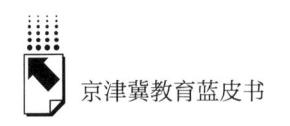

（四）"东京一极集中"正威胁着日本整体的发展向前

东京圈由于聚集大量人口，造成了"巨人症"，以及人口、资源高度密集所带来的严重城市问题，如上下班混乱、通勤时间过长、住宅问题、交通堵塞、环境问题、周边绿地蚕食、居民与企业负担增重等。如表1所示，东京圈居民的每日通勤时间之长可谓全国第一，东京、埼玉、千叶、神奈川居民的通勤时间分别为93分钟、96分钟、98分钟和104分钟，均远超全国平均数值的65分钟；东京圈各地居民的住宅面积均明显低于全国平均值的122.32平方米；东京圈0~3岁等待入托儿童总数为11907人，占全国总数21371的半数以上，其中仅东京的等待入托儿童之多就排名日本第一。日本政府在20世纪末就明确指出，东京已经达到了它作为国家首都城市的功能极限。

近年来，涌入东京圈的净迁入人口达到12万人，其中约7万人属于到东京上大学或参加工作的15~29岁的年轻人口。日本全国287万大学生中有40%（117万）集中在东京圈、26%（75万）集中在东京都[1]、18%（53万）集中在东京23区[2]。尤其是2002年日本废除首都圈禁止新盖建筑物相关法律以来，东京23区的大学生数量逐年大幅增加，同时，东京圈其他地区的大学生数量也在平稳增长。

而除东京圈以外的日本地方圈却因年轻人口的大量流失而出现"地方消亡"问题。据《朝日新闻》2017年相关报道，日本47个行政区划中，有41个已经连续多年人口下降。很多地方面临着经济萧条、企业倒闭、工作机会减少、房价下跌等问题，而这些问题又反过来促使年轻人口向东京圈迁移。2000~2015年的15年间，日本地方圈的15~29岁年轻人口已从1831万人减少到1299万人，减少了大约30%。而出生人口数则从89万人

---

[1] 东京都，简称东京，是日本首都，也是日本一级行政区，都、道、府、县中唯一的都，由23个特别区、26个市、5个町、8个村构成。
[2] 东京23区，是历史上东京市的概念，目前通常被认为是东京市区。23区处于东京都最核心的地理位置，包含了千代田区、中央区、港区、新宿区、文京区、台东区等。东京23区的面积是627.57平方公里，人口为9482125人，人口密度高达每平方公里15109人。

表1 "东京一极集中"带来的系列问题

每日通勤时间（分钟）		每户住宅面积（平方米）		等待入托儿童人数	
都道府县 / 时间	都道府县 / 时间	都道府县 / 面积	都道府县 / 面积	都道府县 / 儿童数（人）	都道府县 / 儿童数（人）
宫崎 49	山梨 60	富山 177.03	静冈 131.66	青森 0	山口 57
岛根 51	长崎 60	福井 173.29	茨城 131.13	山形 0	栃木 66
鸟取 52	德岛 62	山形 168.01	山口 129.40	群马 0	长崎 95
福井 53	群马 64	石川 162.51	熊本 129.26	富山 0	爱知 107
大分 53	三重 67	秋田 162.04	和歌山 128.78	石川 0	福冈 180
爱媛 54	冈山 67	新潟 161.50	爱知 127.94	福井 0	奈良 191
新潟 55	栃木 67	岛根 159.22	爱媛 127.56	山梨 0	岩手 193
青森 55	岐阜 68	鸟取 156.46	大分 127.35	长野 0	茨城 227
山形 55	福冈 68	岩手 154.60	广岛 125.16	鸟取 0	鹿儿岛 232
高知 55	滋贺 69	长野 154.37	长崎 123.66	香川 0	福冈 315
鹿儿岛 55	广岛 70	青森 150.10	北海道 121.53	爱媛 0	滋贺 441
山口 55	和歌山 71	岐阜 148.23	宫崎 120.11	宫崎 0	广岛 447
熊本 56	宫城 72	滋贺 147.43	福冈 119.10	岛根 3	北海道 473
秋田 56	茨城 74	福岛 146.37	兵库 118.56	和歌山 10	兵库 552
石川 56	爱知 77	佐贺 144.97	高知 118.28	京都 11	静冈 567
长野 56	京都 80	冈山 140.01	京都 114.30	新潟 17	熊本 678
香川 57	大阪 84	山梨 138.86	千叶 110.29	岐阜 27	埼玉 905
北海道 57	兵库 89	香川 138.31	鹿儿岛 109.54	高知 28	宫城 978
冲绳 58	奈良 93	德岛 138.05	埼玉 106.96	德岛 41	神奈川 1079
岩手 58	东京 96	三重 136.36	冲绳 104.28	大分 42	大阪 1124
佐贺 58	埼玉 98	冈山 134.24	大阪 101.58	三重 48	千叶 1251
福岛 59	千叶 104	宫城 133.85	神奈川 98.60	佐贺 50	冲绳 2160
静冈 59	神奈川 59	群马 133.08	东京 90.68	冈山 51	东京 8672
富山 60	平均 65	奈良 132.03	平均 122.32	秋田 53	合计 21371
数据来源于社会生活基本调查		数据来源于2013年住宅与土地统计调查		数据来源于2014年厚生劳动省相关调查	

251

减少到72万人，减少了约20%[1]。与此同时，日本地方圈因18岁人口的逐年减少及高中毕业生的大量流失，导致日本地方大学，尤其是小规模私立学校陷入经营困难甚至破产倒闭的境地。

今后，东京需要继续发挥日本发展的引擎作用，并成为引领世界的国际都市。人口资源等大量聚集东京圈，使得经济服务业高效发展、日常生活便利、商业活动中人与信息交流直接而迅速。然而，过度的"东京一极集中"却也带来了系列问题。作为世界首都城市中自然灾害风险最高的城市[2]，一旦东京发生地震则人口资源的过度聚集将引发巨大灾害，并将给日本经济发展带来沉重打击。

"东京圈过热、地方圈过疏"，这种人口结构的持续恶化正导致日本地方经济衰退甚至消亡，也给东京圈的持续发展带来层层隐患。消解"东京一极集中"，实现整个日本经济社会的发展向前，需要举国建制实现东京圈内部及东京圈和地方圈之间的协同合作，需要各地政府、企业、公共团体、广大居民的协同努力。

二 从"东京一极集中"到构建"对流协同"模式

区域协同发展是指，区域之间在经济交往上日益密切、相互依赖日益加深、发展上关联互动，从而达到各区域经济均持续发展的过程。协同发展强调区域主体相互配合、共同发展的动态过程，协同是发展的手段，发展是协同的目的[3]。当前，日本已经提出东京圈与地方圈协同发展的理念，并在诸多政策文本中提出相关的具体措施。

---

[1] 日本总务省：《人口推移统计》，http://www.stat.go.jp/data/jinsui/2017np/index.html，2018年5月15日。

[2] 日本内阁府：《促进地方年轻人的就学与就业——致力于地方创生的大学改革》，https://www.kantei.go.jp/jp/singi/sousei/meeting/daigaku_yuushikishakaigi/h29-12-08_daigaku_saishuuhoukoku.pdf，2018年6月3日。

[3] 王凯、周密：《日本首都圈协同发展及对京津冀都市圈发展的启示》，《现代日本经济》2015年第1期。

（一）东京圈与地方圈协同发展的动力

行为经济学认为，社会认同下的互惠偏好能够有效提高协同水平。日本东京圈和地方圈之所以能够形成协同，非常重要的动力是东京圈与地方圈具有互惠性偏好[①]，这种互惠性偏好的形成主要基于两大因素。

1. 东京圈的权威与引领作用

东京圈与地方圈具有非对称地位，其中东京圈是核心权威。日本统计省发布的 2012 年经济统计调查结果显示，东京圈内本金在 10 亿日元以上的企业数量约占全国的 62%，外国法人数约占全国的 87%，信息技术及广告业从业人数约占全国的 61%，批发零售业销售额占全国的 50%，这些指标均以绝对优势占据全国首位[②]。东京圈坐拥首都东京，利用其有利的经济与政治条件，引领牵头与地方圈的协同发展，强调"突出首都圈，淡化都县市"，体现了其作为日本第一大都市圈的责任和义务，容易得到地方的拥护和支持，进而建立起与地方圈之间的互相信任与互利共赢。

2. 东京圈与地方圈之间的利益合理调整

"互惠性偏好"是一种基于回报的利他行为，暗含着公平、回报等补偿要求。东京圈集中了全国 30% 的人口，而地方圈却因人口大量流失出现了经济乏力的状况。加强东京圈与地方圈之间的协同，一方面对于东京圈来说可以疏散人口、缓解交通压力，加快解决通勤时间过长、住宅问题等"大城市病"，并能降低灾害发生后的风险损失。另一方面对于地方圈来说，能够在东京圈各项功能疏解的过程中分一杯羹，运用来自东京圈的人力、物力及财力加快盘活本地经济，实现可持续发展。有效的互惠基础与客观的现实需求共同形成了互惠性偏好，也成为东京圈与地方圈协同发展的重要基石。

[①] 王凯、周密：《日本首都圈协同发展及对京津冀都市圈发展的启示》，《现代日本经济》2015 年第 1 期。

[②] 日本内阁府：《从产业基地布局探讨东京一极集中问题》，https：//www.kantei.go.jp/jp/singi/sousei/meeting/kpi_kenshouteam/h29-10-24-shiryou6.pdf，2018 年 8 月 10 日。

（二）"对流协同"模式应运而生

2016年3月，日本国土交通省发布的《首都圈广域地方计划——构建对流协同下的活力型社会》(『首都圏広域地方計画——対流がもたらす活力社会の再構築』) 中明确指出，"今后日本在消解东京一极集中问题的过程中，不可单纯依靠抑制东京圈的发展来实现，仍需最大限度发挥东京圈对于日本经济的引领作用。同时，需要强化地方创生、发挥日本地方圈的独有魅力，实现东京圈与地方圈的共同发展"。计划指出，今后日本政府的首要目标就是打造"对流型首都圈"。

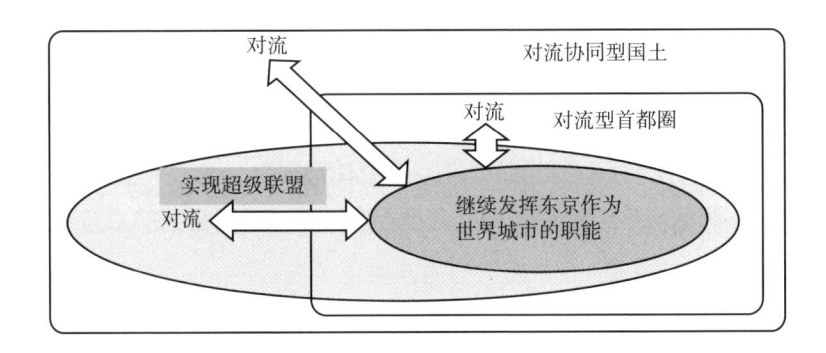

图2 对流型首都圈概念

如图2所示，"对流"一词原本是物理学领域的概念，当液体或气体内部出现温度差异时就会产生"对流"现象。同样的，在区域发展层面，性质各异事物之间的协同融合，将会引发人、物、金钱、信息、知识的活跃流通，产生不同凡响的反应，给地区发展带来活力。可以说，"对流"的内在含义就是协同与交流。"对流型首都圈"包括了内部的功能疏解、分配及内部性能的提高，还包括了与外部的衔接协同，既有东京与东京圈的内部协同，又有东京、东京圈与地方圈之间的外部协同，同时还要确保东京作为世界城市的竞争力。

与此同时，2014年以来，日本政府出台多项政策法案，包括《城市、人口、工作创生综合战略》(『まち・ひと・しごと創生総合戦略』)、《城

市、人口、工作创生综合战略（2016版）》等，重点提出"地方创生"理念，即通过人口向地方的流动、在地方创造更多就业机会、盘活地方经济等方式确保日本经济社会向前发展。日本政府强调，不可对市场原理下加速进展的"东京一极集中"问题置之不管，需要国家行政力量的适当干预。

三 推进教育领域的协同合作、助力解决东京一极集中问题

要想切实解决已经持续多年的"东京一极集中"问题，促进人口在地区间相对均匀地分布，必须首先做到各项资源在各地之间的相对均衡，日本眼下正在推进的地方创生工作就是尽力弥合地方与东京圈之间在教育、就业等资源上的差距。

2000~2015年，日本地方圈15~29岁年轻人口减少了约532万人（30%）。2017年东京圈净迁入的12万人口中，约有7万人是在大学升学过程中涌入东京圈，也因此立足教育政策视角、面向年轻群体的人口疏解对策是应对"东京一极集中"问题的关键所在。2016年12月，日本内阁会议通过的《城市、人口、工作创生综合战略（2016版）》首次提出从教育政策入手、疏解东京圈人口资源并推进日本地方创生的理念，"为消解东京一极集中问题，培养贡献于地方经济发展的人才，需要振兴地方大学，在地方创造更多就业机会并援助年轻人的地方就业，抑制东京都大学的新建、扩建并鼓励东京都内大学向地方迁移等。"随后，2017年12月，日本内阁会议出台《城市、人口、工作创生综合战略（2017版）》，2018年6月，日本内阁会议进一步出台《城市、人口、工作创生基本方针（2018版）》，均就今后实现东京圈与地方圈的教育协同、疏解东京部分职能、消解"东京一极集中"问题等提出了具体的方案措施。

（一）打造教育特色城市

作为世界第一大都市圈，东京圈形成了世界上密度最高、规模最大的

人口及教育资源的集聚，并且越是接近东京都的核心地带这种集聚就越是明显、形成强烈的都心区位指向。为有效疏解东京都的教育资源，东京圈致力于打造多个教育特色城市。例如，东京郊区的八王子市和立川市是高科技产业、研究开发机构及大学的聚集地；神奈川县和埼玉县主要以开发教育、文化、居住等功能设施为主，并接纳东京都部分政府职能的转移；此外，将触角进一步伸至东京圈外围的茨城县，建设了以筑波研究园为主的新城。

筑波研究学园都市是日本高水平试验型研究与教育基地，也是世界五大科技园①之一，是为疏解东京圈人口过度集中而创建并发展的城市。现如今搬迁到筑波抑或新建的教育研究机构共有32个，同时还有众多民间研究所和研究开发机构位于筑波周边的开发区。基于《筑波学园都市建设法》（1970年颁布法律，1998年修订），近年来筑波城市开发的基本目标是打造科技中枢型都市，以及绿色生态型前沿都市。具体措施包括了不断翻新基础设施、进一步吸引科研教育机构来到筑波发展；吸引投资和创业、打造前沿性科研机构，并为青少年增进科学理解做出贡献；推进构建与环境共生的绿色生态都市，形成科技与生活相互协调，既保持独有文化又能相互融合的社区。

（二）抑制东京23区大学扩招学生兼顾东京的国际化发展方向

近年来，尤其是东京23区的大学生人数呈现持续增长态势，东京都的大学容纳能力②约为200%，远远高于日本其他地区，东京都大学的招生定额也在持续增加。今后，在日本18岁人口持续减少的境况下（2017年约120万人、预计到2040年将减少到约88万人），如若对市场放任自

---

① 美国硅谷、日本筑波科技城、中国台湾新竹科学工业园、美国128公路高技术产业带（硅路）、法国索菲亚科技园，并称"世界五大科技园"。
② 大学容纳能力，表示日本各都道府县高等教育的规模，即区域内全体高校容纳本地高中毕业生的能力，其指标用大学容纳率表示，计算公式为，大学容纳率＝当地大学招生人数÷当地高中毕业生升学人数。

流，则具备更大吸引力与竞争优势的东京23区大学的招生定额还将持续增加，东京都大学规模进一步扩大、地区之间的大学规模参差不齐，势必会导致地方大学的经营恶化甚至倒闭，引发日本高等教育就学机会的差异。

为此，日本政府出台相关决议，针对近年来学生数增加最为显著的东京23区大学，冻结其招生定额。2018年5月，日本议会通过《地方大学振兴法》，规定截止2028年3月，除废除、改制现有院系及招收留学生、非应届生时可扩招以外，东京23区大学原则上不可扩大招生规模。同时，设立专项拨款制度以推进地方产学合作、振兴地方大学等，促进年轻人留在地方城市，以改变升学、就业所造成的年轻人过度集中东京圈的状况。

在落实相关决议的同时，日本政府强调，并不能一味抑制东京的教育规模，还应理性看待东京的国际化发展需求，对于那些并不会引发年轻人口涌入的特例进行区别对待。特例包括了：1. 致力于学术理论与应用研究、培养高水平专业人才并形成世界级智囊团人才培养基地的研究生院，因其学生大部分属于从本科直接升学而不是从地方流入的学生，因此无须冻结其招生定额。2. 并不会导致东京23区大学生增加的院系或学科重组也被纳入特例，例如，滋贺大学新设数据科学院系、宇都宫大学新设地方规划学科，但均通过减少其他原有院系的招生人数、积极调整教师岗位来保持大学整体招生人数不变。3. 吸引并招收更多外国优秀留学生是东京提升国际化水平的必经之路，并不会引发地方年轻人口的涌入，因此并不作限制。4. 社会人士在职场附近的大学进行再学习、再深造是一种对日本社会发展的未来投资，与地方年轻人口涌入东京圈并无瓜葛，因此被纳入特例。5. 东京圈以外地区的大学在东京23区新设院系或学科，将部分学习的地点定在东京23区内，例如大一和大二在东京学习，到了大三和大四就要回到地方学习的情况，并不会引发年轻人口的涌入，因此可以作为特例。6. 东京23区大学在地方圈新建校舍、新设或扩建学科，让学生们到地方校舍学习并没有导致23区大学生的增加，则也属于例外。

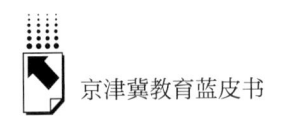

（三）促进东京圈大学与地方之间的协同合作

东京圈大学协同地方，在地方建分校、开展学生赴地方学习交流项目，一方面能疏解东京圈的学生人口压力，另一方面也能让学生充分感受地方魅力，为日后能有更多毕业生愿意移居地方埋下伏笔。例如，东京理科大学就在北海道长万部町设有分校，要求基础工学部一年级学生在分校学习生活，感受大自然的四季变化并在与当地居民相互交流的过程中形成丰富的感性认知，256名大一学生就占据了长万部町总人口的6%。

东京圈大学在协同地方政府的过程中，还会积极致力于创造独具魅力的地方就业机会。庆应义塾大学于2001年就在自然环境优越的山形县鹤冈市设立分校，鹤冈市亦积极协同庆应义塾大学，将该大学的前沿生命科学研究所引入当地，由此生发出众多投资企业，其中的Spiber株式会社成立于2007年，依靠强大的科技水平、成为当今世界人工合成纤维领域首屈一指的实力派企业，该企业生产出的人工合成纤维既有钢铁般的强度又有超过尼龙的伸展性。

专栏1　创建协同合作平台、主导地方创生的东京圈大学案例

大正大学是位于东京都丰岛区的私立大学。2016年4月，大正大学开设"地域创生学院"，招生定额为每年100名学生，通过经济学、经营学相关理论知识与实践技能的教授，培养在东京学习并在日后回归或移居地方、贡献于地方经济发展的人才，这些人才包括了协调者、组织者、创业家、经济学家等。"地域创生学院"会在每年下半年为学生安排40天的地方实践课程，让学生在真实的生活和实习过程中有所感、有所获。实践地点为第1年在地方、第2年在东京、第3年在地方、第4年则根据自己的研究题目确定地点。2016年，该学院学生的实习地点囊括了宫城县、山形县、新潟县、德岛县、宫崎县的诸多地区。学院也会派遣教师到相应地方，帮助学生的学习和生活，并起到联系学生与地方的纽带作用。通过系列实习活动，在东京和地方、地方与地方之间构建起信赖和协同交流的关系。

与此同时，大正大学于2014年10月创立了用于支撑本科教育的"地域构想研究所"，致力于搭建东京与地方、地方与地方之间的协同合作平台，基于数据分析来挖掘并运用地方资源，通过这些研究活动为盘活地方经济提供建议，并为研究成果的广泛应用制定可行方案。截至2017年2月，该研究所已与55个地方政府、4所大学及3个公益法人形成协同合作关系，共同致力于地域资源信息研究，将大数据与无法数据化的地域资源信息进行整合，创造新型地域价值。同时，围绕几大主题开展地域创生领域的共同项目研究，包括了新型生活方式与工作方式（移居地方与企业就职领域）、基于观光的地方城市建设、基于环保视角的地方城市建设、构建东京与地方的互联网。当前，"地域构想研究所"正致力于在全国8大基地（地域创生院系学生的实习地）开设研究所分所，以期进一步深化协同措施来推进地方创生。

（四）推进协同交流下的"新型学习"

实现地方创生，还需要推进"新型学习"、实现东京圈与地方学生间的互换交流。大学生甚至中小学生可以从地方前往东京圈学习、经过磨砺锻炼后回到地方，也可以从东京圈到地方学习，感受地方魅力而计划在地方工作生活。这种新型学习方式或将生发很多新的可能性。

当前，东京圈大学与地方大学之间的学生互换交流项目才刚刚起步，但已经有不少学校非常关注相关措施并取得了一定的成果。例如，早稻田大学和同志社大学已经启动了学生国内留学项目，并且与位于地方的九州大学落实了夏季集中课程的学分互换项目。同时，樱美林大学也长年与冲绳县的大学开展学生互换交流项目。学生交流互换之际，地方政府积极协作地方产业开展多种多样的地方体验活动，包括自然环境中的学习、领略地方产业魅力、解决当地课题的工作坊等，都可以让东京圈大学生深刻理解地方魅力。

2017年12月，日本内阁会议通过《城市、人口、工作创生综合战略（2017版）》，围绕大学生的地区间交流互换指出"通过学分互换等措施，鼓励东京圈与地方大学生之间的交流互换。"随后，日本内阁府开始推进落实"地方与东京圈大学生交流互换计划"。互换交流分为长达半年的长期项目及5日短期项目。不论项目期限长短，面向来到地方大学的东京圈大学生，重点开展如何解决当地实际问题的教学和论坛；面向前往东京圈的地方大学生，重点开展如何将东京圈所见所学用于解决地方课题的教学和论坛。在此过程中，国家面向主导协同交流的大学提供一年2300万日元、参与协同的大学提供一年700万日元，总计不超过5000万日元的补助金。具体来说，一所东京圈大学携手一所地方大学所获补助金为3000万日元，一所东京圈大学携手两所地方大学所获补助金为3700万日元，两所东京圈大学携手两所地方大学所获补助金为4400万日元，两所东京圈大学携手三所地方大学所获补助金为5000万日元。补助期限为2年，2年后日本政府将对协同交流计划进行评估审核。

（五）振兴地方大学、推进产学合作

2018年5月，日本议会通过的《地方大学振兴法》设立专项资金，中央政府拨款支持地方加强本地产学合作，鼓励各大学结合当地产业发展形势等打造各具特色的地方大学。同时，法案要求打破国立、公立与私立大学之间的界限，积极推进各大学之间的协同交流，基于地方需求推进大学内学科及院系的重组或新设。不断挖掘本地特色和优势、打造出独具魅力的学术领域，以此吸引国内年轻人，以及优秀的外国人才前来就学深造。

近年来，不少地方国立大学基于当地发展需求新设院系或学科并取得了一定成效。例如，爱媛大学于2016年新设"社会共创院系"，协同爱媛县政府及企业构建联盟，通过实地考察（field work）等实践活动，致力于培养振兴水产、纸质产业等贡献于地方社会持续发展的人才。位于日本青森县的弘前大学依据当地苹果产业的发展需求，于2016年新设"农学生命科学院系"，协同青森县政府和企业开展农业、食品相关的实践技能课程，积极培养促进当地苹果等农作物加工、出口及销售的人才。宫崎大学则于2016年新设"地域资源挖掘与运用院系"，协同宫崎县政府和企业开展在县内山地、郊区的课题解决型实践活动，致力于培养农业、畜牧业、旅游观光等领域的管理型人才，以此盘活地方资源、不断挖掘新价值，实现当地振兴。

专栏2：产学官协同下振兴地方大学、推进地方创生的中村学园大学案例

中村学园大学是位于日本福冈县福冈市的一所私立大学，该大学自2015年起连续三年被文部科学省指定为"私立大学改革综合援助计划之协同产业界重点推进校"，每年都能获得来自文部科学省的财政拨款用以促进该校新设"食品管理学科"，进而带动地方经济发展。

当初，中村学园大学之所以提出新设"食品管理学科"是为了解决当地经济社会发展所面临的系列问题。福冈县每年的农业产出总额约占全国总额的20%，是日本十分重要的产业基地，因此需要运用当地农产资源盘活经济发展，打造属于福冈县特有的地域品牌。在福冈县及其管辖内的福冈市、八女市、糸岛市等地，培养能够提升食品产业附加值的人才成为紧迫课题。为此，在中村学园大学的倡议主导下，组成了由33个机构团体构成的"产学官联盟"，致力于开发新商品、打造地方品牌并着手制定相关人才的培养课程，以期进一步将当地商品销往海外。

在课程开发过程中，来自7大地方政府、企业群及大学的187名相关人员共同参与探讨研究，围绕"食品产业所需的人才面貌""该类人才所应具备的能力""培养相应人才所应构建的教学课程体系"等进行了详细研讨。作为成果，中村学园大学最终于2017年新设了面向应届毕业生并能满足社会人士再深造需求的"食品管理学科"。与此同时，中村学园大学设立"产学官协同推进中心"，构建起协同产业界加速推进共同研究的系统化机制。2015年，该大学运用来自文部科学省的财政补助与当地企业缔结了1000万日元的"新型食品开发共同研究"大型项目，让学生们积极参与到该项目的策划和运行中，学生们在项目实践中大大提升了理论知识和技能水平。目前，该项目的研究成果已被成功转化为商品并销往东京等地，还被新闻媒体等广为报道宣传，成为产学官协同下实现地方创生的典范。今后，中村学园

大学将进一步强化产学官合作，成为"食品·饮食"领域不断开发创新的地方经济"领路人"。

（六）疏解东京圈人口，让更多年轻人愿意到地方工作和生活

当前日本全国的就业市场呈现出地方圈企业人手不足、苦于招不到人，而大学毕业生大量涌入东京圈找工作的态势。创造地方圈独具魅力的就业机会、鼓励更多年轻人到地方工作，是实现日本地方创生、消解"东京一极集中"问题的关键路径，需要日本地方政府、企业及相关机构强化协作。

1. 部分减免或全部减免助学贷款相关制度，助力推进大学生的地方就业

为了吸引东京圈年轻人移居地方、鼓励地方出身的年轻人回归地方，日本开始落实全国范围内的助学贷款减免返还制度，面向那些在地方企业工作的大学毕业生帮助他们返还部分助学贷款。截至2018年，落实该项制度的地方政府达到32个，相比去年增加6个。具体来讲，日本各地方政府协同当地企业，共同出资设立"某某县人口减少对策与就业援助基金"。首先，该基金项目向文部科学省下设的日本学生支援机构[1]推荐基金获取学生名单。接着，日本学生支援机构设定助学贷款实施框架，即助力地方创生的无利息助学贷款优先框架，每年每个都道府县最多有100名大学生可获得无利息助学贷款。然后，毕业大学生需返还助学贷款之时，如若该大学生已经取得特定领域的学位或资格证书，并就业于引领地方经济发展或地方重点产业领域的当地企业，则基金将负责返还该大学生助学贷款，进行部分或全部返还。标准的基金规模是每年帮助100名符合条件的大学生进行助学贷款的返还，给予每名学生的援助金额为400万日元，基金总规模为每年4亿日元。通过落实该项助学贷款减免政策，旨在鼓励学生们报考地方大学、促进地方

---

[1] 日本学生支援机构，其前身是成立于二战期间的"日本育英基金会"。2004年，日本政府将其更名为"日本学生支援机构"，并由文部科学省负责管辖。该机构主要致力于日本国家助学贷款的发放、管理和回收，其运营需严格依据日本学生支援机构法案。

就业，并吸引都市圈年轻人前往地方工作生活。

2016年，日本栃木县推出的基金项目实施计划是面向50名日本学生支援机构无利息助学贷款授予者中，大学毕业后将连续8年就业于当地制造业企业抑或提交当地生活申请书的学生，从2018年起为其返还助学贷款，最高返还金额为每人150万日元。德岛县推出的实施计划是面向200名日本学生支援机构无利息或有利息助学贷款授予者中，大学毕业后希望在县内居住同时作为正式员工在县内企业工作的学生，在其工作后满3年开始为其返还助学贷款，最高返还金额为每人100万日元。

2. 完善中小学生的农林渔村体验

通过在农林渔村的真实体验，学生们可以领略地方的自然、历史、文化等魅力，懂得尊重生命、珍爱大自然，形成环保意识，了解到人与人之间的关系、农林渔村的存在意义，最终形成生存能力。更为重要的是，通过这些体验，尤其能让并不了解地方的都市圈儿童感受地方魅力，为今后移居地方埋下伏笔。与此同时，通过与都市儿童的相互交流，地方儿童能够重新理解当地家乡的魅力所在。为了稳步落实推进，日本内阁府将在今年内制定出台中小学校相关措施的具体数值目标；立足减轻教职员工负担的视角，将委托大学、地方机构收集有关退休教师等援助人才的数据信息，并要求各地教委构建协同机制；政府将积极推进相关宣传，让家长们充分理解农林渔村体验活动的意义；要求中小学校在课堂教学中融入农林渔村体验活动中或将面临的课题研究、收集模范案例等。

此外，地方中小学也在致力于培养学生的爱乡之情。在地方年轻人因升学或就业离开地方之前，不少地方从中小学阶段起就面向学生灌输地方生活优势与当地产业魅力，让学生们深刻理解当地经济社会发展、培养浓厚的爱乡之情，以此大大提高其日后返回家乡工作生活的积极性和可能性。在此过程中，当地政府、企业、学校、居民等也在强化相互间的协同合作。

3. 疏解东京圈大企业的总部职能、为地方创造更多就业机会

在地方创造更多独具魅力的就业机会之时，一方面，地方核心产业与中小企业将发挥重要作用，但另一方面，也需要东京的大企业自主转变意识，

将部分总部职能从东京转移到地方,致力于为地方创造就业机会。在此过程中,国家方面出台相关政策,通过"大企业构建地方基地税制",即降低那些转移总部职能大企业的税率,鼓励更多东京企业转战地方。自2016年末出台该政策以来,截至2017年末,东京大企业的地方转移已经为日本地方新增了约11560个职位[①]。预计在未来的相关税制改革中,日本政府将进一步扩大降低税率政策的惠及范围,例如大企业在地方设置小规模办公室等。

(七)瞄准外国人才,提升国际影响力的同时助力实现地方创生

伴随在日外国人士的逐年增加,为进一步提升日本的国际化程度,同时助力实现日本地方的经济发展。日本政府已经开始瞄准外国人才资源,积极挖掘亚洲、中南美等国家和地区的亲日外国人才。因不少外国人士愿意留日工作并生活,因此构建这些外国人才与地方政府之间相互联系的纽带成为当务之急。为帮助地方政府更加便利顺畅地雇用外国人才,日本政府决定将颁发新型外国人士在留资格认定,方便他们在日期间拥有更多就业与参加多样化活动的机会。通过推出高水平人才积分制,简化在留资格变更手续等措施,吸引更多外国留学生毕业后在日工作和生活,并充分发挥他们的能力才干。放宽外国留学生的大学入学资格标准,只要该留学生已经在其所属国修完11年以上的学校教育,则日本大学将对其外国课程进行确认,只要符合升入大学时所需的资质能力标准,就允许该留学生入学日本大学。

日本政府近期还提出了一个新目标——将在日的外国留学生留日就业比例从目前的三成提高至五成。日本文部科学省数据显示,2017年日本的外国留学生总数高达26.7万人,但毕业后留日就业的却仅占30%左右。据日本学生支援机构统计,外国留学生中有60%都希望毕业后留日工作,还有10%的留学生希望留日创业,但迫于在留资格等问题,他们不得不选择毕业后离开。因此,福冈市率先尝试放宽在留资格,外国留学生可以以留日创业

---

① 日本内阁府:《促进地方年轻人的就学与就业——致力于地方创生的大学改革》,https://www.kantei.go.jp/jp/singi/sousei/meeting/daigaku_ yuushikishakaigi/h29-12-08_ daigaku_ saishuuhoukoku.pdf, 2018年6月3日。

为由申请签证延期。过去两年间，该市已经为包括来自全球各国的40多位留日创业人才提供了6个月的"创业准备签证"。与此同时，东京都、仙台市、新潟市、爱知县、今治市、广岛县等也纷纷开始提供"创业准备签证"，均期待外国优秀人才能为本地经济发展注入新活力。据悉，日本政府最快会于2018年秋天将"创业准备签证"由6个月延长至1年。

（八）坚持教师轮岗制度、促进教育均衡发展

为满足非中心城区人们的各种生活需求，日本政府高度重视促进公共服务均等化。在教育方面，通过义务教育国库负担制度和教师轮岗制度来促进教育的均衡发展。在教育经费方面，由日本政府统一规划经费投入、采取国库负担制，以保障经费来源。长久以来，日本公立中小学教师享受公务员待遇，并由政府负责统一调剂和管理。依据法律规定，日本教师在同一学校连续工作不得超过5年。政府直接主导和调整各学校之间教师的定期轮岗流动，保证了区域内师资力量和教学水平的相对均衡，成为区域间教育协同发展的重要基石。

四 对京津冀教育协同发展的启示

（一）完善立法，制定科学合理的教育协同发展规划

日本在解决"东京一极集中"问题、推进地方创生过程中，相继出台了《城市、人口、工作创生战略》《首都圈广域发展规划》《地方大学振兴法》等法案政策，将振兴地方大学、抑制东京23区扩招学生等对策上升至立法层面，以此谋求更为彻底有效的解决对策并稳步收获成果。日本经验表明，区域间教育的协同发展需要依靠完善的法律保障体系，做到有法可依、有规可循。

北京、天津、河北之间既有中央与地方关系，也有同级关系。当前，京津冀教育的协同发展主要以地方同级政府为主体开展，三者地位平等，缺乏

制约。虽然国家在推动区域经济发展过程中一贯主张市场手段与行政手段的并重发展，但在协同活动开展的起步阶段，教育作为基础公共服务的一部分，更需要先有国家行政手段的引领，需要以中央政府为主导及时制定出台教育协同领域的顶层政策规划，例如《京津冀教育协同发展战略》《京津冀高等教育联盟建设规划》《京津冀教师协同培养机制》等，以此为京津冀教育协同的顺利开展提供最重要、最基本的保障和依据。

（二）加强功能疏解与区域协同发展的结合

东京圈在消解"东京一极集中"、解决东京"大城市病"问题之时，非常注重日本地方圈的发展，通过地方创生、首都圈广域计划等政策来均衡区域发展。日本政府提出的"对流型首都圈"理念，强调日本整体的发展向前不能单纯依靠抑制东京来实现，应推进东京圈内部及东京圈和地方圈的协同交流，发挥东京圈和地方圈的各自创意，实现两者的协同共进。

京津冀区域有两个特大城市北京和天津，单纯依靠硬性疏解京津的教育人口、教育资源等很难解决长远问题，应该制定"协同成长型"战略。例如，通过教师的定期轮岗制、京津冀手拉手学校之间的校际教师互换等，推进京津冀区域教师资源的均衡分布。通过搭建三地师范类院校共同协作下的教师培养和培训基地，协同提升京津冀区域教师的整体能力和素质，扎实帮扶河北省薄弱县市的教师，同时进一步培养三地优秀的青年骨干教师、名师、名校长、管理型人才等。通过深化建设京津冀高校联盟，开展学分互认、课程互选、教师互聘、学生交流、相互访学等，引导京津高校毕业生到河北省就业创业。还可鼓励河北省中小学开展基于当地生态环境、产业发展的教育实践活动，自中小学阶段培养学生们的爱乡之情，为今后贡献于河北省发展做好铺垫。

（三）构建产学研合作机制、促进承接地转型升级

当前，东京圈与日本地方之间的教育协同，不仅仅是东京圈教育资源及人口的疏解，更包含了地方大学改革及地方产学协作等地方圈的奋发图强。

这体现了东京圈与地方圈在教育协同发展和促进日本整体经济发展过程中的平等地位，需要两者齐头并进、双管齐下，而不是偏重于东京圈的疏解。

我国在推进京津冀教育协同发展过程中，不仅要重视北京非首都职能的疏解，更应关注承接地河北省的教育发展。河北省各县市需进一步明确自身的发展定位，选择合适地块建立多个区域教育中心，借力京津发展带提高自身的教育竞争力。目前，河北省在科研转化能力、创新驱动发展方面与京津两地差异明显，知识储备与吸收能力相对不足，这就需要河北省与京津两地的高校、科研机构等开展更加深入的协同合作，可通过吸引京津高校在河北办分校、落实助学贷款减免对策、建立大学科技城、京津冀产学联盟等方式，吸引京津两地优秀的毕业生和科研人才，将科研、人才与产业发展紧密结合起来，促进研发与成果转化。

（四）兼顾短期"疏解"与长远的国际化发展目标

在全球化急速进展的当今时代，东京需进一步强化自身职能，确保其国际地位和世界影响力，在经济、文化、外交等诸多领域发挥强大的引领作用。当前，日本政府推出抑制东京23区大学扩招学生政策，目的就是在短期内实现学生人口的疏解、控制好增量。同时，兼顾东京的国际化发展需求，对于招收外国优秀留学生、促进在职工作人员的技能提升、东京圈大学到地方设立分校等进行特例处理。并且，从长远来讲，日本政府还将致力于全国范围内高等教育规模的均衡调整，以此消除高等教育就学机会的差异。

自2014年《北京市新增产业的禁止和限制目录》出台以来，北京市着重对中等职业教育、高等教育的本专科层次、成人教育、网络教育等提出了限制要求，全市进入"减法"模式，明确控制增量。与2013~2014年相比，2016~2017年北京市中等职业教育、普通本专科层次及成人高等学历教育的招生数和在校生数均有显著下降，取得了一定的成果。首都教育既要实现短期内的疏解目标，又要着眼于未来社会需求。北京作为世界城市应积极面对来自世界其他城市群发展带来的竞争和压力，关注长远发展，将优化调整教育人才结构和教育产业结构，实现教育引领创新驱动，建成多元化且

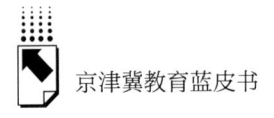

高瞻远瞩的协同机制平台，形成政府、学校和社会积极有序参与的多层次网络体系等作为京津冀协同发展的根本目标和前进方向。

参考文献

［1］日本内閣府：「地方大学の振興及び若者雇用などに関する基本資料」，日本城市、人口、工作创生本部事务局官网，2018 年 5 月 6 日。

［2］戸所隆：「東京の一極集中問題と首都機能の分散」，『地学雑誌』2014 年。

［3］日本文部科学省：「まち・ひと・しごと創生基本方針 2017」，日本文部科学省官网，2018 年 5 月 8 日。

［4］日本内閣府：「東京圏への一極集中に関する論点ペーパー」，日本国土交通省官网，2018 年 5 月 8 日。

［5］日本国土交通省：「首都圏整備に関する年次報告　平成 29 年度」，日本国会官网，2018 年 6 月 2 日。

［6］日本内閣府：「地方における若者の修学就業の促進に向けて—地方創生に資する大学改革」，日本内閣府官网，2018 年 6 月 5 日。

［7］高林喜久生：「東京一極集中と地方創生」，『産研論集』2018 年 3 月。

［8］日本内閣府：「まち・ひと・しごと創生基本方針 2018 について」，日本内閣府官网，2018 年 6 月 18 日。

［9］高兵：《京津冀区域教育资源的疏解与承接研究》，载方中雄主编《京津冀教育蓝皮书京津冀教育发展研究报告（2017～2018）》，社会科学文献出版社，2018。

［10］汤术峰：《国际区域教育协同发展的理论与机制研究》，载方中雄主编《京津冀教育蓝皮书京津冀教育发展研究报告（2016～2017）》，社会科学文献出版社，2017。

［11］孙沂汀：《从日本东京圈的建设看京津冀协同发展》，《北华航天工业学院学报》2017 年第 6 期。

［12］王玉婧、顾京津：《东京都市圈的发展对我国环渤海首都区建设的启示》，《城市》2010 年第 2 期。

［13］郑京淑、郑伊静：《东京一极集中及其城市辐射研究》，《城市观察》2013 年第 5 期。

［14］高峥：《京津冀协同发展背景下河北省产业结构优化升级研究——借鉴东京圈经验》，河北大学硕士论文，2016。

B.13 后　记

　　春华秋实，三年有成。《京津冀教育发展报告》作为年度出版物已经出版了三辑，围绕京津冀教育协同发展中的重大热点难点问题开展研究，努力发挥着"存史、咨政、宣传、育人"的作用。随着京津冀教育协同发展时间进程的推进，探索区域教育整体与局部的关系显得越来越重要。"一核两翼"空间布局的提出，要求我们必须深刻审视"一核"与"两翼"的关系，"都"与"城"的关系，"疏解"与"提升"的关系，"舍"与"得"的关系，为实现区域教育错位发展、优势互补、整体提升奠定理论基础。

　　本辑《京津冀教育发展报告》是北京市"十三五"时期教育科学规划重大课题"京津冀协同发展战略下首都教育地位、作用和变革趋势的研究"（立项编号BMAA16012）的部分研究成果。课题坚持以促进京津冀区域教育现代化为宗旨，力图分析首都、北京城市副中心、雄安新区的城市战略定位与教育功能关系，开展前瞻性研究，明确"一核两翼"教育的发展方向和重点，推进京津冀"三地四方"教育现代化向更高水平迈进。我们期待，也愿意继续努力与关心京津冀区域教育改革与发展的人士围绕"区域教育均衡、优质、特色发展"和"如何做细、做实、做深区域教育"等一系列主题真诚交流、寻求共识。

　　在编写过程中，编者组织了来自北京、天津、河北三地的教育科研人员参与，希望三地教育科研部门能够进一步深化合作，围绕京津冀教育协同发展面临的基本问题和重大问题开展相关的战略、规范、政策和实践研究，为努力形成京津冀目标同向、措施一体、优势互补、互利共赢的教育发展新格局贡献力量。在此，我们对所有积极参与和支持本研究报告撰写的领导、研

究人员表示衷心的感谢！期待三地教育科研人员携手并进，紧紧抓住京津冀协同发展新契机，为促进区域教育向更高水平迈进贡献真知灼见。

由于时间仓促和水平有限，作为一项集体研究成果，本书阐发的观点和资料的可靠性由相关研究人员负责，并不代表北京教育科学研究院的立场。同时，需要说明的是，虽然本项目的研究人员努力工作，希望本书为关心京津冀教育协同发展的机构和人士提供有益参考，但囿于时间和能力，我们的观点未必完全准确，相关的政策建议不一定切合实际，撰写过程中各章的风格体例也不尽相同，敬请相关专家和广大读者批评指正。

联系地址：北京市海淀区翠微路4号院北京教育科学研究院教育发展研究中心

邮编：100036

电话：010-88171908

传真：010-88171917

E-MAIL：fzzxlps@163.com

编　者

2019年2月

Abstract

The "Outline of Beijing-Tianjin-Hebei Collaborative Development Plan" proposes to optimize and enhance the functions of capital city Beijing, and give play to its role as "One Core", and strengthen the core function of Beijing, thus building a world-class urban agglomeration. In 2017, General Secretary Xi Jinping pointed out in the report of the 19th National Congress of the Communist Party of China that, the collaborative development of Beijing-Tianjin-Hebei shall be promoted to relieve Beijing of its non-capital function and the Xiong'an New Area shall be planned at high starting point and constructed with high standards. In the same year, the "General City Plan for Beijing (2016 – 2035)" approved by the Central Committee of the Communist Party of China and the State Council clarified the basic orientation of Beijing that "Beijing is the capital of the People's Republic of China, as well as the national political center, cultural center, international exchange center, and the science and technology innovation center." It was further pointed out that promoting the Beijing-Tianjin-Hebei collaborative development is the only way for the capital city to achieve sustainable development. The Beijing Municipality Sub-center and the Xiong'an New Area of Hebei now function as the new two wings of Beijing. We should plan as a whole, deepen the cooperation, learn the strengths from each other and develop respectively, thus striving to establish the new two-wing pattern (The Beijing Municipality Sub-center and the Xiong'an New Area of Hebei) for Beijing. Top-level design shall be conducted for well building and developing the capital city.

From the history of urban development around the world, education plays a very crucial role. With highly developed educational, technological system, world-class cities in developed countries have become the world's centers of academic research, of scientific and technological innovation, and the gathering center of talents, to lead the development of education, culture and science across the globe. Education acts as not only the characteristics of world-class cities, but the basic conditions and ways for the formation and development of world-class cities. On September 10, 2018, the CPC Central Committee held the first national education conference in the new era in Beijing. General Secretary Xi Jinping delivered an important speech to make strategic arrangements for education reform and development now and in the future, which offered a fundamental guide for accelerating the modernization of education, building a powerful education county and rendering the education to the people's satisfaction. In the critical period of advancing the Beijing-Tianjin-Hebei collaborative development strategy, and launching the nationwide education modernization in 2035, it is of great and urgent significance to plan the education development strategy of "one core" of Beijing and create education highland that matches the development of Beijing Municipality Sub-center and Xiong'an New Area, in a bid to take non-capital responsibilities and alleviate population pressure for Beijing, maintain a balance between work and living, and propel the educational, economic and social development of the Beijing-Tianjin-Hebei region.

Thus, Beijing Academy of Educational Sciences planned and published the third volume of the Research Report on *the Education of Beijing-Tianjin-Hebei* and fixed the theme as "One core and Two wings" to delve into issues of positioning of Beijing, Beijing Municipality Sub-center and Xiong'an New Area in educational development and resource allocation among the Beijing-Tianjin-Hebei collaborative development. Adhering to the principles to combine the academic, original, cutting-edge and themed features, the research report adopts the mode of "designing the subjects, organizing research and formulating subject-based research reports" to organize professional researchers in Beijing, Tianjin and Hebei in conducting researches upon hot, key and difficult issues within the framework of the subject. In this way, it's intended to deeply and comprehensively reflect the actual situation of education reform in the region and analyze the experience and issues from the implementation of the strategies, thus giving better play to the role of scientific study on education in serving the decision making by central departments, the collaborative development of Beijing, Tianjin and Hebei, and the educational development and reform of the Beijing-Tianjin-Hebei region.

Abstract

This blue book encompasses 12 research reports in five parts: "General report", "Sub-report", "Special topic", "Region" and "Reference". Outlining the key points, the "General report" part analyzes the educational development orientation of the One Core and the Two Wings, makes general and systematic analysis on the existing educational problems and gap with the target of the Beijing Municipality Sub-center, the educational problems and potential risks of the Xiong'an New Area, and the educational reform and development strategies of the One Core and Two Wings, and finally introduces the status quo of education in Beijing, Tianjin and Hebei. Starting from the Two Wings, the "Sub-reports" describe and analyze the educational development, key points and hot issues of the Beijing Municipality Sub-center and Xiong'an New Area. From the perspective of the whole region, the "Special topic" part discusses the practice of collaborative development of education in Beijing, Tianjin and Hebei, the possibility to build evaluation criteria on the balanced development of compulsory education in Beijing, Tianjin and Hebei, analyzes the current status and problems of cooperation in running primary and middle schools in these regions and proposes corresponding policy suggestions. The "Region" part then stands at the local level to focus on the foundations and strategies of Beijing, Tianjin and Hebei respectively for the promotion of the collaborative educational development, and delves into and takes outlook on the current status, problems, institutional mechanisms and practices of the collaborative development of education at all levels in the three regions. The "Reference" part summarizes the practice of the collaborative development of education in the Tokyo Metropolitan Circle and provides a foreign reference for collaborative development of education in Beijing, Tianjin and Hebei.

The reports seek to link theory with reality, reflects the connotation, situation, progress and problems of the collaborative development of education in Beijing-Tianjin-Hebei region from multiple angles and levels, and proposes reform proposals to promote and improve the collaborative development of education in Beijing-Tianjin-Hebei agglomeration, with a view to offering beneficial references to decision makers, managers and scientific researchers involved in the collaborative development of education in Beijing-Tianjin-Hebei region. We would like to express our heartfelt gratitude to the experts and scholars who have made suggestions for the edition and publication of this book and to authors who have made unremitting efforts in the research and writing of these special reports.

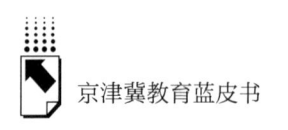

Editors
February 2019

Contents

Ⅰ General Report

B.1 Overview on "One Core and Two Wings" and
 Education Development Strategies in the Context of the
 Beijing-Tianjin-Hebei Collaboration *Gao Bing*, *Li Lu* / 001

Abstract: The systematic configuration of basic public education services plays a decisive role in the construction of city sub-centers with specific functions and Xiong'an New Area. The per capita GDP, structure of three industries, per capita disposable income of urban and rural residents, and population and population distribution structure of Beijing, Tongzhou District and Xiong'an New Area vary greatly. Education in the capital city focuses on the scientific allocation of educational resources, ideology of the education system, cohesiveness and integration of education, equitability of quality education and sustainable development of education; the city sub-centers need to adopt the "two services" as the basic development concept and the "driving by demonstration" as the featured development concept; and Xiong'an New Area shall take "Xiong'an Quality" as its core development concept and explore the "Xiong'an Mode" of education development. The report studies and combs the existing problems, gap with goals and potential risks of education in the "two wings" areas, and proposes the basic principles and promotion strategies for education reform and development in the "one core and two wings" regions. Beijing City Sub-centers shall adapt to the population structure and group distribution, give priority to the basic needs of school seats, strengthen the "internal promotion and external guidance", expand the coverage of quality education resources, solve the diversified educational needs in an innovative way, and build a regional education support platform. It is necessary to plan the education in Xiong'an New Area step by step, build the educational reform resources for guidance, organization and collective arrangement, stimulate the innovation vitality with the reform dividends and the advantages of the latecomer, greatly increase the education investment with Beijing as the initial standard, optimize the structure of teachers team, and vigorously improve the quality of teachers.

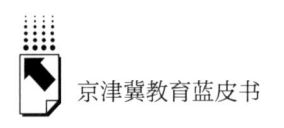

Keywords: Beijing-Tianjin-Hebei Collaboration; Educational reform; Educational Development Strategy

B.2 Overview on Education Development Status Quo in Beijing-Tianjin-Hebei in 2018   *Cao Haowen* / 034

Abstract: Monitoring the status quo of the education development in Beijing-Tianjin-Hebei region will help to find out the coincidence points and difficulty for the coordinated development of education in Beijing-Tianjin-Hebei region, help to judge whether the education of the three places is moving toward the goal of "balanced public services", and provide a scientific basis for the continued advancement of the policy. Analysis on the education development and education investment in Beijing-Tianjin-Hebei region in 2017 reveals that, resident students for basic education in the three places account for about 7% of the national total, and resident postgraduate students is about one-fifth of the national total. Beijing features apparent advantages in the postgraduate education. While Hebei boasts a large total number of resident students at the compulsory education stage and a considerable proportion of students in rural areas, Beijing and Tianjin have a lower proportion of countryside students. The proportions of full-time teachers with Bachelor's degree or above vary greatly among Hebei, Beijing and Tianjin, with particularly great differences seen in the preschool and elementary school education. Hebei outperforms Beijing and Tianjin in terms of the student and teacher ratio for all basic education stages, with the biggest difference seen in the preschool education stage. The student and teacher ratio for preschool education in Hebei is higher than the criterion set by the Ministry of Education. The average class size of elementary school, junior high school and ordinary high school in Hebei is greater not only than that of Beijing and Tianjin, but than the national average. It's a heavy task to eliminate large classes in junior high schools in Hebei. While Tianjin has the largest portions of "Double Type" teachers in secondary vocational schools and graduates with "dual certificates", Hebei features less "Double Type" teachers but a high proportion of "dual-certificate" graduates and Beijing presents the opposite. While Beijing is the place for many central government managed universities and undergraduate universities, Hebei and Tianjin embody a half-half proportion of undergraduate universities and junior colleges. The proportion of resident postgraduate students in Beijing climbs year by year, and that of resident students in adult universities and junior colleges and ordinary junior colleges in Beijing declines each year. The hierarchy and structure of resident students for higher education in Hebei shows limited changes. As to education investment, the general public budget on education in Hebei has grown at large rate for three successive years, indicating a notable concern of the government. Though both per-student general public cause budget on education and per-student general public budget on education in Hebei rise steadily, the gap with Beijing expands instead of shrinks since the capital city boasts "high starting point and great growth rate". Based on the monitoring results of the past three years, it could be concluded that: Ⅰ) The basic situation of the great gap in the development level of education and the investment in education between Beijing, Tianjin and Hebei stays unchanged. The gap in many indicators has expanded, instead of shrunk, showing a large absolute value. Ⅱ) Some specific problems discovered by the monitoring still need to be further improved, and attention from educational decision makers and scientific research departments is required. This study proposes countermeasures to deal with the status quo, gaps and issues.

Keywords: Education in Beijing-Tianjin-Hebei Region; Collaborative

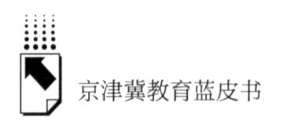

Development of Education; Regional Education; Beijing-Tianjin-Hebei Collaborated Development

Ⅱ　Sub-reports

B.3　Status Quo of Educational Resource Allocation in Tongzhou District of Beijing and School Seat Prediction at Compulsory Education Stage　　*Zhao Jiayin* / 057

Abstract: This study first combed the basic situation of population, economy and education in Tongzhou District of Beijing. It is found that the resident population of Tongzhou District is still on the rise, with growth mainly seen in the resident population. There is still a big gap in the economic and educational development level with the average level of Beijing. Secondly, it analyzed the impact of the "Beijing City Sub-center" and "Universal Two-child" policies on population distribution. Finally, it predicted the school-age population at the compulsory education stage in Tongzhou District from 2017 to 2028 with the queue formation method. The population at the compulsory education age would peak in 2025, leaving a gap of about 18,900 persons. The tension of seats in the junior high school should be paid special attention.

Keywords: Prediction of School-age Population; Beijing City Sub-center; "Universal Two-child" Policy

B.4　Analysis on the Demand of Vocational Education in Beijing City Sub-Centers

Yu Jichao, Liu Luning and Wang Yan / 073

Abstract: The future industrial development of Beijing City Sub-Centers will generate demands of a large number of talents. Based on the targeted research of key parks and projects in the city sub-centers, and relevant literature data, this study adopted the comparative analysis method to predict the demand quantity of vocational education talents in Beijing City Sub-Centers. The research results showed that the city sub-centers would have heavy demand of professional talents in financial services, headquarters economy, and cultural tourism.

Keywords: Beijing City Sub-Center; Vocational Education; Talent Demand

B.5   Status Quo and Policy Recommendations for Basic
       Education in Xiong'an New Area
                                         Wu Yinghui, Wang Yuhang et al / 092

Abstract: Based on the basic information statistics table of primary and secondary schools in Xiong'an New Area, the research team used the social science SPSS analysis method to analyze the teacher's team, school facilities, students' status quo and information construction. With the correlation and difference analysis method, it conducted correlation calculation of the teacher-student ratio, per-student playground area and per-student building area of schools in the Xiong'an New Area. In order to effectively supplement the questionnaire, the research team organized four symposia. Based on the above research, the research team believes that the status quo of basic education in Xiong'an New Area is: (Ⅰ) Diversified school types; (Ⅱ) unreasonable structure of teacher allocation; (Ⅲ) uneven per-student budget; (Ⅳ) greatly varying school sizes; (Ⅴ) insufficient conditions for running a school; and (Ⅵ) low informatization level. The research team proposed policy recommendations from six aspects: Speeding up the improvement of school conditions, upgrading the professional level of teachers, accelerating the construction of high-quality high schools, increasing the construction of informationized education facilities, and increasing investment in education .

Keywords: Xiong'an New Area; Status Quo of Basic Education; Policy Suggestions

Ⅲ Special Topics

B.6 Study on the Evaluation Index System of the Balanced Development of Compulsory Education in Beijing, Tianjin and Hebei　　　　　　　　　　*Lei Hong* / 121

Abstract: The evaluation of the balanced development of compulsory education in Beijing, Tianjin and Hebei is very important for promoting the balanced development of compulsory education in the three regions. Under the premise of grasping the connotation and policy orientation of the balanced development of compulsory education in China, this paper drew on experience in the construction of the evaluation index system of balanced development of China's compulsory education as represented by the "National Compulsory Education Basic Equilibrium Index System" and the "National Compulsory Education Quality Equilibrium Index System", and combined with the compulsory education balanced development policy orientation and the significant gap among the three places in the foundation of economic and social development, the basis of compulsory education development, and the balanced development level of compulsory education, thus trying to put forward the basic ideas for promoting the balanced development of compulsory education in the Beijing-Tianjin-Hebei region: We must promote the high-quality development of compulsory education in the three places; it is necessary to promote the development of the Beijing-Tianjin region to drive the development in Hebei, based on the active development of Hebei; it could be advanced step by step along the route "the basic equilibrium of Hebei Province county—the high—quality equilibrium of Hebei Province county – the inter-city equilibrium of Hebei Province—the coordinated development of Beijing-Tianjin-Hebei region", to propose the framework of the evaluation index system for the balanced development of compulsory education in Beijing-Tianjin-Hebei region: Taking the national county-level compulsory education quality balanced development evaluation index system as the primary reference blueprint, combined with the announced compulsory education coordinated development action plan for the three places, the evaluation index system shall be built from eight aspects of the resource allocation, government guarantee level, education quality, social recognition, key area development guarantee, deep integration of basic education in the three places, collaboration to improve teachers' ability and quality, and joint creation and sharing of quality basic education resources.

Keywords: Beijing-Tianjin-Hebei Region; Balanced Development of Compulsory Education; Evaluation Index System

B. 7 Study on Progress in Basic Education Cooperation among Beijing, Tianjin and Hebei and Policy Trend   *Yin Yuling* / 143

Abstract: In order to further promote the basic education cooperation among Beijing, Tianjin and Hebei, the current situation features diversified cooperation models, centralized content of cooperation, and diversified cooperation subjects. The cooperation has achieved initial results, giving full play to the role of Beijing and Tianjin as the driver with their quality resources of basic education, and effectively promoting the allocation of educational resources and the coordinated development of primary and secondary schools in the three places. The difficulties in the cooperation of basic education in Beijing-Tianjin-Hebei region are manifested as the difficulty in integrating, optimizing and allocating the educational resources, the difficulty in generating the hematopoietic mechanism of quality education resources, the difficulty in breaking the geographical boundaries of educational resources in the three places, and the difficulty in establishing a deep cooperation model among schools in the three places. In the future, the Beijing-Tianjin-Hebei collaboration in basic education will feature more diversified cooperation forms, more abundant cooperation content and more apparent cooperation effectiveness, thus entailing efforts to be made on the cooperation policies, cooperation models, cooperation priorities and cooperation resources development. It is imperative to establish and improve the policy system to promote an orderly and effective cooperation, and improve the effective mode of coordinated development of the basic education in Tongzhou-Wuqing-Langfang. With the combination of active promotion by the government and the active involvement by the school, Beijing and Tianjin shall join hands to expand the channels for recruitment of new teachers in Hebei and mobilize social strengths to promote the collaborative development of basic education in the three places.

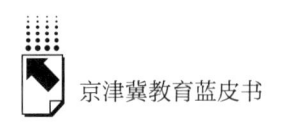

Keywords: Beijing-Tianjin-Hebei; Basic Education; Collaborative Development

Ⅳ　Region Reports

B.8　Educational Development Status Quo of Beijing's Private Primary and Secondary Schools against the Beijing-Tianjin-Hebei Cooperation　　　　*Lv Guizhen* / 159

Abstract: In the context of the coordinated development of Beijing, Tianjin and Hebei, Beijing is positioned to build the "Four Centers" and the world-class harmonious and livable capital. Against this backdrop, the development of Beijing's private primary and secondary schools faces both opportunities and challenges. Though taking a limited share in the basic education, the private primary and secondary schools in Beijing are making active explorations to enrich the education ecology and offer the society certain education supplies, thus satisfying selective education demands of some families and offering lessons to the education reform and innovative development. Meanwhile, there are issues in the educational development of private primary and secondary schools in Beijing, such as inability of its overall development level to meet the demands of diversified education of the society, establishment of teacher teams and homogeneous development. In the new era, Beijing's private primary and secondary schools should further strengthen innovation and exploration, explore differentiated development space, strengthen exchanges and cooperation in the Beijing-Tianjin-Hebei region, reinforce the team building and brand building, and enhance the overall education level, thus making positive contributions to meeting the needs of social and economic development and realizing the educational modernization of the capital city.

Keywords: Beijing-Tianjin-Hebei Collaboration; Private Primary and Secondary Schools; Education Issues

B.9 Status, Role and Reform Trend of Higher Education in Beijing in the Context of Beijing-Tianjin-Hebei Cooperation

Wang Ming, Yang Zhenjun / 181

Abstract: In the new era and under the new background, Beijing's higher education plays a leading role in history and in reality and a core role in the development of the Beijing-Tianjin-Hebei region. In order to meet the needs of development, the higher education in Beijing needs to contribute to the building of a world-class region of higher education, the building of centers to alleviate relevant resources, supplementation of the weakness in regional high education, helping the development of high-end and top industries in the region, and leading of the reform and innovation of national higher education. Therefore, the higher education in Beijing shall be oriented to: Achieve first class level at the international coordinates, build "Four Centers" with high political awareness, give targeted assistance to extend universities' function to serve the society, highlight industrial features to create a combination of high-end industry and education, and make greater strides in comprehensive reform to first achieve educational modernization. These five reform trends are mutually compatible, and generally consistent with the development of the capital city and the country.

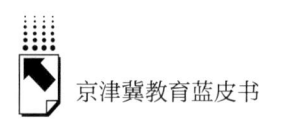

Keywords: Beijing-Tianjin-Hebei Collaboration; Higher Education in Beijing; Collaborative Development of Education

B.10 Status, Role and Development Trend of Vocational Education in Tianjin in the Context of Beijing-Tianjin-Hebei Cooperation　　　　　　　　　*Yang Yan* / 197

Abstract: Based on the development orientation of Tianjin's vocational education in the context of the collaborative development of Beijing-Tianjin-Hebei region, this paper comprehensively combed remarkable achievements Tianjin made in the teachers training, professional construction, cooperation between production and education, and scientific research by fully using the educational resources and excellent achievements of the national modern vocational education reform and innovation demonstration zone against a series of related policies from 2015 to 2017. Based on the core issues that constrain the coordinated development of vocational education in Beijing, Tianjin and Hebei, this paper analyzed the new demands of vocational education in Tianjin and proposed the three main tasks of Tianjin's vocational education under the current situation of collaborative development of Beijing, Tianjin and Hebei: Strengthen the top-level design to serve for the development of vocational education in Xiong'an New Area to alleviate the pressure of the capital of Beijing; Run schools jointly to strengthen the endogenous motivation of the vocational education development in Hebei; Deepen the integration of production and education, and give play to the influence of cross-regional vocational education alliance. Besides, centering on issues existing in the current process of collaborative development of vocational education, the research proposed corresponding countermeasures and suggestions from the innovation of resource flow mechanism, the reform of financial budget and taxation policies, and the creation of the modern vocational education system in Beijing, Tianjin and Hebei.

Contents

Keywords: Vocational Education in Tianjin; Beijing-Tianjin-Hebei Collaboration; Educational Status; Development Trend

B. 11 Status Quo and Countermeasures for Targeted Poverty Alleviation through Basic Education in Hebei Province under the Background of Beijing-Tianjin-Hebei Cooperation
Research Team, Hebei Research Institute of Educational Science / 223

Abstract: The Education Department of Hebei Province has always attached great importance to the targeted poverty alleviation with education. Under the firm leadership of the provincial Party committee and the provincial government, the poverty alleviation policy system has been improved, buildings of the primary and secondary schools have been improved, nutrition improvement program has been implemented for students at compulsory education age in rural areas and allowance has been given to teachers in rural areas to better their living conditions, indicating that notable achievement has been registered in the poverty alleviation with education. However, due to the large number of poverty-stricken areas in Hebei Province and the weak foundation, there are some problems and shortcomings in the poverty alleviation with education: Firstly, there are gaps in the conditions for running schools between urban and rural areas. The basic conditions for running schools in rural areas need to be improved and the use rate of multimedia, libraries and functional classrooms in rural schools is not high. Secondly, the student's nutrition improvement plan has not been fully implemented. Archives of poor students are not accurately kept, and the mental health of rural left-behind students has not been paid enough attention; and finally, the poverty-stricken areas feature an improper teacher's structure, limited further study opportunities for teachers, limited space for position promotion and the teachers' teaching literacy needs to be improved. For the problems and deficiencies, we have proposed the following countermeasures and recommendations. Firstly, continue to improve the basic conditions for the running schools in rural areas; secondly, ensure the comprehensive development of students in poverty-stricken areas; thirdly, strengthen the construction of teacher's team in poverty-stricken areas; and finally, give full play to the strength to alleviate poverty through education and scientific research.

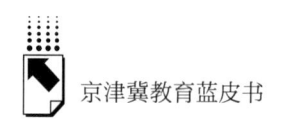

Keywords: Basic Education; Targeted Poverty Alleviation; Student Development; Teacher Development

V Reference

B. 12 Study on Collaborative Educational Development Policies of Japan's Tokyo Circle and Local Circle　　*Li Dongmei* / 245

Abstract: With the continuous advancement of the collaborative development strategy of the Beijing-Tianjin-Hebei region, the region has carried out tremendous work in promoting the coordinated development of education, and scored certain achievements. Based on the overall goal of "Building a world-class urban agglomeration" for the Beijing-Tianjin-Hebei coordinated development, learning from international experience is the only way for Beijing-Tianjin-Hebei education to develop smoothly and implement steadily. At present, issues in promoting the development of the Tokyo Urban Circle of our neighboring country of Japan, such as the "unipolar concentrated of Tokyo" and the urgent need to carry out countermeasures to solve population resources, are similar to those confronting us in the construction of the Beijing-Tianjin-Hebei metropolitan area. From the perspective of education policy, the Japanese government has introduced measures to revitalize local universities, curb the expansion of admission of universities in Tokyo's core districts, encourage universities in the Tokyo Urban Circle to set up campuses in other regions, promote local industry-university cooperation, and create more jobs in local areas, thus making balanced distribution of population resources throughout Japan, and achieving the coordinated development of the

Tokyo Circle and the local circle. Japan's relevant initiatives and experience could be a good reference for the realization of the goals of the collaborative development of education in Beijing-Tianjin-Hebei region.

Keywords: Education in Beijing-Tianjin-Hebei; Unipolar concentrated of Tokyo; Dilution of Population Resources

B. 13 Postscript / 269

权威报告·一手数据·特色资源

皮书数据库
ANNUAL REPORT(YEARBOOK) DATABASE

当代中国经济与社会发展高端智库平台

所获荣誉

- 2016年，入选"'十三五'国家重点电子出版物出版规划骨干工程"
- 2015年，荣获"搜索中国正能量 点赞2015""创新中国科技创新奖"
- 2013年，荣获"中国出版政府奖·网络出版物奖"提名奖
- 连续多年荣获中国数字出版博览会"数字出版·优秀品牌"奖

成为会员

通过网址www.pishu.com.cn访问皮书数据库网站或下载皮书数据库APP，进行手机号码验证或邮箱验证即可成为皮书数据库会员。

会员福利

- 已注册用户购书后可免费获赠100元皮书数据库充值卡。刮开充值卡涂层获取充值密码，登录并进入"会员中心"—"在线充值"—"充值卡充值"，充值成功即可购买和查看数据库内容。
- 会员福利最终解释权归社会科学文献出版社所有。

卡号：529997712768
密码：

数据库服务热线：400-008-6695
数据库服务QQ：2475522410
数据库服务邮箱：database@ssap.cn
图书销售热线：010-59367070/7028
图书服务QQ：1265056568
图书服务邮箱：duzhe@ssap.cn

S 基本子库
SUB DATABASE

中国社会发展数据库（下设 12 个子库）

全面整合国内外中国社会发展研究成果，汇聚独家统计数据、深度分析报告，涉及社会、人口、政治、教育、法律等 12 个领域，为了解中国社会发展动态、跟踪社会核心热点、分析社会发展趋势提供一站式资源搜索和数据分析与挖掘服务。

中国经济发展数据库（下设 12 个子库）

基于"皮书系列"中涉及中国经济发展的研究资料构建，内容涵盖宏观经济、农业经济、工业经济、产业经济等 12 个重点经济领域，为实时掌控经济运行态势、把握经济发展规律、洞察经济形势、进行经济决策提供参考和依据。

中国行业发展数据库（下设 17 个子库）

以中国国民经济行业分类为依据，覆盖金融业、旅游、医疗卫生、交通运输、能源矿产等 100 多个行业，跟踪分析国民经济相关行业市场运行状况和政策导向，汇集行业发展前沿资讯，为投资、从业及各种经济决策提供理论基础和实践指导。

中国区域发展数据库（下设 6 个子库）

对中国特定区域内的经济、社会、文化等领域现状与发展情况进行深度分析和预测，研究层级至县及县以下行政区，涉及地区、区域经济体、城市、农村等不同维度。为地方经济社会宏观态势研究、发展经验研究、案例分析提供数据服务。

中国文化传媒数据库（下设 18 个子库）

汇聚文化传媒领域专家观点、热点资讯，梳理国内外中国文化发展相关学术研究成果、一手统计数据，涵盖文化产业、新闻传播、电影娱乐、文学艺术、群众文化等 18 个重点研究领域。为文化传媒研究提供相关数据、研究报告和综合分析服务。

世界经济与国际关系数据库（下设 6 个子库）

立足"皮书系列"世界经济、国际关系相关学术资源，整合世界经济、国际政治、世界文化与科技、全球性问题、国际组织与国际法、区域研究 6 大领域研究成果，为世界经济与国际关系研究提供全方位数据分析，为决策和形势研判提供参考。

法律声明

"皮书系列"（含蓝皮书、绿皮书、黄皮书）之品牌由社会科学文献出版社最早使用并持续至今，现已被中国图书市场所熟知。"皮书系列"的相关商标已在中华人民共和国国家工商行政管理总局商标局注册，如LOGO（ ）、皮书、Pishu、经济蓝皮书、社会蓝皮书等。"皮书系列"图书的注册商标专用权及封面设计、版式设计的著作权均为社会科学文献出版社所有。未经社会科学文献出版社书面授权许可，任何使用与"皮书系列"图书注册商标、封面设计、版式设计相同或者近似的文字、图形或其组合的行为均系侵权行为。

经作者授权，本书的专有出版权及信息网络传播权等为社会科学文献出版社享有。未经社会科学文献出版社书面授权许可，任何就本书内容的复制、发行或以数字形式进行网络传播的行为均系侵权行为。

社会科学文献出版社将通过法律途径追究上述侵权行为的法律责任，维护自身合法权益。

欢迎社会各界人士对侵犯社会科学文献出版社上述权利的侵权行为进行举报。电话：010-59367121，电子邮箱：fawubu@ssap.cn。

社会科学文献出版社